S ICHUAN U NIVERSITY

陀思妥耶夫斯基

宗教观念与政治意识

王逸群 ____ 著

S CHOOL O F

I NTERNATIONAL S TUDIES

四川大学出版社
SICHUAN UNIVERSITY PRESS

项目策划：张　晶　刘　畅
责任编辑：刘　畅
责任校对：于　俊
特邀校对：胡婉欣
封面设计：阿　林
责任印制：王　炜

图书在版编目（CIP）数据

陀思妥耶夫斯基：宗教观念与政治意识 / 王逸群著
. 一 成都：四川大学出版社，2021.8
（四川大学国际关系学院学术文库 / 李志强主编）
ISBN 978-7-5690-4931-2

Ⅰ . ①陀… Ⅱ . ①王… Ⅲ . ①陀思妥耶夫斯基（
Dostoyevsky, Fyodor Mikhailovich 1821-1881）—哲学思
想—思想评论 Ⅳ . ① B512.49

中国版本图书馆 CIP 数据核字（2021）第 183056 号

书名	陀思妥耶夫斯基：宗教观念与政治意识
	TUOSITUOYEFUSIJI: ZONGJIAO GUANNIAN YU ZHENGZHI YISHI
著　者	王逸群
出　版	四川大学出版社
地　址	成都市一环路南一段 24 号（610065）
发　行	四川大学出版社
书　号	ISBN 978-7-5690-4931-2
印前制作	四川胜翔数码印务设计有限公司
印　刷	四川盛图彩色印刷有限公司
成品尺寸	170mm×240mm
印　张	11
字　数	209 千字
版　次	2021 年 8 月第 1 版
印　次	2021 年 8 月第 1 次印刷
定　价	55.00 元

◆ 读者邮购本书，请与本社发行科联系。
电话：(028)85408408/(028)85401670/
(028)86408023　邮政编码：610065
◆ 本社图书如有印装质量问题，请寄回出版社调换。
◆ 网址：http://press.scu.edu.cn

四川大学出版社
微信公众号

前　言

　　自陀思妥耶夫斯基的《穷人》发表以来，170多年过去了，针对作家生活世界、文学世界的研究已形成了枝繁叶茂的"陀思妥耶夫斯基学"，新视野、新方法层出不穷，但迄今为止，鲜有人关注陀思妥耶夫斯基思想的一个悖谬之处：一方面，他以基督徒的立场为一切苦弱者鸣不平，深具人道主义关怀；另一方面，他是一个狂热的民族主义者，甚至有激进的好战倾向。这两种思想取向相互冲突，让人费解，充分地说明陀思妥耶夫斯基思想的复杂性。如何理解这种悖谬和复杂性？这是本书所面对的核心问题。

　　本书认为，尽管学界对陀思妥耶夫斯基早年的基督徒身份颇有质疑，但他一生当中从未变易过这一身份。在基督教领域，陀思妥耶夫斯基最关心的不是宗教仪式，亦非复杂的神学教义，而是具体的精神实践。也正是因此，他从基督教人道主义的立场出发，幻想通过政治变革，开启一个人与人能兄弟般互爱的"黄金时代"，这也是他坚守一生的政治信念。

　　人与人兄弟般互爱何以可能？这首先是一个伦理问题。陀思妥耶夫斯基必须对当时社会的道德（伦理）状况作出诊断，对症下药。在他笔下我们可以看到，在19世纪的俄罗斯，资本主义打破了传统社会中主体间的亲缘关系，社会个体陷入自我孤绝状态。同时，随着固化的社会分层被消解，下层民众有了向上攀升的空间，但在欠发达资本主义的社会语境中，社会平等只是形式平等，而非实质平等。"觉醒"的下层人民由此陷入悲剧性处境。这也滋生了普遍的社会"怨恨"（舍勒）。社会人群的沙化状态和普遍的社会"怨恨"使奠基于主体间"可靠性"关系的社会伦理（道德）处于崩溃的边缘。基于此，陀思妥耶夫斯基为实现"黄金时代"提出过两种方案：一是假途乌托邦社会主义，通过改造社会关系而重塑人的习性和品格；二是强调自我完善——人可以不受环境影响，以耶稣为样板承担道德义务。这两种方案均宣告破产：在现实语境中，乌托邦社会主义思想天然地蕴含着暴力革命的苗头，陀思妥耶夫斯基险些成为一个涅恰耶夫分子；而"自我完善论"的困难在于，世间存在着无法消除的、屏蔽了上帝之光的"卡拉马佐夫力量"。

通过"自我完善论"追求"黄金时代"的陀思妥耶夫斯基拒斥一切政治制度，因为一切制度都必然伴随着不正义，且无关乎人的灵魂得救。同时，在以反资本主义为基本逻辑的排外情绪之下，民族主义立场使他把俄罗斯人民视为具有东正教美德的、有机的、和谐的民族共同体——尤其在战争的紧急状态中，全体俄罗斯人民消除了阶级和身份壁垒，同仇敌忾，毫无间隙；他们秉持俄罗斯精神，拯救世界。陀思妥耶夫斯基的好战倾向是必然的，因为"黄金时代"只是一个无法实现的幻梦，只有通过对外战争，他才能看到一个和谐的、同质的俄罗斯共同体，对实现"黄金时代"的可能性进行自我确证；他才能缓解残酷的、"不和谐"的社会现实带给他的焦虑情绪。

总体而言，陀思妥耶夫斯基拒绝以开放、多元为趋向的现代社会，拒绝一切不完美的社会，也拒绝了启蒙运动的政治遗产。面对现代性危机，这种解决方案非常有代表性，在当代的政治生活中仍有着强大的生命力。这是值得我们反思的。本书写作也算是出于这种现实关切吧。

目　　录

绪　论

　　以赛亚·伯林（Isaiah Berlin）在探讨 19 世纪世界文学时，曾在写作的目的论层面区分出两种写作态度："法国态度"和"俄国态度"。在伯林看来，19 世纪法国作家认为写作的使命在于创造最佳作品：他们着眼于审美价值，追求写作技艺的完善。艺术家宛如工匠，对作品精雕细琢、抛光打磨；作家的人格与其作品毫无关系："说因为这位木匠道德低级或堕落，所以他的桌子必定低级或堕落，将招顽固不化之讥，简直就是愚蠢。"① 而"俄国态度"的要义在于：

　　　　19 世纪重要的俄国作家，无论在明具道德与社会偏见者，或是相信为艺术而艺术的唯美作家，几乎人人厉声严辞拒斥这种心智态度②……人不容分割。"以艺术家发言，我感觉如此；以选民发言，我感觉如彼"之论，恒属谬说，而且不道德、不诚实。人一而不分，凡所云为，皆为其整体人格所出。人之义务，是善其行为、真其言语、美其制作。凡有云为，无论使用何种媒介，都必须出以真理。是小说家，即应以小说家身份说真理，是芭蕾舞者，则必在舞蹈中表现真理。③

　　19 世纪俄罗斯作家的创作观念在于"说出真理"：作家通过其作品传达思想，作品亦与作家人格相互印证。我们可以将这种写作样式称为"思想写作"，抑或"观念化写作"。19 世纪的俄罗斯，专门化的哲学、思想论著并不

---

① ［英］以赛亚·伯林，《俄国思想家》，彭淮栋译，南京：译林出版社，2003，第 154 页。
② 即法国态度。
③ ［英］以赛亚·伯林，《俄国思想家》，前引书，2003，第 154－155 页。

1

多，但这并不意味着俄罗斯思想不发达，只不过它主要通过文学作品传达出来。对于这个独特的"俄罗斯现象"，没有谁比俄罗斯哲学家弗兰克（С. Л. Франк）讲得更清楚了：

> ……最深刻最重要的思想在俄国不是在系统的学术著作中表达出来的，而是在完全另外的形式——在文学作品中表达出来的。众所周知，我国的饱含热情的优秀的文学，是最深刻、对生命最有哲学认识的文学：除了大家熟知的陀思妥耶夫斯基和托尔斯泰外，值得提起的还有普希金、莱蒙托夫、丘特切夫、果戈理；实际上，自由的文学作品是俄罗斯哲学创造的文学形式，只是这些作品很少单一地针对一定的哲学问题——这类作品通常是在反映历史生活、政治生活或文学生活的某一具体问题的同时，阐明最深刻的、根本的世界观问题。……①

按照弗兰克的说法，19 世纪的俄罗斯文学堪称 19 世纪的俄罗斯思想史。这里，笔者暂不探究这一"俄罗斯现象"的根源。笔者想强调的是——在某种程度上把小说视为表达自身思想的容器，有时甚至不惜牺牲小说形式的完整性，任由思想溢出容器——这是托尔斯泰（Л. Толстой）、陀思妥耶夫斯基（Ф. М. Достоевский）、赫尔岑（А. И. Герцен）、车尔尼雪夫斯基（Н. Г. Чернышевский）等一系列俄罗斯作家普遍的写作特点。对于陀思妥耶夫斯基来说，尤其在巴赫金（М. М. Бахтин）之后，几乎没有人会否认其写作属于"思想写作"。"思想写作"也使陀思妥耶夫斯基的小说饱受诟病——纳博科夫（В. Набоков）的批评最为尖锐。反过来说，就陀思妥耶夫斯基研究而言，思想探讨是一个本源性的起点，它不仅关涉作家在生活世界和艺术世界中的诸多思想话语，也与其小说的形式美学密切相关。即使将小说的形式美学提升到创作的本体论高度的纳博科夫，当论及《罪与罚》（«Преступление и наказание»）时，也不得不对拉斯柯尔尼科夫杀人的思想动因展开分析，并进一步将小说中的思想与陀思妥耶夫斯基的生活经历关联起来进行讨论。②

然而，从目前的研究状况来看，我们尚无法对陀思妥耶夫斯基的思想形态形成一个整体的、清晰的印象。1839 年，陀思妥耶夫斯基在其致兄长的一封

---

① ［俄］弗兰克，《俄国知识人与精神偶像》，徐凤林译，上海：学林出版社，1999，第 4 页。

② Набоков В. В. Лекции по русской литературе. Пер. с англ. А. Курта, М.：Независимая газета, 2001, с. 188－190. 本书所引文献除注明译者外，均为笔者所译。

信中写道："人是一个秘密，要识破它。如果你一生都在识察这个秘密，那你就别说你浪费时间；我正在研究这个秘密，因为我想成为一个人。"①作家一生当中都在致力破解人的"秘密"，而其本人，作为一个"秘密"，或者说"谜团"，至今仍悬而未解，未得澄清——陀思妥耶夫斯基的思想颇多自相矛盾之处，他"分裂"成多个面相。

第一节　被"圣化"的陀思妥耶夫斯基

从研究方法来看，宗教批评是学界研究陀思妥耶夫斯基思想的主流方法。20 世纪以来，以欧美学界为例，有一大批将陀思妥耶夫斯基思想纳入宗教框架予以考量的著作②，从学术史的脉络来看，这一批评风向无疑受到俄罗斯本土学界的强烈影响。在俄罗斯学界，宗教批评在"陀思妥耶夫斯基学"当中占据绝对的统治地位，而这一批评思路直接发端于 20 世纪初梅列日科夫斯基（Д. С. Мережковский）、别尔嘉耶夫（Н. А. Бердяев）、洛茨基（Н. О. Лосский）、罗赞诺夫（В. В. Розанов）、弗兰克等白银时代的一批学者型思想家的陀思妥耶夫斯基研究。

以别尔嘉耶夫为例。在他看来，陀思妥耶夫斯基从东正教的思想视域出发，致力捍卫人的自由和个性，向我们揭示出一条自由地接受真理的道路：

一、陀思妥耶夫斯基珍视人的个性：无论善者的个性，还是恶徒的个性。因为个性是上帝赋予，不可剥夺，保卫个性就是保卫人的自由选择——这有两种基本取向：选择善（真理）的自由和选择恶（非真理）的自由，选择善的自由是选择基督信仰（真理），选择恶的自由是背叛基督信仰而走上自我肯定之路。

二、选择基督信仰是一种"神人"的架构，而背叛基督信仰则是"人

---

① ［俄］陀思妥耶夫斯基，《书信集》（上），郑文樾、朱逸森译，石家庄：河北教育出版社，2010，第 21 页。

② 如史蒂文·卡西迪（Steven Cassedy）的《陀思妥耶夫斯基的宗教》（Dostoevsky's Religion）、博伊斯·吉布森（Boyce Gibson）的《陀思妥耶夫斯基的宗教》（The Religion of Dostoevsky）、莎拉·赫德斯皮斯（Sarah Hudspith）的《陀思妥耶夫斯基和俄罗斯思想：对于团结互爱的新观点》（Dostoevsky and the Idea of Russianness: A New Perspective on Unity and Brotherhood）、马尔科姆·琼斯（Malcolm Jones）的《陀思妥耶夫斯基及其宗教经验的动力学》（Dostoevsky and the Dynamics of Religious Experience）、乔治·帕特森（George Pattison）等人选编的《陀思妥耶夫斯基和基督教传统》（Dostoevsky and the Christian Tradition）等等。

神"。"人神"的自由是无限扩张的自由，它最终会消解、反制自身（如拉斯柯尔尼科夫、彼得·韦尔霍文斯基、斯塔夫罗金、基里洛夫、伊万·卡拉马佐夫、斯维德里加依洛夫等人追求的自由）。

三、陀思妥耶夫斯基揭示了从"神人"走向"人神"的危险性，也标示出了一条从"人神"返回"神人"的必然道路。

在俄罗斯白银时代思想家当中，别尔嘉耶夫的陀思妥耶夫斯基研究话语颇具代表性。从批评策略到批评结论，梅列日科夫斯基、洛茨基、弗兰克等都是别尔嘉耶夫的同路人：陀思妥耶夫斯基的思想是一个合逻辑的整体，它生发于东正教精神，为失根的现代人找到了安顿自身的精神根基。别尔嘉耶夫等人以高超的思辨力和深刻的理论洞察力将陀思妥耶夫斯基研究提升到了空前的高度，这也是他们的研究话语能在俄罗斯内外产生深远影响的原因。

显而易见的是，在俄罗斯学界，对于陀思妥耶夫斯基思想研究而言，发端于别尔嘉耶夫等人的宗教批评的展开和发展过程也是为陀思妥耶夫斯基"加冕"的一个过程。陀思妥耶夫斯基的名字总被"伟大""神圣受难者""俄罗斯的良心""东正教圣徒"等光环所围绕——他在很大程度上被圣化了。

别尔嘉耶夫向来不吝对陀思妥耶夫斯基的赞美之词——而且通常使用最高级："他——是俄罗斯给全世界的精神生活的最大贡献……是最基督教式的作家，因为在他那里位于核心的是人、人类的爱和对人的灵魂的启示。他整个人——就是人类存在之精髓的启示，耶稣之精髓的启示。"①

这种对陀思妥耶夫斯基包含敬意的"加冕"词在俄罗斯白银时代的思想家笔下屡见不鲜。

伊万诺夫（В. И. Иванов）曾写道："陀思妥耶夫斯基点燃天际那些最遥远的灯塔，它们那非凡的光辉具有不可思议的力量，似乎已不是人间的灯塔，而是天上的星辰，——而他本人并不离开我们，与我们形影不离，让它们的光芒照射我们的内心，仿佛以烧红的铁块灼痛我们……"②

陀思妥耶夫斯基拥有超凡的冠冕，他点燃"灯塔"和"星辰"……这里我们不禁要问，尽管不能否认陀思妥耶夫斯基的宗教气质及其作品中深刻的宗教问思，但别尔嘉耶夫、伊万诺夫等俄罗斯学者如此不遗余力地为陀思妥耶夫斯基"加冕"，使作家被"神性"光环环绕而高居芸芸众生之上，成为一个

① ［俄］别尔嘉耶夫，《陀思妥耶夫斯基的世界观》，耿海英译，桂林：广西师范大学出版社，2008，第210-211页。

② ［俄］弗·谢·索洛维约夫等，《精神领袖——俄罗斯思想家论陀思妥耶夫斯基》，徐振亚、娄自良等译，上海：上海译文出版社，2009，第380页。

"圣徒"，这是否会遮蔽陀思妥耶夫斯基思想的其他层面？换言之，这种宗教哲学的诠释范式是否缺乏一个反思性的维度？

加切娃（А. Гачева）在其《陀思妥耶夫斯基的创作与俄罗斯宗教－哲学思想》（《Творчество Достоевского и русская религиозно－философская мысль»）一文中谈道：

> 在19世纪末到20世纪初大批俄罗斯作家和诗人开启的宗教－哲学复兴运动中，陀思妥耶夫斯基起到了主导性的作用。他完全可以说是这次复兴的一个预兆，也只有他最能展现出俄罗斯哲学思想。他不是从思想的一个局部或侧面，而是独创性地展现这些观念：神人、历史的辩护、爱的思想……在他那里，艺术仿佛经历了一次变革。1918年，离《地上天堂：陀思妥耶夫斯基作品中的思想研究》问世还要11年，А. К. 格尔斯基就指出了作家对于俄罗斯宗教文化命运的意义："一个毫无争议的事实是，陀思妥耶夫斯基完完全全地体现在了现代思想当中。对于我们的作家、诗人、哲学家来说，他是如此引人激动。他成了一个出发点。我们现代的宗教意识整体上都来源于陀思妥耶夫斯基，而当今的创作也对它亦步亦趋，充其量不过是陀思妥耶夫斯基思想和发现的变体。"[①]

这段话的意思很明确，从发生学的角度讲，别尔嘉耶夫等白银时代思想家是陀思妥耶夫斯基"亦步亦趋"的学生，他们的学说不过是陀思妥耶夫斯基思想的变体。从这个意义上说，别尔嘉耶夫等人很难对陀思妥耶夫斯基持一种超越性的反思性立场。

我们知道，俄罗斯的现代化进程在社会经济、政治、文化诸领域相当长时间内都远落后于西欧诸国。在文化领域，俄罗斯哲学，尤其是专题化、规范化的哲学写作并不发达，正如加切娃所指出的：18世纪俄罗斯思想界的重要人物总体上都是伏尔泰（Voltaire）、孟德斯鸠（Montesquieu）的小学生，而19世纪，像霍米亚科夫（А. С. Хомяков）、韦涅维蒂诺夫（Д. В. Веневитинов）、基列耶夫斯基（И. В. Киреевский）等人对费希特（J. G. Fichte）亦步亦趋，别林斯基（В. Г. Белинский）、赫尔岑迷醉于黑格尔（G. W. F. Hegel）学说，

---

① Гачева А. Г. Творчество Достоевского и русская религиозно－философская мысль // Достоевский и ХХ век. Под редакцией Т. А. Касаткиной. В 2－х томах. Т. 1. М.：ИМЛИ РАН，2007，с. 19.

巴库宁（M. Бакунин）、车尔尼雪夫斯基热诚拥护唯物论，拉夫罗夫（П. Л. Лавров）、米哈伊洛夫斯基（Н. К. Михайловский）则为康德（Immanuel Kant）、斯宾塞（Herbert Spencer）等人的学说所吸引。① 真正意义上的俄罗斯哲学系为"白银时代"的别尔嘉耶夫、梅列日科夫斯基、弗兰克等人所开启。由此，俄罗斯哲学迎来了繁荣时期。如加切娃所言：这一时期的俄罗斯哲学本质上是宗教哲学，它主要研究基督教和教会在世界中的意义、人类历史进程的内容和意义以及基督教在历史中的建构路径和形式等。此间，诸思想家欲摆脱欧洲哲学的影响，创建独特的俄罗斯哲学，不可避免地要从俄罗斯的文化先驱身上寻求资源。在这一寻根过程中，索洛维约夫（В. С. Соловьев）、费多洛夫（Н. Ф. Федоров）和陀思妥耶夫斯基这三驾马车首先被纳入研究视域。② 但无疑，就思想的深刻性和影响力而言，费多洛夫和索洛维约夫远没有陀思妥耶夫斯基有分量。由此，别尔嘉耶夫等人把陀思妥耶夫斯基从社会历史批评的庸俗社会学当中拯救出来，将其宗教思想作为跳板来发展自身思想，这是理所当然的。别尔嘉耶夫、罗赞诺夫、梅列日科夫斯基研究陀思妥耶夫斯基的专著总体上都是借陀思妥耶夫斯基来说事，他们也几乎都是因研究陀思妥耶夫斯基而"发家"。

白银时代的俄罗斯思想家将陀思妥耶夫斯基视为导师、俄罗斯思想的源头，他们面对陀思妥耶夫斯基思想缺乏反思性维度，这就为陀思妥耶夫斯基的"圣化"提供了一个思想背景。而陀思妥耶夫斯基"必须"被圣化的原因在于：别尔嘉耶夫等人开启的宗教哲学话语隐藏着欲求构建民族身份的文化民族主义立场。

美国学者里亚·格林菲尔德（Liah Greenfeld）曾对彼得大帝，尤其是叶卡捷琳娜女皇以来俄罗斯知识分子的文化心理进行了详尽探讨，在他看来，俄罗斯的现代民族身份是俄罗斯知识分子以西方为参照物建立起来的："与西方的竞争确实是俄国文化早期成就背后的推动力，民族意识的形成为所有 18 世纪的俄国文学和生活所证实（对于接下来的几百年来说也是实情，尽管不是以那么简单的方式）。"③ 像罗蒙诺索夫（М. В. Ломоносов）、卡拉姆津（Н.

---

① Гачева А. Г. Ф. М. Достоевский и Н. Ф. Федоров: Встречи в русской культуре. М. ，ИМЛИ РАН，2008，c. 455.

② 加切娃指出："俄罗斯宗教思想家在对这些问题的探讨中毫不讳言自己是陀思妥耶夫斯基、费多洛夫、索洛维约夫的继承者。他们不止一次谈到这一点。"См. : Гачева А. Г. Ф. М. Достоевский и Н. Ф. Федоров: Встречи в русской культуре. М. ：ИМЛИ РАН，2008，c. 477.

③ ［美］格林菲尔德，《民族主义：走向现代的五条道路》，王春华等译，上海：上海三联书店，2010，第 273 页。

М. Карамзин）、冯维津（Д. И. Фонвизин）、苏马罗科夫（А. П. Сумароков）等俄罗斯早期知识分子都参与了对俄罗斯民族意识的建构。那么，西方成了什么样的参照物？格林菲尔德指出：俄罗斯知识分子的民族自豪感总体上是建立在对西方的"怨恨"的基础上——西方成为"反面"样板。这一意识一直渗透到西方派与斯拉夫派的争斗中：西方派和斯拉夫派虽然表面上看起来分歧很大，水火不容，但本质上都是欲求建立强大的、文化独特的现代俄罗斯以与西方国家分庭抗礼。①

　　以西方为反面样板的现代民族国家意识在 19 到 20 世纪的俄罗斯知识分子中传承不息，渗透到社会文化诸层面。别尔嘉耶夫等白银时代思想家聚焦于陀思妥耶夫斯基的宗教哲学话语正是这种"反西方"的民族意识的展开形态。这些俄罗斯思想家的言说总体上共享同一个逻辑：对西欧的社会思想及文化状况展开抨击的同时，强调东正教精神对于现代世界的拯救功能；东正教精神成了他们建构俄罗斯现代民族国家身份的核心文化因素。以别尔嘉耶夫为例，他强调东正教思想中个体的自由向度，反抗西方理性主义对个体的"压制"，并进一步反思从理性主义传统中衍生出来的社会文化形态。罗赞诺夫则指出，天主教、新教、东正教分别是罗曼人、日耳曼人、斯拉夫人对基督教的不同理解，它们指向了不同种族的精神生活。"然而，只有一个福音书，只有一个精神在其中闪烁。如果我们愿意搞清楚，这三种类型生活中的哪一种类型符合这个精神，那么我们无法控制地和不由自主地应该说，这就是东正教的精神。"②在罗赞诺夫看来，唯有东正教"平静的"爱才能使人真正走进信仰的窄门，安顿自身的灵魂。

　　构建民族共同体的文化身份，需要制造外面的敌人，摩拳擦掌，展开攻击。这一过程往往伴随着内部的"造神运动"：寻找领袖，加之以冠冕。在俄罗斯，就东正教思想的深刻性和影响力来看，恐怕无人能出陀思妥耶夫斯基之右。而且，陀思妥耶夫斯基也是彻头彻尾的民族主义者——他认为只有信仰东正教的俄罗斯民族才能拯救世界。所以，陀思妥耶夫斯基实在是俄罗斯人的杰

---

　　① "二者都出自对俄国低劣落后的认识，都极其反感俄国令人羞耻的现实。在斯拉夫派那里，这种反感转变成过分的自我欣赏；在西方派那里，同样的感情导致对现实世界普遍的反感和摧毁它的愿望。然而其不同在于强调的重心不同。二者都是西方派，因为作为怨恨哲学二者都把西方当成是相反的样板。二者也都是斯拉夫派，因为他们的样板是俄国，他们以各自的方式将其理想化，他们都预言俄国会战胜西方。"参见：[美]格林菲尔德，《民族主义：走向现代的五条道路》，前引书，第 323 页。

　　② [俄]罗赞诺夫，《陀思妥耶夫斯基的"大法官"》，张百春译，北京：华夏出版社，2002，第 165 页。

出典范："他是典型的俄罗斯人，地地道道的俄罗斯天才，是我们伟大的作家
中最俄罗斯的，同时，就其意义和全部主题来讲，又是最全人类的。他是俄罗
斯人。"① 将这样一个典型视为精神领袖再合适不过了，对于俄罗斯民族来说，
这个精神领袖拥有至高无上的精神权力："就像至高无上的世俗权力总是集中
在一个人——国家元首身上，至高无上的精神权力，在每个时代一般在全体国
民中也只属于一个人，他比任何人都更清晰地意识到人类的精神理想，比任何
人都更自觉地追求这些理想，比任何人都更强有力地用自己的言论影响他人。
这样的精神领袖对俄罗斯人来说，在最近一段时期便是陀思妥耶夫斯基。"②

可以说，别尔嘉耶夫等人基本上为俄罗斯后世的陀思妥耶夫斯基研究奠定
了宗教哲学（神学）的基本色调。从意识形态逐渐解冻的苏联后期到现在，
在以庸俗社会学为主导的美学意识形态之下一度是禁区的宗教批评重新焕发生
机，风生水起。在对陀思妥耶夫斯基展开宗教批评的"新生代"学者中，不
乏别尔嘉耶夫等白银时代思想家的"同路人"，如库尼利斯基（А. Е.
Кунильский）、杜纳耶夫（М. М. Дунаев）、卡里亚金（Ю. Карякин）等。他
们的陀思妥耶夫斯基研究沿袭了别尔嘉耶夫等前辈思想家的解释框架和逻辑指
向，甚至更为极端地强调陀思妥耶夫斯基作品的东正教品质。这种问思路径，
与其说是把东正教精神视为解读陀思妥耶夫斯基的重要维度，不如说是把陀思
妥耶夫斯基的诸种话语当作东正教精神所蕴藏的各种可能性的展开形态。

卡里亚金声称：陀思妥耶夫斯基的作品是启示录式的，"离开启示录，我
们根本不可能读懂陀思妥耶夫斯基"。"整个欧洲文学（或者说整个世界文学）
都源自基督的诞生。但尤其是 19 世纪和 20 世纪的俄罗斯文学以及伟大的西班
牙艺术（塞万提斯、委拉斯凯兹、戈雅③的作品）揭示了这书的无穷意义、永
恒的创见，它们通过艺术将此书转换为尘世语言可理解之物。陀思妥耶夫斯基
在其小说中、戈雅在其油画和版画中只是（全部只是）聚集于这些光线，以
便引燃我们的灵魂。"④

此语字里行间透出对陀思妥耶夫斯基的崇敬之情，陀思妥耶夫斯基恍如手
擎基督精神火炬的先知或圣徒，引燃尘世之人麻木庸蔽的"灵魂"，使之焕发

---

① ［俄］别尔嘉耶夫，《陀思妥耶夫斯基的世界观》，前引书，2008，第 5 页。

② ［俄］弗·谢·索洛维约夫等，《精神领袖——俄罗斯思想家论陀思妥耶夫斯基》，徐振亚、娄
自良等译，上海：上海译文出版社，2009，第 3 页。

③ 弗朗西斯科·何赛·德·戈雅·卢西思特斯（Francisco José de Goya y Lucientes，1746 – 1828），
西班牙画家。

④ Юрий Карякин. Достоевский и Апокалипсис. М.：Фолио，2009，с. 455.

新生。更重要的是，"离开启示录，我们根本不可能读懂陀思妥耶夫斯基"。陀思妥耶夫斯基作品唯一的、绝对的属性是宗教属性，它成为圣经文本的历史性注解。

在这种思想框架中，东正教精神成了无所不能的方便法门，文学批评变成了数学运算公式，无论如何加减乘除，结果总等于东正教。这种批评方法，本质上与德勒兹（G. Deleuze）和伽塔里（F. Guattari）所批判的弗洛伊德（S. Freud）的"全是"模式毫无二致：它不提出任何问题，而只关注应用的问题；它只是生产，而不关注表现什么；它只是发生作用，而与意义无涉。① 换言之，在这种视域之下，陀思妥耶夫斯基思想的生发境域、具体的思想形态，其展开过程及效用统统被遮蔽，想象的陀思妥耶夫斯基代替了真实的陀思妥耶夫斯基。

第二节　无法回避的"政治解读"

别尔嘉耶夫、卡里亚金等俄罗斯思想家的陀思妥耶夫斯基研究话语的共同问题是：在批评的具体展开中，强烈的、先在的价值立场保持着对可供选择的质料的绝对优先性。主观－印象式批评使他们在具体论述中会产生一种"选择性盲视"，即在价值立场对材料进行"圈地"之后，对不符合"要求"的材料视而不见，最终令人吃惊地简化了事实。他们津津乐道于陀思妥耶夫斯基的"圣徒"身份，却对陀思妥耶夫斯基思想中的大俄罗斯沙文主义，甚至如莫丘利斯基（K. Мочульский）所言的"军国主义"倾向置若罔闻。

陀思妥耶夫斯基是个狂热的民族主义者，而且其民族主义思想富有侵略性。学界对此已多有探讨。安娜·马克尔金（Anna Makerkin）曾著文对普希金（А. С. Пушкин）、陀思妥耶夫斯基和别尔嘉耶夫这三位俄罗斯知识分子予以激烈批判。她把他们作为民族主义者而建构的俄罗斯民族性内核判定为"民族性暴政"②。落实到具体的世界政治语境中，陀思妥耶夫斯基侵略性的民族主义表现出激进的好战倾向。有学者指出，陀思妥耶夫斯基是 19 世纪俄罗

---

① ［美］詹姆逊，《政治无意识：作为社会象征行为的叙事》，王逢振、陈永国译，北京：中国社会科学出版社，1999，第 12 页。

② 转引自林精华，《民族主义的意义与悖论——20—21 世纪之交俄罗斯文化转型问题研究》，北京：人民出版社，2002，第 40 页。

斯知识界"泛斯拉夫主义"① 的重要代表，也是彻头彻尾的好战派，"他还宣扬，一种好战的排外主义是事物正常的和健全的秩序"②；"当达尼列夫斯基提议君士坦丁堡应该平等地由俄国人与其他斯拉夫人所共同占有时，陀思妥耶夫斯基拒绝了这一建议。人们不应把俄国人和其他斯拉夫人相提并论。俄国人，不但是各别地而且整体地居于其他斯拉夫人之上。"③

俄罗斯学者莫丘利斯基甚至认为，陀思妥耶夫斯基好战的泛斯拉夫主义已经走向了军国主义。莫丘利斯基曾通过征引陀思妥耶夫斯基书信评注了他的思想轨迹：

> 民族主义被论证为俄罗斯的宗教使命，"整个世界都要将通过俄罗斯思想得到修复（您是正确的，这思想与东正教密切相关），而这一切都将在某个世纪得到完成——这就是我狂热的信念。"——这里，俄罗斯被视为基督教的君主，它结合了君主和人民的互爱。"最终，俄罗斯将是纯粹的君主制，如果谁能为我们做什么事的话，那当然，只有沙皇一人。我们的人民曾热爱，也将持续热爱全俄罗斯的沙皇，会一直绝对地信任他。"出于民族主义和对俄罗斯民族道德价值的崇敬，陀思妥耶夫斯基产生对俄罗斯思想的信任。在他身上，斯拉夫主义和民族主义得以结合，而其俄罗斯思想也很快变得颇具侵略性："为了完成这些必要的事情，为了政治权利，那么伟大的俄罗斯对其他斯拉夫世界的绝对统治是无可争议的。"随之，泛斯拉夫主义走向了军国主义："我热望着我们这儿能快点铺上一条政治性的铁路，从斯摩棱斯卡亚一直到基辅。是啊，快一点，而新的步枪也要快一点。"俄罗斯以基督的形象在世界面前亮相，但是它携带的是配上刺刀的新步枪。《作家日记》中的思想在陀思妥耶夫斯基的通信中完全得以表现。④

---

① 这里的泛斯拉夫主义指"有意识地引向寻求种族血亲关系的共同根源，也是心理和政治需要的产物。斯拉夫民族各国觉得它们自己处于在文化上和政治上不如它们西方邻国的地位，因而感到使他们自己和一个强大的民族成为一个整体的迫切需要"。参见：［美］亨利·赫坦巴哈等，《俄罗斯帝国主义——从伊凡大帝到革命前》，吉林师范大学历史系翻译组译，北京：生活·读书·新知三联书店，1978，第94页。

② ［美］亨利·赫坦巴哈等，《俄罗斯帝国主义——从伊凡大帝到革命前》，前引书，第122页。

③ ［美］亨利·赫坦巴哈等，《俄罗斯帝国主义——从伊凡大帝到革命前》，前引书，第122 - 123页。

④ Мочульский К. Гоголь. Соловьев. Достоевский. М.：Республика，1995，с. 383.

"圣徒"陀思妥耶夫斯基在政治思想界却是如此声名狼藉，他的思想为什么进入了政治层面？从本质上说，宗教关心的是人生存在世如何自我安顿，而政治语境是人的基本生存语境，这不可避免地将个体带入政治问思和政治实践。进而言之，政治属性是人的本质属性。另外，以陀思妥耶夫斯基为代表的19世纪俄罗斯作家的现实关怀最明显而直接地表现为政治关怀。

19世纪的俄罗斯动荡不安，此间知识分子一边沐浴启蒙之风雨，一边目睹沙皇专制之严酷、中产阶级之缺乏、农奴之愚昧，成为别尔嘉耶夫所谓的孤立又具反抗精神的"分裂教派"。他们深怀变革现实的社会责任感，积极展开政治论争，谋求社会出路。与此同时，严酷的书刊审查制度又使他们缺乏发声的正常空间。举例来说，亚历山大一世在位之时，严酷的阿拉克切耶夫制度使亚里士多德（Aristotle）的《政治学》（*Politics*）、斯塔尔夫人（Madame de Staël）的《流亡十年》（*Dix années d'exil*）、拉马丁（Alphonse de Lamartine）的《沉思录》（*Méditations Poétiques*）都成了禁书。尼古拉一世责成希什科夫（А. С. Шишков）编写的审查条例，更堪称"铁律"，"借用一个审查官的说法，按照这份条例的逻辑，连基督教《主祷文》首句'我们在天上的父'，也可以被曲解为雅各宾党人的语言"[①]。在这种形势下，通过文学作品表达政治主张、展开政治论争无疑是此间知识分子发声的重要渠道。从这个意义上讲，伯林所说的19世纪俄罗斯文学的特点——"说出真理"，正是说出"政治真理"。

陀思妥耶夫斯基的政治热情是显而易见的，他早年受彼得拉舍夫斯基案牵连，险遭杀身之祸，最终被判流放。此后，他对政治问题的关切丝毫也没有消减。他几乎每部长篇都有将政治讨论纳入其中的辩论色彩：在《群魔》（«Бесы»）这部以"涅恰耶夫案"为底本的小说当中，他干脆把现实中的论敌引入叙事：将屠格涅夫（И. С. Тургенев）戏拟成卡拉马津诺夫这一"西化"的小丑，为格拉诺夫斯基（Т. Н. Грановский）勾勒出漫画式的肖像——斯捷潘·韦尔霍文斯基，使巴库宁化身为彼得·韦尔霍文斯基。尤其服苦役之后，陀思妥耶夫斯基对自己全新的政治信念极其自信：只有像他这样的人，才能为当时俄罗斯，甚至欧洲各国政治困境提供救治良方。在《罪与罚》的结尾，拉斯柯尔尼科夫做了一个梦：

　　……他在病中梦见，仿佛全世界遭了一场可怕的、闻所未闻、见所未见的

---

① 蒋路，《俄国文史采微》，北京：东方出版社，2003，第197页。

鼠疫，这是从亚洲内地蔓延到欧洲大陆的。所有的人大概都要死亡，只有几个，很少几个特殊人物才能幸免。发现了一种侵入人体的新的微生物——旋毛虫，但是这些微生物是天生有智慧和意志的精灵。身体内有了这种微生物的人马上就会鬼魂附体，疯疯癫癫的。可是从来、从来没有人象这种病人那样把自己看作聪明而且坚信真理的人。从来没有人把自己的判断、自己的科学结论、自己的道德信念和信仰看作不可动摇的真理。……①

"有智慧和意志的精灵"——思想的形态被拟人化了。在它所到之处，人们迷失了"自我"，因偏执和自负而在善恶伦理和社会改良等问题上无法进行对话，无法和解，最后因相互敌视而兵戈相向，把世界引向毁灭。在这场灾难中，只有少数几个人能幸免于难，他们肩负着创造新人种和新生活的使命。这种"精灵"或者说"魔鬼"的形象在《群魔》中再次出现。斯捷潘·韦尔霍文斯基在热病中请求看护他的、虔信基督的索菲娅·马特韦耶芙娜为他朗读福音书，而被读出的段落——这个路加福音中的故事堪称拉斯柯尔尼科夫梦境的一个变体：猪群被群魔附体，在疯狂中跳崖而死。"群魔"——它并不是指彼得·韦尔霍文斯基这些密谋骚乱的无政府主义者，而是使他们走上自我毁灭和毁灭他人这条路的"思想"。

显而易见，陀思妥耶夫斯基以寓言的方式表达了他的政治思考：俄罗斯这艘"大船"正遭遇"塞壬女妖"的威胁，争做水手的知识分子身处险境而不自知，只有像"奥德修斯"这样的少数人才能全身而退，而"奥德修斯"也承担着培养"新人"、拯救危船的政治任务。从这个意义上说，陀思妥耶夫斯基对政治哲学的态度与列奥·施特劳斯（Leo Strauss）极为相类。而施特劳斯犹有不及的是，晚年的陀思妥耶夫斯基在俄罗斯政治生活中已有些接近"帝王师"的角色——如坎托尔（B. K. Кантор）所言：这个旧日的政治犯在晚年开始被与沙皇极为接近的上流圈子所接纳。例如，他与沙皇所器重的谋士波别多诺斯采夫（К. П. Победоносцев）多次书信往来，他的私人文本也被大公们所阅读。②

笔者毫不排斥对陀思妥耶夫斯基的宗教解读，而且同意乔治·帕特森等学

---

① ［俄］陀思妥耶夫斯基，《罪与罚》，岳麟译，上海：上海译文出版社，1979，第 634 页。

② Кантор В. К. «Судить Божью тварь». Пророческий пафос Достоевского: Очерки, М.: РОССПЭН, 2010, с. 265.

者所指出的：因为陀思妥耶夫斯基思想中的宗教元素无法回避，所以"不对陀思妥耶夫斯基进行宗教解读几乎是不可能的"①。但显然，不对陀思妥耶夫斯基做政治解读也几乎是不可能的，因为陀思妥耶夫斯基思想中的政治因素同样无法回避。这里，笔者将陀思妥耶夫斯基的宗教思想视为其思想内核——它本质上是一种伦理学观点。但陀思妥耶夫斯基的思想（整体）是动态地生成的，而非静止之物——这并不是说陀思妥耶夫斯基的宗教世界观有过变化，而是说宗教思想只是陀思妥耶夫斯基思考现实问题，尤其是政治问题的起点，它不可避免地在历史生活中发展为具体的政治言说。简言之，宗教思想家陀思妥耶夫斯基的另一个面相是政治思想家，我们若想呈现陀思妥耶夫斯基思想的整体面貌，这两个层面不可偏废。

德国学者莱因哈德·劳特（Reinhard Lauth）在《陀思妥耶夫斯基哲学：系统论述》（*Philosophy of Dostoevsky in Systematic Discourse*）中从心理学、形而上学、伦理学、否定哲学、实定哲学五个层面将陀思妥耶夫斯基思想整合成了一个"永恒的普遍的哲学大厦"。劳特这一工作以舍弃陀思妥耶夫斯基的政治意识形态为代价，他为自己辩护道：

> ……当时居于陀思妥耶夫斯基的思想中心的，不是政治史思想，而是人类学、伦理学和宗教思想。基于这个考虑，作者就不打算分析19世纪俄国的各种政治思想派别了。如果只从这些角度去看待陀思妥耶夫斯基，那就无论如何也不能认清他的全部哲学，对其作出贴切的评价。有时即使能深入到形而上学领域中去，但只要不抛开意识形态领域，还是谁也不能以适当方式理解他那永恒、普遍的哲学，特别当每个这样的尝试直接与反对陀思妥耶夫斯基的争论纠缠在一起的时候。……②

劳特声称自己研究的是陀思妥耶夫斯基的"本质的、不可磨灭的哲学"——如果我们将陀思妥耶夫斯基的政治话语纳入考察视域，就会影响到作家思想在呈现上的清晰性和准确性——这不免让人感到困惑：舍弃了政治意识形态之维，这是否简化了陀思妥耶夫斯的思想？若是如此，那又何谈准确

---

① George Pattison & Diane Oenning Thompson，"Introduction：Reading Dostoevsky religiously"，in George Pattison & Diane Oenning Thompson，ed.，Dostoevsky and the Christian tradition，New York：Cambridge University Press，2008，p. 2.

② ［德］莱因哈德·劳特，《陀思妥耶夫斯基哲学：系统论述》，沈真等译，北京：东方出版社，1997，第7页。

性？或许可以说，劳特的研究对象是陀思妥耶夫斯基的"内核"，但政治话语正是这"内核"在与现实的关联中生发出的具体思想形态。如果把陀思妥耶夫斯基的思想比作一座"大厦"，那么其思想"内核"只是地基，具体的社会问思、政治言说则是框架和筋骨组成的外在形态——它有着具体的反思性维度和现实效用，而离开它，只讨论架空了现实的"思想内核"，我们很难触及陀思妥耶夫斯基思想的真正价值所在。进而言之，从研究方法上看，劳特将陀思妥耶夫斯基思想视为静态之物，只做共时性考察，而忽视了其历时性上的诸种变动，这无疑将陀思妥耶夫基思想板结化了。如韦勒克（Rene Wellek）所言，劳特"把陀思妥耶夫斯基所有言论都看作仿佛是一个统一体系的有条不紊的阐述。这个基本的假设看来是错误的……"①

第三节 "宗教"与"政治"——结合二者的一个尝试

如何把陀思妥耶夫斯基的宗教思想和政治观念勾连成一个整体，厘清其内在逻辑，让作家呈现一个较为完整的面貌？对于这个问题，我们需要先看看陀思妥耶夫斯基对自身写作类型的界定。他曾写道："说我是心理学家，这是错误的。我只是一个最高意义上的现实主义者，也就是说，我只描写人的灵魂深处。"② 我们知道，陀思妥耶夫斯基此语是对当时一些左派批评家的回应，在后者看来，现实主义就是直观地、赤裸裸地、"真实"地反映生活，表现社会矛盾，以起到改造生活的作用。举例来说，别林斯基激赏《穷人》（«Бедные люди»），却指称《双重人格》（«Двойник»）是一部失败之作，原因在于他认为《穷人》是"现实主义"的，《双重人格》则充溢着"幻想情调"——他对这部作品批评道："幻想在我们今天只有在疯人院才有地位，而不是在文学里……"③ 再如，杜勃罗留波夫（Н. А. Добролюбов）也曾论道："陀思妥耶夫斯基这些新作都无法与他的《穷人》比肩，《穷人》是他最好的作品。"④

① ［德］赫尔曼·海塞等，《陀思妥耶夫斯基的上帝》，斯人等译，北京：社会科学文献出版社，1999，第 177 页。

② Ефремов. В. С. Достоевский: психиатрия и литература. СПб. : Издательство «Диалект», 2006, с. 273.

③ ［俄］别林斯基，《别林斯基文学论文选》，满涛、辛未艾译，上海：上海译文出版社，1999，第 537 页。

④ Белкин А. А. Ф. М. Достоевский в русской критике. М. : Государственное издательство художественной литературы，1956，с. 8.

那么，如何理解描写人的灵魂的现实主义？1868 年，在致友人的一封信中，陀思妥耶夫斯基对此进行了明确的解释："把我们大家，我们这些俄罗斯人在近十年来在精神发展上所体验到的东西清楚而又明确地讲一讲，——难道现实主义者们就不会大喊大叫说这是古怪的举动吗?! 然而这却是古已有之的真正的现实主义!"① 在陀思妥耶夫斯基看来，别林斯基式的现实主义实在太过肤浅。

显然，在陀思妥耶夫斯基这里，描写灵魂是为现实主义，不仅在于灵魂也是一种"现实"的存在，也在于人的精神状况是对现实世界的反应（而非反映）。换言之，人的心灵结构与社会生活的结构具有同源性。陀思妥耶夫斯基说他考察的是俄罗斯人的精神发展状况，隐然也是在说：俄罗斯社会正处于变动之中。众所周知，在陀思妥耶夫斯基所处的 19 世纪，俄罗斯正从一个传统社会向现代社会转化——它的直观表征是资本主义的发展、社会关系的结构性变动、人的体验结构的位移。从这个意义上说，陀思妥耶夫斯基是描写现代经验的"现代作家"。

1921 年，也就是陀思妥耶夫斯基一百周年诞辰，马克思主义批评家佩列韦尔泽夫（В. Ф. Переверзев）撰文写道：

> 我们在一个伟大的、革命的变动时刻，一个旧世界灾难性的损毁而新世界正被建造的时刻迎来了陀思妥耶夫斯基诞辰一百周年……陀思妥耶夫斯基是个现代作家，现在我们还没能摆脱这位作家在其作品中尝试解决的问题。对我们来说，谈论陀思妥耶夫斯基仍意味着去谈论我们现在生活当中最病态、最深刻的问题。②

佩列韦尔泽夫的描述是准确的：陀思妥耶夫斯基的思想之所以是超历史的，是因为它呈现的是俄罗斯乃至整个世界的现代性问题。2010 年，俄罗斯学者萨拉斯基娜（Л. И. Сараскина）指出，陀思妥耶夫斯基的"魔法水晶球"直到现在仍是最可靠的，它使我们最准确地认识到俄罗斯在陀思妥耶夫斯基之后发生了什么，将来可能会发生什么。③ 陀思妥耶夫斯基可被称为"先

---

① ［俄］陀思妥耶夫斯基，《书信集》（上），前引书，第 598 页。

② См.：Сараскина Л. И. Испытание будущим. Ф. М. Достоевский как участник современной культуры. М.：Прогресс‑Традиция，2010，с. 9.

③ Сараскина Л. И. Испытание будущим. Ф. М. Достоевский как участник современной культуры. М.：Прогресс‑Традиция，2010，с. 9.

知"，是因为其敏锐的现代性意识，而现代性问题是一个未竟的问题。

　　本书的研究思路是，首先考察陀思妥耶夫斯基的"思想内核"，澄清他的基督徒身份以及其宗教信仰；进而立足于资本主义文化语境，对他的作品、政论等思想材料做社会学还原，探究他所面对的社会关系结构、社会精神状况——这是其具体思想形态的生成背景。对此，本书主要借用滕尼斯（Ferdinand Tönnies）、西美尔（Georg Simmel）等人的社会学学说以及舍勒（Max Scheler）的情绪现象学展开探讨。同时，兼顾陀思妥耶夫斯基不同阶段、不同处境中的生命感觉、问题意识，以及对相同问题的不同解决策略，由它们引出陀思妥耶夫斯基思想的历时性结构。此外，笔者也尽可能地将陀思妥耶夫斯基思想置于现代思想史的框架中予以考量。现代学者对现代性诸问题有着不同的反应和解决策略，将陀思妥耶夫斯基与其思想的同路人或论敌相比较，能使我们更清晰地看见陀思妥耶夫斯基思想的有效性及问题所在。

　　事实上，在笔者有限的视域之内，已经有批评家对陀思妥耶夫斯基的思想整体进行了杰出的研究。以欧文·豪（Irving Howe）为例。他在《陀思妥耶夫斯基：拯救政治学》（*Dostoevsky: The Politics of Salvation*）一文中描述了陀思妥耶夫斯基宗教思想和政治观念的内在联系，指出陀思妥耶夫斯基对基督教教义的激进理解和神秘的民粹主义思想使他永远成不了一个"温和的保守主义者"。[①] 欧文·豪这篇文章极富洞见，可惜限于篇幅，他对陀思妥耶夫斯基思想的勾勒和批评稍显简略，很多说法未能进一步展开。

---

① Irving Howe, "*Dostoevsky: The Politics of Salvation*", in Rene Wellek, ed., *Dostoevsky A Collection of Critical Essays*, Englewood Cliffs: Prentice-Hall, 1962, pp. 53 –71.

第一章　陀思妥耶夫斯基与基督教

　　宗教观念是陀思妥耶夫斯基思考一切社会问题的起点，它构成了陀思妥耶夫斯基思想大厦的地基。而探究陀思妥耶夫斯基的宗教思想，首先要回答一个问题：陀思妥耶夫斯基是否是个基督徒？这似乎是个自明的问题，罗赞诺夫说："众所周知，他被认为是我国文学界'真正的基督徒'，任何别的作家都不像他那样；几乎还在学生时代，即在宗教方面还很肤浅的时候，一旦有人不谨慎地谈及耶稣基督，他就会伤心得落泪。"① 罗赞诺夫的说法颇能代表学界的主流意见，但也不乏对此的反对声音——陀思妥耶夫斯基曾一度陷入无神论，或者一度怀疑上帝。在笔者看来，"信仰说"尽管在论证材料上占绝对优势，但迄今尚没有出现对"无神说"，尤其是"怀疑说"具有说服力的彻底的驳斥。这里，笔者将结合"无神说"和"信仰说"来确证：陀思妥耶夫斯基一生当中从未变易过基督徒身份。但是对于探查陀思妥耶夫斯基的宗教思想而言，单说他是基督徒是远远不够的，还必须澄清他在何种意义上是个基督徒。对于不同的信徒来说，信仰方式、自我认可的信仰内容、价值都不一定相同，它们产生的现实效用也会有差异。由此，澄清基督教信仰对于陀思妥耶夫斯基的具体内涵，也是本章要讨论的内容。

第一节　青年陀思妥耶夫斯基信仰问题

　　青年陀思妥耶夫斯基的信仰问题引来了"无神说"（包括"怀疑说"）最

---

　　① ［俄］罗扎诺夫，《陀思妥耶夫斯基启示录——罗扎诺夫文选》，田全金译，上海：华东师范大学出版社，2013，第57页。

猛烈的火力。在许多批评家看来：拥护乌托邦社会主义学说的青年陀思妥耶夫斯基是个彻头彻尾的无神论者，只是在受彼得拉舍夫斯基案牵连遭流刑之后，他才转变为一个虔诚的东正教徒——这构成了所谓"陀思妥耶夫斯基转向"的重要内容。比如，美国思想家斯特龙伯格（Roland N. Stromberg）就认为："他①年轻时也是社会主义者，1849 年被捕，在西伯利亚的牢营中度过了四年时光。尽管这段经历十分可怕，却为他的小说提供了丰富的素材。出狱后，他不再是激进分子和无神论者，而是一名保守分子和宗教信徒。"②

事实上，从陀思妥耶夫斯基的书信、评论文章等材料来看，尽管他曾回顾自己早年的"革命迷途"，却从未声称自己曾是个无神论者。相反，他倒是多次提及自身幼年的宗教经验。陀思妥耶夫斯基曾写道："我出身于俄罗斯信仰虔诚的家庭，在家庭中，我们几乎是从幼年起就知道圣经。……每一次参观克里姆林宫和莫斯科的其他教堂都使我产生一种庄严感。"③ 在这个典型的东正教家庭中，有时，来访的客人也会邀请少年陀思妥耶夫斯基在圣像前朗诵祷词。陀思妥耶夫斯基曾动情地忆及母亲教会他的祈祷文："上帝啊，我把所有期望寄托在你身上。圣母啊，请把我置于你羽翼之下。"④ 而根据安·陀思妥耶夫斯卡娅（А. Г. Достоевская）的回忆，陀思妥耶夫斯基一直保持着诵读这一祷词的习惯。⑤

陀思妥耶夫斯基出身于俄罗斯典型的虔信东正教的家庭，受过良好的宗教教育。就此，学界并无太大争议。引发争议之处主要在于，1845 年夏天，陀思妥耶夫斯基与别林斯基相识，受后者影响接触并接受了圣西门（Saint-Simon）、傅立叶（Charles Fourier）等人的乌托邦社会主义学说。据此，一些批评家认为：陀思妥耶夫斯基因受别林斯基影响而背离了自身原初的宗教信仰，变成了无神论者。

1873 年，陀思妥耶夫斯基在《公民》（«Гражданин»）上发表题名为《老一代人》（«Старые люди»）的文章，回顾了自己与别林斯基的关系史。在此

---

① 即陀思妥耶夫斯基。

② ［美］罗兰·N·斯特龙伯格，《西方现代思想史》，刘北成、赵国新译，北京：中央编译出版社，2004，第 369 页。

③ ［俄］陀思妥耶夫斯基，《作家日记》（上），张羽译，石家庄：河北教育出版社，2010，第166－167 页。

④ Эриксон Ян. «Кто－то посетил мою душу…»: духовный путь Достоевского. Пер. со шведского Л. П. Олдыревой－Густафссон, Екатеринбург: Изд－во Урал. ун－та, 2010, с. 16.

⑤ Биография, письма и заметки из записной книжки Ф. М. Достоевского. СПб.: Типография А. С. Суворина, 1883, с. 5－6.

文末尾，作家写道："在他①生命的最后一年里，我已经不常到他那里去。他不欢迎我了；而我却满腔热情地接受了他的整个学说。"② 一些批评家将陀思妥耶夫斯基这一自述视为其接受别林斯基无神论的直接证据。《陀思妥耶夫斯基与别林斯基》（《Достоевский и Белинский》）一书的作者基尔波金（В. Кирпотин）就认为，别林斯基成功地把青年陀思妥耶夫斯基转变成了无神论者和革命信徒。③ 而谢列兹列夫（Ю. Селезнев）指出："尽管别林斯基并没有完全消除陀思妥耶夫斯基对信仰的渴求，但他在陀思妥耶夫斯基整个一生里都播下了怀疑的种子。"④

　　别林斯基是 19 世纪三四十年代俄罗斯文学批评界的领袖人物，声望极高，更是陀思妥耶夫斯基的文坛伯乐。涉世不深的陀思妥耶夫斯基受别林斯基影响而接受了他的"整个学说"，看起来顺理成章。但需要澄清的是，这里的"整个学说"也只是指社会主义学说，而别林斯基和陀思妥耶夫斯基各自拥护的社会主义颇不相同。1844 年左右，别林斯基开始阅读并接受了费尔巴哈（Ludwig Feuerbach）、马克思（Karl Marx）、恩格斯（Friedrich Engels）等人的学说，他从意识形态批判的视域将宗教视为统治阶级麻痹下层民众的工具。1845 年 1 月 26 日，他在致赫尔岑的一封信中谈道："我的论断是——在'上帝''宗教'这些字眼中我只看到了黑暗、愚昧、枷锁和皮鞭。"⑤ 由此可见，别林斯基的政治思想是以无神论为起点的，他已经跳过了傅立叶等人的学说而成为激进的马克思主义者。而陀思妥耶夫斯基所拥护的却是为马克思所批判的"空想社会主义"。进一步说，别林斯基和陀思妥耶夫斯基接受社会主义学说的思想动因也并不一致，陀思妥耶夫斯基显然并非基于别林斯基式的无神论立场。

　　首先，需要澄清的是，傅立叶本人为其政治蓝图的社会组织形式"谢利叶小组"进行辩护时，正是认为这一政治图景是符合基督教教义的。他写道："对政治上和道德上十分无知的人来说，无神论是最方便不过的理论。……如果说不相信上帝是荒谬的，可是对上帝半信半疑，认为上帝对我们的保佑不能全部兑现，也不能满足我们最迫切的需要（如创造一个幸福社会制度的需

---

　　① 即别林斯基。

　　② ［俄］陀思妥耶夫斯基，《作家日记》（上），前引书，第 16 页。

　　③ Кирпотин В. Я. Достоевский и Белинский. М.：Художественная литература，1976，с. 32.

　　④ Селезнев Ю. Достоевский. М.：Молодая гвардия，1981，с. 106.

　　⑤ Белинский В. Г. Полн. собр. Соч.：［В 13т.］. Т. 7. М.：Издательство Академии наук СССР，1956，с. 250.

要），那也同样是荒谬的。"① 在傅立叶看来，"谢利叶小组"这一政治构想完美体现了自由、平等、博爱等基督教教义。

陀思妥耶夫斯基深谙傅立叶这一思想理路。1846 至 1847 年间，他读的大量书籍也与基督教教义在尘世实在化这一主题密切相关。格罗斯曼（Л. Гроссман）曾指出，陀思妥耶夫斯基从彼得拉舍夫斯基的图书室借阅过卡贝（Etienne Cabet）的《真正的基督教》（*The Real Christianity according to Jesus Christ*）。此书的基本命题是：共产主义是"世界的天堂"，是仁爱、兄弟团结、平等、自由和正义的王国。②

受过良好的宗教教育，并深受乔治·桑（George Sand）、雨果（Victor Hugo）等人道主义作家影响的青年陀思妥耶夫斯基显然是以一个基督徒的身份接受空想社会主义的。他写道："傅立叶主义是和平的体系，它的美好让我心灵迷醉。它诱导人去爱人类，正是这对人类之博爱鼓舞着傅立叶构建自己的体系。傅立叶主义并不招致激愤的攻击，而只是以对人类的博爱吸引人，在这一体系当中没有仇恨。"③ 青年陀思妥耶夫斯基在傅立叶、圣西门等人的政治蓝图中看到了以基督教教义为支撑的"上帝之城"在生活世界得以实现的可能性。其实，陀思妥耶夫斯基以基督徒的思想立场热忱拥护乌托邦社会主义，这在 19 世纪 40 年代的俄罗斯并非个案。学者卡什娜（Н. Кашина）曾对当时俄罗斯知识界评议道："对于大量乌托邦主义者来说，基督教与他们的社会主义思想合流。透过社会主义学说的棱镜，基督教直接跳过东正教教条主义者而从圣经源头上得到理解。基督教学说是从其人道主义之维得以领会——对被侮辱与被伤害之人的保护、基督教意义上的兄弟般的团结，以及用原初的基督教教义对社会秩序展开批判。"④ 事实上，彼得拉舍夫斯基小组的成员如叶夫罗佩乌斯（А. Европеус）、阿赫沙鲁莫夫（Д. Ахшарумов）也曾指出乌托邦社会主义具有基督教品质。⑤

当然，陀思妥耶夫斯基接受乌托邦社会主义，别林斯基的影响也不容忽视，但陀思妥耶夫斯基和别林斯基对基督教的不同态度是二者无法逾越的分

---

① ［法］傅立叶，《傅立叶选集》（第 1 卷），赵俊欣、吴模信、徐知勉等译，北京：商务印书馆，1982，第 19 页。

② ［俄］格罗斯曼，《陀思妥耶夫斯基传》，王健夫译，北京：外国文学出版社，1987，第 142 页。

③ Достоевский Ф. М. Полн. собр. Соч. :［В 30т.］. Т. 16. Л. : Наука, 1978, с. 133.

④ Кашина Н. В. Эстеика Ф. М. Достоевского. М. : ВЫСШАЯ ШКОЛА, 1989, с. 14.

⑤ Мочульский К. Достоевский. Жизнь и творчество. Париж：YMCA－Press,1980,с. 167.

歧，也是他们最后决裂的根本原因。陀思妥耶夫斯基曾回忆起与别林斯基等人的一次谈话："'看着他，我都觉得可怜，'别林斯基突然中断了慷慨激昂的言词，把脸转向自己的朋友，还用手指着我，'每一次，我一提到基督，他的脸色立刻就变了，仿佛要哭的样子……请相信，您是一个天真的人，'他又蓦地转向我，'请相信，您的基督假如出生在我们这个时代，那会是一个最不显眼、最平凡的人；在当今科学和当今推动人类的力量面前，他将变得暗淡无光。"①

1849 年 4 月 15 日，陀思妥耶夫斯基在彼得拉舍夫斯基小组宣读了别林斯基致果戈理（Н. В. Гоголь）的公开信——在此信中，别林斯基声称俄罗斯民族是彻底的无神论的民族，大多数的神父对信仰漠不关心，"还只是以肥大的肚子、繁琐的教诲以及野蛮的无知见称"②。陀思妥耶夫斯基因此举而被秘密警察逮捕。一些批评家认为陀思妥耶夫斯基宣读此信即是拥护别林斯基的无神论，但事实并非如此。莫丘利斯基通过挖掘陀思妥耶夫斯基传记材料及自述性文字指出，陀思妥耶夫斯基宣读此信，只是将其视为一个文学事件的见证，而并不赞同别林斯基的观点。③

至此，若我们说青年陀思妥耶夫斯基是个虔诚的基督徒，仍然会面临质疑。比如，在莫丘利斯基看来，青年陀思妥耶夫斯基尽管并非无神论者，但也远不是一个真正的、虔诚的信徒——陀思妥耶夫斯基在青年时期对基督教的理解朦胧而模糊。对此，莫丘利斯基的基本论据是："最广为人知的是，他在流放之前的任何一部作品中都不涉及宗教问题。《女房东》中的奥尔德诺夫撰写关于教会史的著作，但这完全没有对他的生活产生影响。相反，虔信宗教的人都是一些伪君子或暴君（《女房东》中的穆林、《涅托奇卡·涅兹万诺娃》中的老公爵小姐）。在陀思妥耶夫斯基流放之前的作品中从未出现上帝。"④

在笔者看来，莫丘利斯基这一论证颇显武断。陀思妥耶夫斯基在流放前的作品中缺乏对宗教问题的探讨，但这不代表作家本人对基督教理解模糊。乔治·桑、狄更斯（Charles Dickens）的作品中同样鲜见对宗教问题的专门化探讨，但陀思妥耶夫斯基曾把乔治·桑视为法国作家中"最虔诚的基督徒"，称狄更斯为"伟大的基督徒"。在陀思妥耶夫斯基眼中，这些人道主义作家对弱者的同情、对个性的赞美、对个性自由的捍卫正是基督教精神的显明体现。在

① ［俄］陀思妥耶夫斯基，《作家日记》（上），前引书，第 13 页。
② ［俄］别林斯基，《别林斯基文学论文选》前引书，第 585 页。
③ Мочульский К. Достоевский. Жизнь и творчество. Париж：YMCA－Press，1980，с. 103.
④ Там же. с. 100.

21

青年陀思妥耶夫斯基所创作的《穷人》《脆弱的心》（《Слабое сердце》）《诚实的小偷》（《Честный вор》）等作品中，我们都可以看见陀思妥耶夫斯基所颂扬的这种基督教精神。此外，信仰必须是活生生的信仰，它意味着应将基督教教义渗透于具体问思、实践于具体生活，而非止于礼拜、祈祷等外在形式。这显然也是青年陀思妥耶夫斯基对《女房东》（《Хозяйка》）中的穆林、《涅托奇卡·涅兹万诺娃》（《Неточка Незванова》）中的老公爵小姐这些虚伪、徒具虔诚信仰表象的人物进行讽刺性刻画的原因。

在苏联科学院收录的总计 30 卷的陀思妥耶夫斯基文集中，我们可以看到《诚实的小偷》于 1848 年发表于《祖国纪事》（《Отечественные записки》）的最初版本（《诚实的小偷》现在通行的版本是陀思妥耶夫斯基在 1860 年对初版修改、删减而成）。在这一版本中，阿斯塔菲·伊万诺维奇讲完叶梅利扬的故事后，又向小说的叙述者发表了一番颇具布道色彩的感慨。阿斯塔菲·伊万诺维奇谈道：叶梅利扬生前是个坏东西，但他因良知而苦闷，并因此死去——这向全世界证明了自己也是人，所以应该原谅他。因为人并非上帝，人之罪植根于人的本性之中，不可清除，这也是基督走向人群的原因。基督爱所有人甚于爱己。① 显而易见的是，假如年轻的作家并非虔诚的基督徒，我们很难想象在小说最后会出现这与整体叙述几无关联，甚至显得有损作品艺术性的"佐西马"式的话语。

如果我们仔细考察陀思妥耶夫斯基流放前的作品，就可以发现：作家多次使用了一个宗教意象——教堂。《女房东》中的奥尔德诺夫最初在教堂见到卡捷琳娜，而经历过痛苦不堪的感情纠葛之后，他再次走进了教堂。在小说结尾，奥尔德诺夫房东的女仆"常常有趣地描述她的温和的房客怎样祈祷，和他怎样伏着几个钟头，似乎晕倒在教堂的铺道上……"② 无独有偶，在《脆弱的心》这部小说的结尾，阿尔卡其也是在教堂遇到了莉莎。这是在瓦夏逝世两年后，莉莎已为人妇，她向阿尔卡其诉说自己现在的生活状况，"但谈话之间，她的眼睛突然噙满泪水，嗓音低了下去，她转过身，倚着教堂的低台，想在人们面前遮掩她的痛苦……"③《圣诞树和婚礼》（《Елка и свадьба》）同样是在教堂结束了叙事：美貌的妙龄少女被迫嫁给了虚伪粗暴、贪求陪嫁的

① Достоевский Ф. М. Полн. собр. Соч. : [В 30т.]. Т. 2. Л. : Издательство «Наука», 1972, с. 427.

② ［俄］陀思妥耶夫斯基，《女房东》，叔夜译，上海：文光书店，1950，第 144 页。

③ ［俄］陀思妥耶夫斯基，《中短篇小说选》（上），文颖、曹中德等译，北京：人民文学出版社，1982，第 196 页。

"大人物"尤利安·马斯塔科维奇,她那忧郁的神情中"似乎有什么稚气到了极点的、没有定型的、年青的东西在默默无言地为自己恳求哀怜"①。

在陀思妥耶夫斯基流放前为数不多的作品中,《女房东》《脆弱的心》《圣诞树和婚礼》这三部短篇小说都在教堂引出叙事的尾声,显然并非偶然。究其原因,笔者认为这显然是青年陀思妥耶夫斯基作为基督徒的思想立场使然。这几部作品是陀思妥耶夫斯基青年时期颇具代表性的悲剧小说,主人公孤独无依,他们对生活甜美的梦幻被命运无情地碾碎,饱受苦痛。陀思妥耶夫斯基把他们一一引进教堂,引入上帝的怀抱。在小说中,奥尔德诺夫"伏着几个钟头,似乎晕倒在教堂的铺道上"以及莉莎"倚着教堂的低台"这两个动作带有强烈的隐喻色彩:主人公无法平稳地站立在大地上,他们借助教堂的支撑安顿自身。这里,个体和教堂不仅在物理层面,更在精神层面结合在一起:他们信仰上帝,亦得到上帝的垂怜。

进一步说,通过忍受生存之恶,经历苦难,在赎罪的同时体察人性的野蛮和生活的无望,进而走进信仰之门——我们通常认为这是陀思妥耶夫斯基后期思想的重要主题,认为它与陀思妥耶夫斯基服苦役的经历密切相关。但从《脆弱的心》《圣诞树和婚礼》等作品来看,在赋予人物苦难之后而把他们引向上帝——陀思妥耶夫斯基这一思想理路在流放前就已露端倪。尽管在人物受苦后走进教堂这种叙述形式中,它表现得没有那么明显。

青年陀思妥耶夫斯基是位虔诚的基督徒这一论断亦可在其日常生活中找到依据。1846 年,陀思妥耶夫斯基因身体状况不佳与医生亚诺夫斯基(С. Яновский)结识。在 1846 年到 1849 年间,二人几乎每天都要会面,建立了亲密的友谊。亚诺夫斯基在回忆陀思妥耶夫斯基的文章中指出,陀思妥耶夫斯基在日常生活中完全是一个恪守福音书教义的基督徒。亚诺夫斯基举例说,在陀思妥耶夫斯基与周围人的一次谈话中,有人为布尔加林(Ф. Булгарин)等御用文人辩护,声称福音书中也说可以原谅谎言。对此,陀思妥耶夫斯基言辞激烈地反驳道:"竟然用福音书为他们辩护,这显然是错误的,福音书中根本没这么讲过。撒谎是引人厌恶之事,而若是有人撒谎并诽谤基督,那就不但可恶,而且卑鄙。"② 亚诺夫斯基谈道,受陀思妥耶夫斯基影响,他自己在生活中也变得对各种形式的谎言极为敏感。他还指出,福音书真理是陀思妥耶夫斯

---

① [俄]陀思妥耶夫斯基,《中短篇小说选》(上),前引书,第 224 页。

② Ф. М. Достоевский в воспоминаниях современников. М. : Художественная литература, 1956, с. 170.

基一切政治观念的基础："当陀思妥耶夫斯基与周围人谈起社会政治问题，总会首先对事件本身和社会语境进行剖析，再作结论——符合福音书教义的结论。"① 在亚诺夫斯基笔下，青年陀思妥耶夫斯基可以说是把福音书教义贯穿到了生活的每个细节。在致安·陀思妥耶夫斯卡娅的一封信中，亚诺夫斯基极为动情地表达了对陀思妥耶夫斯基的感激之情："如果说我没有被生活让人沮丧的挫败和诸多苦痛压垮，如果说我不认为我的贫穷是极大的不幸，那么要将此归功于费奥多尔·陀思妥耶夫斯基，在我年轻的岁月中，他使我充分领会、接受了福音书的教诲。"②

从以上几个层面来看，陀思妥耶夫斯基一直坚守着自己的基督徒身份，并没有过什么"无神论转向"，流放后"皈依宗教"更就无从说起。的确，与其早年创作相比，陀思妥耶夫斯基在流放后的作品中对宗教问题的探讨更为显明、深入，但那也是作家在饱受苦难之后、在持续的存在之思中对自身早期思想的丰富和拓进而已。

第二节　伊万带来的"难题"

在陀思妥耶夫斯基的小说中，不同的角色往往就信仰问题展开或隐或显的辩论。他们大体上形成了两个阵营：首先是虔诚的基督徒，以《罪与罚》中的索尼娅、《群魔》中的吉洪、《卡拉马佐夫兄弟》（«Братья Карамазовы»）中的佐西马长老为典型；另一个阵营则包括坚定的无神论者以及对上帝半信半疑、为信仰问题所折磨的"怀疑论"者——《被伤害与侮辱的人们》（«Униженные и оскорбленные»）中的瓦尔科夫斯基公爵，《罪与罚》中的拉斯柯尔尼科夫、卡捷琳娜·伊凡诺夫娜，《群魔》中的斯塔夫罗金即在此列。在陀思妥耶夫斯基最后一部小说《卡拉马佐夫兄弟》中，无神论（怀疑论）思想假伊万之口得到了最为系统、最具强度和冲击力的表达。劳伦斯（D. H. Lawrence）、加缪（Albert Camus）、谢·尼·布尔加科夫（С. Н. Булгаков）、马尔科姆·琼斯等人聚焦于陀思妥耶夫斯基笔下的无神论话语，尤其是伊万的言论，认为伊万是陀思妥耶夫斯基强烈怀疑信仰，甚至陷入无神论的证据。

---

① Ф. М. Достоевский в воспоминаниях современников. М. ：Художественная литература, 1956, с. 166.

② Лосский Н. Достоевский и его христианское миропонимание. Нью－Йорк：Издательство имени Чехова，1953，с. 59－60.

"在伊万·卡拉马佐夫身上，我们听到了一个饱受折磨的灵魂发出的无神论的声音。没有人能写成这样，除非他自己的心灵也倍遭折磨——至少是在文学创作的过程中。没有人能让自己去写这样的东西，如果这些问题没有在智性和情感上都让他无法抗拒。"① 布尔加科夫也认为：陀思妥耶夫斯基"在伊万·卡拉马佐夫身上以艺术的说服力表现了自己的这些思考，自己的不信上帝"②。

对于这类说法，笔者想首先确定伊万的"身份"——他是否称得上是个无神论者？一个道出无神论思想的人未必是无神论者，这适用于伊万，也适用于陀思妥耶夫斯基。但伊万的言辞似乎很难让人为他洗清无神论者的嫌疑：

> 伊万以诚实无畏的精神和无情的彻底性引申出无神论哲学或者说（如果允许使用当代哲学术语的话）实证主义哲学的伦理学结论，他得出了一个令自己沮丧的结论，认为没有形而上学或宗教的认可是不可能有善恶标准乃至道德标准的。伊万没有宗教信仰，但是失去宗教信仰，他也就惊恐地丧失了道德。……尼采和伊万的基本动机和基本思想是一致的……不但把尼采的"超人"或伊万的"人神"放在"善与恶的此岸"并使一切对他们来说都"无所不可"的一般观点是两个人所特有的，而且利己主义原则、取代被破除的道德对利他主义的否定，在他们那里也都同样地反复出现。……③

总体说来，批评家们把伊万视为无神论者的基本思路是：伊万以理性的问思方式进入信仰问题，在科学理性的强力扩张之下，信仰成为欧几里得式的几何问题。伊万错误地把科学领域与信仰领域混为一谈，使科学理性在扩张中丧失了有效性，无法保持逻辑自洽而陷入自我瓦解的势态，这使伊万最后"发了疯"。大卫·康宁安（David S. Cunningham）说，伊万很早就已"朦胧地意识到，这整个逻辑将引人走向绝望或是自杀。如果他爱世界，如果他对生活抱有渴望——他认识到，这在某种程度上是'反逻辑'的"④。

---

① Malcolm V. Jones, "Dostoevskii and religion", in W. J. Leatherbarrow, ed., *The Cambridge Companion to Dostoevskii*, Cambridge: Cambridge University Press, 2004, pp. 172 – 173.

② ［俄］弗·谢·索洛维约夫等，《精神领袖——俄罗斯思想家论陀思妥耶夫斯基》，前引书，第353 页。

③ ［俄］弗·谢·索洛维约夫等，《精神领袖——俄罗斯思想家论陀思妥耶夫斯基》，前引书，第336 – 337 页。

④ David S. Cunningham, "'The Brothers Karamazov' as trinitarian theology", in George Pattison & Diane Oenning Thompson, ed., *Dostoevsky and the Christian tradition*, ibid., p. 140.

笔者认为，与其说伊万是个无神论者，不如说伊万是基督教信仰的怀疑者。伊万信仰上帝，并以基督教学说中上帝"允诺"的人与人兄弟般的互爱作为思考问题的出发点——这也是伊万"怀疑信仰"的原因。

在《卡拉马佐夫兄弟》中，伊万的思想底牌在他与阿辽沙的对谈中完全摊开。而据伊万所言，这还是他首次向他人如此毫无保留地坦露心声。面对阿辽沙，伊万单刀直入：

……那么你我现在要达到什么目的呢？目的是使我能尽快向你说明我的本质，我是怎么样一个人，我信仰什么，抱什么希望，对不对？所以我要宣布，我接受上帝，痛快而简单。

"但是，有一点必须指出：如果上帝存在，如果确实是上帝创造了世界，那么正像我们所确知的那样，上帝根据欧几里得的几何原理创造了世界，而上帝按照仅有三度空间的概念创造了人的智慧。然而，过去曾经有而且现在也还有一些几何学家和哲学家，甚至是非常杰出的，他们对于整个宇宙——或者更扩大范围来说对于一切存在——仅仅是根据欧几里得的几何原理创造出来的表示怀疑，甚至胆敢设想，根据欧几里得定理在地球绝对不可能相交的两条平行线也许会在某个无穷处相交。亲爱的，我这样认为，如果我连这也无法理解，那我怎么能理解上帝呢？我心悦诚服地承认，我没有任何能力解决这样的问题，我的头脑是欧几里得式的、凡人的，所以我们根本解决不了不属于这个世界的问题。我奉劝你也千万别想这事，阿辽沙，我的朋友，更不要去想上帝有还是没有。对于按照仅有三度空间的概念创造出来的头脑，这类问题完全不合适。所以，我不仅乐于接受上帝，而且还接受上帝的智慧和目的——那是我们一无所知的；我信仰秩序，信仰生活的意义，信仰据说我们都将融入其中的永恒的和谐，信仰整个宇宙心向往之的话语——这话语本身就'与上帝同在'，它本身就是上帝，诸如此类，如此等等，不一而足。像这样的话语多得不可胜数。

我好像有些上路了——对不对？那就请想象一下，最后的结果是我不接受这个上帝的世界，尽管我知道它存在，可就是完全不能接受。我不是不接受上帝，这一点你要明白，我是不接受他创造的世界即上帝的世界，也不能同意接受。我得声明在先：我像小孩子一样深信，创痛将会愈合和平复，一切可笑可悲的人类矛盾将会像可怜的幻影一样消失，因为它们是不中用和渺小如原子的欧几里得式人脑可鄙地虚构出来的。我深信，到了世界的大结局，在永恒和谐来临的时刻，将会发生和出现如此珍贵的景象，它足以让所有的心都得到满足，足以平息所有的愤怒，抵消人类所有的罪恶，补偿人类所流的全部鲜血，足以使宽恕人类的一切所作所为成为可能，甚至可能为之辩护，予以认可，——纵使这一切将会实现，但我不接受它，也不愿接受！纵使平行线将会相交，而且我将亲眼看到，不但看到，我还会说平行线相交了，然而我还是不会接受。这就是我的本质，阿辽沙，这就是我的信条。……"①

伊万的这段独白是打开其思想的一把钥匙。伊万为什么声称自己"痛快而简单"地信仰上帝？原因在于他认为上帝按照欧几里得原则创造了人类的头脑——作为人类中的一员，伊万本人的头脑自然也是欧几里得式的。在这一语境当中，我们容易将"欧几里得原则"解释为"理性"，这固然不错，但这推导不出伊万将上帝置于理性的天平上、否定上帝存在的结论。笔者认为，这里欧几里得式的头脑强调的是人的理性（智慧）的有限性，伊万承认上帝的超验特征，而人类不能根据自身有限的智慧去怀疑超验世界的全知全能的上帝的存在。所以伊万说：尤其是对于上帝是否存在——"按照仅有三度空间的概念创造出来的头脑，这类问题完全不合适"。如此，伊万就为（自身的）信仰保留了空间："我接受上帝，痛快而简单。"

伊万不但乐于接受上帝，而且也接受上帝赋予人类的秩序、生命意义。问题仅仅在于：伊万接受上帝，但是不接受上帝所创造的世界。

伊万不接受上帝所创造的世界恰恰是因为他对上帝的信仰。伊万认为，上帝许诺了一个世人"都将融入其中的永恒的和谐"的世界，这是人人都能兄弟般互爱的至善世界——在伊万的信仰问题上，这一世界图景极为关键，它构成了伊万思考问题的起点。然而，上帝所许诺的"永恒和谐"只存在于彼岸世界，而在此岸世界，世人无法互爱："抽象地爱邻人还可以，或者从远处爱也行，但在近处几乎决不可能。"② 既然世人无法互爱，"残酷"就不可避免。接下来，伊万向阿辽沙讲了几桩虐（虐待、虐杀）童事件，伊万的描述动情而又克制——对被伤害的孩童充满同情，同时尽可能细致而逼真地呈现具体细节。无辜而毫无防护能力的孩童遭受非人的折磨——人类的"残酷行为"被呈现到了极致。

---

① ［俄］陀思妥耶夫斯基，《卡拉马佐夫兄弟》，荣如德译，上海：译文出版社，2004，第 279 - 280 页。

② ［俄］陀思妥耶夫斯基，《卡拉马佐夫兄弟》，前引书，第 282 页。

让伊万饱受折磨的问题是：上帝既然允诺将世人引入一个至善的世界，那这一时刻为什么不能提早来临？他甚至作出让步：如果说成年人因负有罪责而要经受苦难——以此作为进入彼岸世界的代价，那为什么无辜的儿童要受苦？

> ……听着，如果人人都得受苦，以便用苦难换取永恒的和谐，那么，请回答我：这跟孩子们有什么相干？令人百思不得其解的是：为什么他们也必须受苦？为何要他们以苦难为代价换取和谐？为什么他们也成了肥料，用自身为他人栽培和谐？①

伊万作为孩童的辩护人质疑上帝的恩典，这与旧约中约伯向上帝申辩颇具相似之处。约伯的疑问在于，上帝为什么向他这样一个义人施以苦难，却让恶人"逃脱"惩罚。"全能者既定期罚恶，为何不使认识他的人看见那日子呢？"可以说，伊万的逻辑正是约伯的逻辑。伊万算不上理性的化身，与约伯一样，他对上帝的诘问仍在信仰的框架之内。只是，在他的诘问之下，上帝不能像《约伯记》中那样从旋风中现身，给出启示甚至是现实安排。那么，如何在现世避免"儿童的苦难"？伊万不得不"自谋出路"，他想出了两种可能的方案：强化上帝学说，或者修正上帝学说。后者就是"宗教大法官"的方案。

伊万曾"谦虚又稳重地"向佐西马长老谈起他关于国家和教会的想法，他认为应该把国家和教会混合在一起——对于一个基督教社会而言，不应满足于教会在国家中有一席之地，而是要使教会包含整个国家。如果国家和教会分离，那么罪犯虽然触犯法律，但他们未必觉晓这是与教会宣战，而当教会成为国家，任何犯罪行为都会直接触犯教会。这会对罪犯产生极强的威慑力——革除教门的人无处可去，社会犯罪将大大减少。

> "如果一切都成了教会，那么教会可以把犯罪和桀骜不驯的人革出教门，而不必砍头，"……"请问，被革出教门的人有哪里可去？要知道，到那时不但必须像现在这样离开人们，而且还必须离开基督。因为他犯了罪不仅与人们为敌，也是跟基督教会作对。当然，从严格的意义上说，现在也是这样，但毕竟没有明文规定，所以现今的罪犯与自己的良心相互妥协的情况层出不穷。现今的罪犯几乎都对自己这样说：'我是偷了人家的东西，但我并不反对教会，不是基督的敌人。'可要是教会取代了国家的

---

① ［俄］陀思妥耶夫斯基，《卡拉马佐夫兄弟》，前引书，第289页。

位置，那时罪犯再要说这样的话就难了，除非他把人世间的教会一概否定。……"①

不仅如此，教会国家化还避免了国家法律对罪犯的"机械式"惩罚，通过对他的心灵施以影响使其改恶从善，从根本上"治病救人"。

宗教大法官的思想本质上是将国家教会化，用帕西农神父的话说，是"魔鬼的第三次诱惑"，是"教皇极权论"，它必然导致权力的腐败和对人的奴役。而在教会和国家分离的政治结构当中，因为基督教义未能彻底地、完全地落实到整体的社会生活中，"犯罪"——残酷行为无可避免。所以，伊万走向了"宗教大法官"的反面：教会国家化。伊万的这一方案得到了佐西马长老的肯定。佐西马长老坚信：尽管目前条件还不成熟，但这一图景将来一定会实现。如此，伊万就成了佐西马长老的"同路人"。但问题在于，伊万只是提出这方案——佐西马向他指出：他大概并不相信自己关于教会和国家问题的论述。伊万对此并不否认，尽管他强调这并非一个玩笑。

伊万站在了信仰的门槛上，面临向前一步（走向佐西马），还是向后一步（走向宗教大法官）的选择。这使他痛苦万分。阿辽沙说："伊万是个谜"——此语指称的是伊万思想的复杂性。而正如有论者所指出的，真相在于，不仅对于他人而言，伊万是个谜，伊万对于自己来说也是个谜。因为他完全无法定义自身，这也正是他持续犹豫不决、内心混乱、在生活中无法为自己找到明确位置的原因。②韦特洛弗斯卡娅（В. Е. Ветловская）认为：伊万和阿辽沙一样，都是"孩童"，与所有的孩童一样，他们急切、不谨慎，同时毫无经验。③伊万是信仰的"孩童"，他必须以自己的方式进行信仰的确证。

在佐西马长老看来，伊万的问题"即使不能朝肯定方向发展，也不会朝向否定方向发展"，因为伊万有一颗"能经受磨难的高超的心"，一颗严肃的、真诚的心。当佐西马长老为伊万祝福：

……但不料后者竟从椅子上站起来，走到长老跟前，接受他的祝福，在吻过他的手以后，又默默地回到原位上。他的神态坚定而严肃。这一举动以

---

① ［俄］陀思妥耶夫斯基，《卡拉马佐夫兄弟》，前引书，第69页。

② Vladimir Kantor Pavel, "Smerdyakov and Ivan Karamazov: The problem of temptation" in George Pattison & Diane Oenning Thompson, ed., *Dostoevsky and the Christian tradition*, ibid., p. 193.

③ Ветловская В. Е. Поэтика романа «Братья Карамазовы». М.: Издательство «Наука», 1977, с. 87.

及刚才他跟长老交谈时所说的那些很难想象出自伊万·费尧多罗维奇之口的话，有一种神秘和庄严的色彩，使所有的人都感到意外，……①

随着小说情节的推进，我们看到，伊万最终还是走进了审判德米特里的法庭，这一步构成了一个隐喻：伊万走向了信仰。阿辽沙说，上帝和真理逐渐占据了伊万的内心。这正如叶夫拉姆皮耶夫（И. И. Евлампиев）所指出的：陀思妥耶夫斯基全然以肯定的态度构思了伊万的"未来"，伊万通过真正的复活走出了危机。②

伊万的复活恰恰为陀思妥耶夫斯基的基督教思想提供了一个注解。陀思妥耶夫斯基通过伊万对自身信仰进行了自我确证。那么，他为什么需要信仰的自我确证？

1854 年，陀思妥耶夫斯基流刑期满，在致 Н. Д. 冯维津娜（Н. Д. Фонвизина）的一封信中，他自述在心中建立了一个信条：

> ……我要对您讲一讲自己，我是时代的产儿，是缺乏信仰和彷徨怀疑的产儿，一直到现在甚至会一直到我寿终正寝时都是这样（我知道这一点）。我为渴求信仰而付出的和正在付出的代价是多么可怕的磨难！我心中的反面结论越多，对信仰的渴求就越是强烈。然而上帝有时赐予我一些完全心平气和的时刻，在这种时刻我在爱，而且我发现我也在被别人爱着，正是在这种时刻我在自己心中建立了一个信条，它的一切在我看来都是光明的和神圣的。这信条极其简单，相信没有什么能比基督更加美好、更加深刻、更加令人喜爱、更加明智、更加刚毅和完善，而且我怀着热忱的爱心对自己说，非但没有，我怀着热忱的爱心对自己说，而是根本就不可能有。不仅如此，如果有人向我证明基督存在于真理之外，而真理又确实是存在于基督之外的话，那么我也宁可与基督在一起，而不是与真理在一起。③

在一些学者看来，陀思妥耶夫斯基自称是"时代的产儿，是缺乏信仰和

---

① ［俄］陀思妥耶夫斯基，《卡拉马佐夫兄弟》，前引书，第 77 页。

② Евлампиев И. И. Философия человека в творчестве Ф. Достоевского（от ранних произведений к《Братьям Карамазовым》）. СПб. : Издательство Русской христианской гуманитарной академии, 2012, с. 567.

③ ［俄］陀思妥耶夫斯基，《书信集》（上），前引书，第 144 – 145 页。

彷徨怀疑的产儿"，显然已说明他是个信仰的怀疑论者。在笔者看来，这种判断有断章取义之嫌。陀思妥耶夫斯基此语首先是对时代精神状况的诊断，"缺乏信仰和彷徨怀疑"是时代的产物，这也是陀思妥耶夫斯基在信仰问题上必然要面对的社会语境。

在前现代社会中，正如卢曼（N. Luhmann）所指出："人们按宗教的方式来体验世界。即使社会行动不是由宗教来提供正当理由的，它在选择性方面仍要受到宗教观念的限制。从经验证据来看，假定宗教与有意义的行动、或者宗教与社会之间存在着完全的一致性，似乎是不正确的。然而，在这些社会里，宗教纽带（religioner Bindung）履行着社会系统的职能。国家、经济和家庭里的其他种类的经验与行动也能够以宗教纽带为基础在这些社会的内部找到自己的地盘。"①

传统社会当中，宗教几乎渗透到社会各个层面——"宗教纽带履行着社会系统的职能"，这得益于社会诸领域在整体上的"嵌合"状态。而现代社会的一个重要特点就是社会各领域的分化，科学领域、社会政治领域、审美领域都有各自的逻辑。与古代社会相比，它呈现为一种无序的状态。在社会分化的进程中，宗教的领地逐渐缩小，宗教文化弱化，信仰问题越来越遁入私人领域而失去了传统社会的直接性特征。"宗教越来越变成一种不是作为命运、而是作为一种理性的或者非理性的意志问题而被接受、或被摒弃的个人信仰。"②而随着启蒙理性的高度发展，实证主义和唯物论广泛流行，个体越来越倾向于运用自己的力量和理性思考、解决问题。理性的自我确证（扩张）使宗教信仰受到了威胁。可以说，在陀思妥耶夫斯基所处的时代，对信仰的反思、怀疑是社会人群的普遍精神状况。由此，我们便可以理解陀思妥耶夫斯基为什么自称"时代的产儿，是缺乏信仰和彷徨怀疑的产儿"。陀思妥耶夫斯基不可能不受到时代情绪的影响，他必须抵御"魔鬼"的诱惑。为此，他给自己制造"对手"，把他们全副武装起来，再将其一一击败，这一"战斗"过程也是他对信仰进行自我确证的过程。所以他"心中的反面结论越多，对信仰的渴求就越是强烈"。

---

① ［德］卢曼，《宗教教义与社会演化》，刘锋、李秋零译，北京：中国人民大学出版社，2009，第36页。

② ［美］丹尼尔·贝尔，《资本主义文化矛盾》，赵一凡、蒲隆、任晓晋译，北京：生活·读书·新知三联书店，1992，第207页。

第三节　人道主义和"黄金时代"

"如果有人向我证明基督存在于真理之外，而真理又确实是存在于基督之外的话，那么我也宁可与基督在一起，而不是与真理在一起。"——什克洛夫斯基（В. Шкловский）曾对陀思妥耶夫斯基这句话评议道："当他说，如果要求或与基督在一起，或与真理在一起时，那么他会选择基督，此时他就是一个旧神话的破坏者。但是，在信仰者看来，基督与真理不是互相对立的，而他却把基督与真理对立起来。这意味着他不是基督徒。"①

什克洛夫斯基这话，单纯从形式逻辑上讲并非站不住脚，问题在于，他完全屏蔽了陀思妥耶夫斯基说话的具体生活语境。1854 年，陀思妥耶夫斯基刚刚走出政治灾祸——他将乌托邦社会主义视为真理，为此付出的代价是"可怕的磨难"。狱中生活使陀思妥耶夫斯基重新理解基督教教义，即通过耶稣身上体现的真理而放弃了之前信仰的乌托邦社会主义学说中透射出的真理（后文我们会详细讨论）——用他的话说，是走出了信仰的"迷途"。显然，这里的"真理"不是纯粹的信仰问题，因为当他处于磨难中，上帝并未缺席，反而能赐予他"安宁的时刻"，而是一个政治神学问题：基于基督教教义，如何进行政治筹划。

信仰问题不仅关系到上帝是否存在，还关系到如何过一种信仰的生活；对于陀思妥耶夫斯基这种深具现实关怀的知识分子信徒来说，信仰还指向对人类社会、人类生存命运的政治筹划。正如津科夫斯基（В. В. Зеньковский）所言，陀思妥耶夫斯基的"怀疑"都源自其宗教意识的深度，他从未怀疑过上帝的存在，他的怀疑只聚焦于一个"简单明了的主题：上帝和世界的相互关系"。在津科夫斯基看来，使陀思妥耶夫斯基一直备受困扰的是：对于人类和人类的历史活动而言，上帝的存在赋予了这个世界何种责任。对于这一问题，陀思妥耶夫斯基在不同时期作出了不同的回答。②

上帝赋予了这世界何种责任？陀思妥耶夫斯基回答这一问题，也就是对人类生存命运展开筹划——它的前提是如何理解基督教。对基督教的理解构成了

---

① ［德］赫尔曼·海塞等，《陀思妥耶夫斯基的上帝》，前引书，第 4 页。

② V. V. Zenkovsky, "Dostoevsky's religious and philosophical views", in Rene Wellek, ed., Dostoevsky A collection of critical essays, Englewood Cliffs, NJ: Prentice-Hall, 1962, p. 180.

陀思妥耶夫斯基的信仰内核,那么,它到底是什么?

陀思妥耶夫斯基在服苦役结束、被流放到塞米巴拉金斯克期间,结交了当时任检察官的弗兰盖尔(A. E. Врангель)。弗兰盖尔曾如此回忆陀思妥耶夫斯基:"他比我大十岁,比我经验丰富得多。那时我不得不和一些卑鄙的人一起工作,当我由于年轻,缺乏生活经验,屡次被周围的人弄得灰心丧气,似乎再也没有力量与邪恶作斗争,费道尔·米哈伊洛维奇却屡屡千方百计地以他的热情来支持我,以他的劝告和同情鼓励我。我在许多地方感激他。在许多事情上他打开了我的眼界,我尤其牢记不忘的是他启发了我的人道的感情。"[1]

显然,弗兰盖尔把陀思妥耶夫斯基描述成了一个人道主义者。笔者认为,这堪称基督徒陀思妥耶夫斯基的精神形象。人道主义,或者说"慈悲"构成了陀思妥耶夫斯基宗教思想的核心部分。这使陀思妥耶夫斯基一方面对一切事物充满同情,另一方面希望这世界能避免一切残酷的行为发生。[2] 对于陀思妥耶夫斯基宗教思想的这一特征,我们不必过多阐释。陀思妥耶夫斯基一生都是对被侮辱与被伤害之人充满同情的人道主义提倡者,这在其作品中有极其显明的体现。陀思妥耶夫斯基将乔治·桑视为法国作家中"最虔诚的基督徒",称狄更斯为"伟大的基督徒",正是因为他认为这些作家最大程度上体现了"基督教精神"——人道主义。

一般说来,基督教教义是通过祈祷、礼拜等一系列宗教仪式表现出来。严格地说,能否履行宗教仪式是检验一个基督徒"真伪"的重要维度。但我们可以看到,陀思妥耶夫斯基在一定程度上表现出对宗教仪式的疏离。弗兰盖尔曾回忆道:"他是个比较虔诚的人,不过很少上教堂,他讨厌神甫,尤其是西伯利亚的神甫。谈起基督,他非常高兴。"[3] 据此,有论者指出:显然,至少是在转移到塞米巴拉金斯克的这个阶段,陀思妥耶夫斯基称不上一个真正的基督徒。[4] 事实上,陀思妥耶夫斯基不仅在塞米巴拉金斯克时期,而是一生当中都表现出对教堂不那么感兴趣。有学者曾就陀思妥耶夫斯卡娅1867年的日记指出:在陀思妥耶夫斯基旅欧期间,"他的年轻妻子在每座城市都要寻找东正教堂,认为必须去参拜它。陀思妥耶夫斯基不仅一次也未陪她去过,还对她的

---

[1] 《残酷的天才》(上),翁文达译,上海:上海译文出版社,1989,第305页。

[2] 有论者将陀思妥耶夫斯基的宗教教视为"人道的宗教",显然不无道理。Qtd. in Irving Howe, "Dostoevsky: The politics of salvation", in Rene Wellek, ed., Dostoevsky A collection of critical essays, ibid., 1962, p.57.

[3] 《残酷的天才》(上),前引书,第305页。

[4] Irina Kirillova, "Dostoevsky's markings in the Gospel according to St. John", in George Pattison & Diane Oenning Thompson, ed., Dostoevsky and the Christian tradition, ibid., p.45.

虔诚表示不满……"①

因陀思妥耶夫斯基"很少去教堂"而认为他"称不上一个真正的基督徒"，这种说法未免显得教条和武断。陀思妥耶夫斯基宗教观念的核心是人道主义，这也就是说，道德维度是陀思妥耶夫斯基领会基督教的基本维度。在基督教领域，陀思妥耶夫斯基最关心的不是宗教仪式，也不是复杂的神学教义，而是具体的精神实践。

另外，陀思妥耶夫斯基并非单纯地在私人空间内恪守基督教义、自我完善——像其描述的那些在沙漠中以树根果腹、凭卓绝的意志力苦修一生的隐修士那样，致力个人的获救。陀思妥耶夫斯基深切的人道主义关怀和知识分子使命感使他走出私人的庭院，面对芸芸众生，追问这整个世界如何获救——"对于人类和人类的历史活动而言，上帝的存在赋予了这个世界何种责任。"在《卡拉马佐夫兄弟》中，担负起使世界获救这一责任的，并不是作为圣徒的佐西马长老，而是阿辽沙——因为他将走出修道院，走入尘世的人群，与他们命运与共。佐西马长老对他说："你将走出这里的院墙，在红尘中你会像一个修士那样做人。你会有许多敌人，但是连你的敌人也会爱你。生活将带给你许多不幸，但你将从这些不幸中得到幸福，你将为生活祝福，也促使别人如此——这比什么都重要。"② 有学者曾就此评价道：对于陀思妥耶夫斯基来说，最大的恶乃在于只拯救自身而忘了在自救的围墙外的"死者"。③ 从这个意义上说，陀思妥耶夫斯基也正像"带发"修行的阿辽沙，怀虔信之心，走向比"修道院"更重要的充满苦难的尘世。

陀思妥耶夫斯基人道主义的最终指向是避免一切残酷行为的发生、人与人能兄弟般互爱，它展现出来的社会图景是"黄金时代"。圣西门等乌托邦社会主义者认为人类的"黄金时代"并不存在于过去，而在未来。信仰乌托邦社会主义的青年陀思妥耶夫斯基从他的导师那里继承了这一概念。而如前文所说，陀思妥耶夫斯基之所以接受乌托邦社会主义学说，正是因为他从中看到了实现"黄金时代"的承诺：完全消除暴力和压迫、人类将如兄弟般团结——这与他的基督教人道主义思想相吻合。在流放之后，陀思妥耶夫斯基尽管放弃了乌托邦社会主义学说，转向"自我完善论"（后文会详细探讨），但他仍然

① ［俄］安娜·陀思妥耶夫斯卡娅，《一八六七年日记》，谷兴亚译，桂林：广西师范大学出版社，2013，第551页。

② ［俄］陀思妥耶夫斯基，《卡拉马佐夫兄弟》，前引书，第337页。

③ Роман Ф. М. Достоевского «Братья Карамазовы»: соврем. Состояние изученя// под. ред. Т. А. Касаткиной; Ин－т мировой лит. им. А. М. Горького РАН. － М. : Наука, 2007, с. 5.

认为"黄金时代，唾手可得"，热望着"真正地把全人类联合成一个新的、友爱的、全世界的联盟"①。可以说，陀思妥耶夫斯基一生当中都对实现"黄金时代"抱有强烈愿望，只是他提出的具体方案有过变化——这即是所谓的陀思妥耶夫斯基"思想转向"。

在陀思妥耶夫斯基作品当中，"黄金时代"图景几乎成了一个母题。他曾在《罪与罚》的手稿中写道："'黄金时代'的图景已经存在于我们的头脑和心灵当中"。拉斯柯尔尼科夫发出这样的感叹——"我有什么权利呢，我，我，一个卑鄙的杀人犯，希望人们幸福，也梦想着'黄金时代'！我想有这样的权利"②。《群魔》中的斯塔夫罗金也曾满怀深情地谈论"黄金时代"。《少年》（«Подросток»）中的维尔西洛夫对"黄金时代"的描述同样蜜意浓浓，他甚至指出：若没有这一图景，人民不会活下去。而在《一个荒唐人的梦》（«Сон смешного человека»）中，这个"人类最美好的梦想"再一次出现。实现"黄金时代"，这是一个"梦幻"，在陀思妥耶夫斯基的小说中，"黄金时代"的图景也都以梦境的形式呈现出来。

> "我做了一个我完全意想不到的梦，因为我从来没有见过这样的事。在德累斯顿的画廊里有一幅克洛德·洛兰的画，目录上是'阿西斯与格拉特亚'；可我总管它叫'黄金时代'，我自己不知道是为了什么缘故。我以前见过这幅画，现在，三天前，我顺路走过又去看了一次，我梦见的就是这幅画，但不是象一幅画，而仿佛是一件真事。然而我不知道我梦见的是什么：好象和画里的一样——那是希腊群岛的一角，而且时间仿佛回到了三千年以前；那浅蓝的、温柔的海浪，那岛屿和岩礁，那鲜花盛开的海岸，那远处的迷人景色，那向我招呼着的落日——简直无法用语言来表达。……这里是人类的乐园：神从天而降，与人攀亲戚……啊，这里住着优秀的人物！他们起床、睡觉，幸福而天真，草地上和小树林里荡漾着他们的歌声和欢乐的呼喊声。那用之不竭的充沛精力消耗于爱情和天真的欢乐上。太阳给他们以热和光，为那些优秀的孩子而高兴……"③

---

①　[俄]陀思妥耶夫斯基，《作家日记》（下），张羽、张友福译，石家庄：河北教育出版社，2010，第795页。

②　Достоевский Ф. М. Полн. собр. Соч. : [В 30т.]. Т. 7. Л. : Издательство «Наука», 1972, c. 91.

③　[俄]陀思妥耶夫斯基，《少年》，岳麟译，上海：上海译文出版社，1985，第603－604页。

克洛德·洛兰这幅画为陀思妥耶夫斯基的"黄金时代"提供了直观景象。陀思妥耶夫斯基对这一景观的描绘，笔触温柔而细腻，隐然透出带着喜悦和憧憬的抒情情绪。这种抒情笔调在陀思妥耶夫斯基作品中极其罕见。在他的笔下，"黄金时代"图景从两个层面展开：一是人与旖旎的自然亲密共处，人化的"自然"同人有亲缘性；二是人与人相亲相爱、和谐共存。在"黄金时代"的"桃花源"中，居民即使对偶入其境的陌生人，亦能待其如兄弟、毫无嫌隙。这是生命充满活力的、安宁、喜乐的世界。陀思妥耶夫斯基对它的描述总体上呈现上述情状和逻辑：

> ……我感到脚下是个小岛，……仿佛到处洋溢着节日的喜悦，闪烁着壮丽的、神圣的、最后获得的胜利的光辉。温驯的大海碧波荡漾，拍岸无声，带着坦然外露的、几乎是衷心属意的柔情亲吻着海岸。树木挺拔俊俏，秀丽葱茏，无数叶片发出轻柔的簌簌声，我觉得它们好象在倾吐情愫，欢迎我的光临。……最后，我终于发现和看清了这块乐土上的人们。他们主动向我走来，围住我，吻我。……他们的脸上焕发着理性的光华和一种充满安详的神情，但他们的脸色是快活的，他们说的话和他们的声音充满天真的愉快。……①

如何实现"黄金时代"？这个问题伴随了陀思妥耶夫斯基一生。在对他的具体方案作出探讨之前，我们需要先对他所身处的社会语境作出考察。日本学者中村健之介（Nakamura Kennosuke）指出，在陀思妥耶夫斯基的小说中，"黄金时代"的景象与瓦连卡（《穷人》）、瓦尼亚（《被伤害与侮辱的人们》）在回忆中呈现的乡村生活图景极其相似。② 对于理解陀思妥耶夫斯基的"黄金时代"，这一点非常重要。进而需要指出的是，瓦连卡和瓦尼亚都是在彼得堡展开了对乡村生活的回忆，对此，我们有必要回到陀思妥耶夫斯基的彼得堡，看看这里到底发生了什么。

---

① ［俄］陀思妥耶夫斯基，《中短篇小说选》（下），文颖、曹中德等译，北京：人民文学出版社，1982，第 656 - 657 页。

② Кэнноскэ Накамура. Чувство жизни и смерти у Достоевского. СПб. : Издательство «Дмитрий Буланин», 1997, с. 168 - 169.

第二章　陀思妥耶夫斯基的彼得堡

　　1858 年 1 月，陀思妥耶夫斯基提出退役申请，同时申请回到彼得堡定居——若沙皇不同意，则退而求定居莫斯科。次年 3 月，沙皇批复了陀思妥耶夫斯基的申请：可定居特维尔，严禁进入莫斯科省和彼得堡省。① 迁居特维尔后，陀思妥耶夫斯基痛苦不堪，他一再请求特维尔当地高官和京城显贵为自己迁居首都一事斡旋。终于，1859 年 12 月，陀思妥耶夫斯基获准定居彼得堡。

　　对于申请迁居彼得堡一事，陀思妥耶夫斯基颇费了一些心思。除了广找门路、央人说情，他还为新皇亚历山大二世登基写了颇显奉迎之态的颂诗。诚然，这只是一种生存策略，但他为什么如此看重彼得堡？在致当朝权贵的陈情书中，陀思妥耶夫斯基说了几点理由：一是他身患癫痫病，需要到彼得堡问诊，因为外省的医生没法同彼得堡的医生相比。二是他正同彼得堡的出版商协商出版一本自己的选集，若出版成功，则能保障他两年的生活，而在外地与书商联系多有不便，"定会吃大亏"。另外，他还提到他的几个兄弟都在彼得堡，与亲人故交相聚，这是人之常情。② 此外，我们还可以举出陀思妥耶夫斯基"不便启齿"的理由，即他作为小说家是在彼得堡"发迹"，在彼得堡有相熟的出版商和杂志编辑，居住在彼得堡显然有利于其文学事业的发展。如此说来，陀思妥耶夫斯基申请迁居彼得堡已经有了充分的理由。笔者认为，这些原因固然重要，但更重要的是：彼得堡是陀思妥耶夫斯基文学经验的生发之地，也是其道德问思的触发之所。唯有定居彼得堡，陀思妥耶夫斯基才能进行本己的写作和思考。

---

　　① ［俄］谢列兹涅夫，《陀思妥耶夫斯基传》，徐昌翰译，哈尔滨：黑龙江人民出版社，1992，第135 页。

　　② ［俄］陀思妥耶夫斯基，《书信集》（上），前引书，第 305 - 307 页。

第一节 "抽象"的现代城市

陀思妥耶夫斯基的大多数作品——短篇小说如《白夜》（«Белые ночи»）、《穷人》和《脆弱的心》，长篇小说如《被伤害与侮辱的人们》《罪与罚》《少年》《白痴》（«Идиот»）都是以彼得堡为背景展开叙事。显而易见，彼得堡并不是一个地理空间，而是一个由城市风物、文化、居民组建起来的生活世界。从这个意义上说，彼得堡在陀思妥耶夫斯基的小说中并不是一个可替换的背景，无论是作家早期小说中的"幻想家"，还是他在流放归来后塑造的拉斯柯尔尼科夫、罗戈金等角色，都是彼得堡的产儿。彼得堡了赋予陀思妥耶夫斯基"全新"的生命体验、坚实的存在归属感，陀思妥耶夫斯基在《彼得堡的诗与散文之梦》（«Петербургские сновидения в стихах и в прозе»）中写道：

> 记得有一次，在冬天，一月里的一个傍晚，我从维博区急着往家走。我那时还很年轻。走近涅瓦河边，我停步极目一望，河湾远处寒气迷蒙，忽然间出现一道深红的霞光，横亘在昏暗的天穹里。夜幕罩在城市上空。沿河广袤的原野因冻雪而膨胀起来，染着最后一丝阳光，整个闪烁在不计其数的银色霜针中。气温降到了零下二十摄氏度……疲惫的马、奔走的人，全散发着热气。微小的声响也能使凝滞的空气震颤起来。两岸房屋冒出无数烟柱，像巨人般冲上寒空，一路上互相缠绕着，仿佛旧房上又出现了新房，半空展现出一个新的城市。后来又觉得这个世界连同他的居民，强弱不等的居民，连同他的住房、贫民窟和金碧辉煌的宫殿，在这黄昏时刻好似幻想的神秘梦境，马上就会消失，化作轻烟直上阴森的苍穹。我的脑海里突然萌生一个奇怪的想法。我浑身一颤，一股强大而从未有过的感觉涌来，立刻热血沸腾。在这瞬间，我仿佛突然领悟了蠕动在我心中却未得到理解的东西。我仿佛一下子看清了一种新东西，一个全新的世界，过去我不知道它，只凭某些道听途说，凭某些神秘的迹象才略有所闻。我认为，正是从这一瞬间才开始了我的存在……①

---

① ［俄］陀思妥耶夫斯基，《文论》（上），白春仁译，石家庄：河北教育出版社，2010，第249
-250页。

彼得堡这个"半空展现的新的城市"为陀思妥耶夫斯基打开了一个全新的生活空间：现代城市中的生活世界。在此之前，陀思妥耶夫斯基可能只是借助巴尔扎克（Honore de Balzac）、雨果、欧仁·苏（Eugene Sue）笔下的巴黎，德·昆西（Thomas de Quincey）笔下的伦敦来感受这一世界。这一世界吸引着他，但它在文学文本当中只能作为对象被打量、被想象。忽然，年轻的陀思妥耶夫斯基在这个特定的瞬间意识到：工厂的黑烟和大量新的建筑充斥其间的彼得堡正是一个现代都市，是一个属于他的、他可以触摸和理解的、与巴黎和伦敦迥然不同的生活空间，而他一度身处其中却不自知。生活场域的价值认定也使他的生命意识发生变化，所以他激动而欣喜着如获新生——"正是在这一瞬间才开始了我的存在"。

也正是这个瞬间决定了陀思妥耶夫斯基贯穿一生的写作类型："描写城市生活"——彼得堡作为当时俄罗斯最发达的城市，赋予了陀思妥耶夫斯基丰盈的现代城市体验，也为他呈现了现代城市透射出的社会问题。如欧文·豪所言，陀思妥耶夫斯基的习惯和心理状态都完全是城市化的。[1] 陀思妥耶夫斯基少量的不是以彼得堡为背景展开叙事的小说（如《卡拉马佐夫兄弟》《群魔》），也是以城市，而非乡村为背景。

彼得堡给了陀思妥耶夫斯基什么样的体验？首先，这座在沼泽上建起来的城市气候糟糕，惹人不快。陀思妥耶夫斯基笔下的彼得堡居民总是抱怨天气潮湿、浓雾弥漫，不仅于健康不利，还让人心生压抑之感。此外，更重要的是：彼得堡是"一个在整个地球上最抽象和最有预谋的城市"[2]——陀思妥耶夫斯基借其笔下"地下室人"之口道出了彼得堡的文化特征。

为什么彼得堡是"抽象"的？别罗夫（С. В. Белов）指出，这体现了陀思妥耶夫斯基对彼得大帝改革的强烈批判态度，因为彼得大帝切断了俄罗斯文化中的东正教源流，而使知识分子和人民相分离。[3]这也就是说，彼得堡是彼得大帝改革的产物，它可被视为彼得大帝改革的象征，陀思妥耶夫斯基是以彼得堡为靶子来批判彼得改革。那么，这里的"抽象"是指"理性"色彩？是知识分子和人民的分离？别罗夫的说法不无道理，但他对"抽象"一词的内涵语焉不详。

---

[1] Irving Howe,"Dostoevsky: The politics of salvation", in Rene Wellek, ed., Dostoevsky A collection of critical essays, ibid., 1962, p. 57.

[2] [俄]陀思妥耶夫斯基,《双重人格；地下室手记》, 臧仲伦译, 南京: 译林出版社, 2004, 第180页。

[3] Белов С. В. Петербург Достоевского. СПб. : Издательство «Алетейя», 2002, с. 16.

单纯就"抽象"这一哲学术语来说，它意味着从杂多的现象中抽离出它们的共同特征，即本质特征。如果我们把抽象这个动词"形容词化"，形容某物 - X 是抽象的，那表示在 X 这个集合内包含的事物因为共同拥有 X 而消除了差异性；在 X 这个标尺之下，这些杂多的事物是平等的。然而这种平等只是形式上的平等，因为 X 集合范围内诸事物又有着自身的"个性"。

说某物是抽象的，首先要确定一种意向性关系——它对于什么（谁）是抽象的。显然，彼得堡的"抽象"是对其居民而言的。如此，结合上文，彼得堡是"抽象的"，那首先是说，彼得堡的居民消除了形式上的差异性，在形式上平等。彼得堡的这一特征首先展现在城市外观上。在安德烈·别雷（Андрей Белый）笔下，涅瓦大街因"具有惊人的特征"而成为彼得堡的象征：

> ……它由供人群流通的空间组成；被限止在编上号码的房子当间；号码是按房子的顺序编排的，——因此很容易找到要找的房子。涅瓦大街和所有的大街一样，是一条公共大街，也就是说：一条供人群（不是为了，比如空气）流通的大街；房子四周的界线是——嗯……对：为了人群。每到傍晚，涅瓦大街有电灯照明。在白天，涅瓦大街用不着照明。涅瓦大街是笔直的……
>
> 涅瓦大街——在当时俄国一个非首都的城市里——非同一般。其余的俄罗斯城市就显得像一堆木头小屋。①

在城市空间内，房屋被"编上号码"，贵族府邸或是贫民陋室都被数字所代替，这就从形式上消除了不同房屋的差异性。它的现实效果是"容易找到要找的房子"——从本质上说，这是因为差异性被消除而带来的形式平等易于不同"特质"的个体在城市中相互流通。涅瓦大街所象征的彼得堡是一个"公共空间"，正如它的建造初衷，不同人群流通无阻：盛装华服的贵族小姐、穿着讲究的商人、汗流浃背的建筑工人、衣衫褴褛的乞丐、寒酸但竭力保持尊严的平民知识分子，甚至初入其境，面对周遭事物眼花缭乱、神色恍惚的乡下人——共同走在同一条街道上。这是座没有"主人"的城市，又似乎每个人都是它的"主人"。彼得堡的抽象特征使它在城市外观上毫无个性，陀思妥耶夫斯基曾谈起法国旅行家德·屈斯蒂纳（Marquis de Custine）在《1839 年的

---

① ［俄］安德烈·别雷，《彼得堡》，勒戈、杨光译，北京：作家出版社，1997，第 8 页。

俄罗斯》（*La Russie en 1839*）中对彼得堡的描述：彼得堡的外观像个奇特的大杂烩，"没有任何个性可言，没有什么特别令人惊异的东西"①。

城市外观的"抽象"也对应着城市文化的"抽象"：房屋是房主身份的象征，它的位置、建筑形态、灯火，甚至烟囱里飘出的每一缕油烟都能透出主人的财产状况、社会地位、生活品位。而当房屋被编码、披上数字的罩衣之后，它们之间的差别在形式上被抹平了。房屋的主人也表现为形式上的平等，他们在大街上相会、流通无阻——这并非限于物理空间层面的意义，更在于身份流通的可能性：一个寄居于涅瓦河的干草船上的落魄大学生可能在几年内就谋得高位，而身份显赫的贵族也可能一夜之间不名一文，和平民无异。如此，城市的物理结构和社会关系结构在逻辑上同一。

中世纪的社会结构是"封闭"的，在严格的等级制度和等级文化之下，每个人在社会当中都有一个被给定的位置，他必须在这个特定的位置上履行义务，不可跨界。进一步说，在中世纪，个体的欲求和自我价值确证也是在他特定的社会位置上展开，不同阶层的社会人群有着各自习性和生活上的一系列仪式性规范，衣着打扮、言谈方式都能透出等级身份。用舍勒的话说"从国王到妓女到刽子手，每个人的举止因此都带有形式上的'高雅特性'：在他的'位置'上有不可替代的举止特性"②。

随着资本主义的发展，中世纪封闭社会中垂直的社会等级秩序被打破了。如蒋荣昌所指出的，在市场经济之下，买卖行为是建立在平等、自愿之上的交往行为，而非诉诸强迫。面对同一商品，共同作为持币者的"贵族"和平民之间的阶级差异被抹平了，他们是身份平等的购买者。可以说，物权人的自由交往指向了一种普遍有效的农民身份。③ 另外，作为资本主义的伴生性产物——现代国家的制度性建构也发生了结构性变化，社会资源的流通使下层人群有了向上攀爬的可能。如此，固化的社会分层被打破，不同阶层的社会空间相互敞开，建立起相互流通的渠道。

资本主义对传统社会结构的冲击首先在现代城市中表现出来。因为城市经

---

① ［俄］陀思妥耶夫斯基，《文论》（上），前引书，第 32 页。

② ［德］马克思·舍勒，《舍勒选集》，刘小枫选编，上海：上海三联书店，1999，第 412－413 页。

③ 蒋荣昌，《消费社会的文学文本：广义大众传媒时代的文学文本形态》，成都：四川大学出版社，2004，第 66－73 页。

济是资本主义的源头，同时，资本主义的发展又促进了其所在城市的现代化。① 早期资本主义的发展首先体现为远程贸易，它促进了一些港口城市的"现代化"，以安特卫普为例，它作为比利时最大的港口在 1531 年成了"固定的交易场所"，形成现代化城市的"雏形"。除了远程贸易，正如桑巴特（Werner Sombart）所言，早期资本主义城市总体上是"消费型城市"："主要的消费者是我们所熟悉的：王公、高级教士、贵族，贵族中此时增添了'金融业上层'这一新群体（金融业上层可以被视作消费阶层，这并不贬低他们在政治经济组织中的生产性功能）。一些城市正是由于它是主要消费者聚集最多的居住地，才成为最大的城市。"②

　　虽然俄罗斯现代化进程较晚，但对于彼得堡来说，资本主义的发展条件可谓得天独厚，一方面，彼得堡位于波罗的海芬兰湾东岸、涅瓦河河口，一度是俄罗斯最重要的港口城市，商贸发展便利；另一方面，随着彼得堡的建成，尽管彼得大帝迁都彼得堡的计划未能实现，但俄罗斯的政治中心逐渐从莫斯科转向彼得堡，莫斯科成为告老还乡之所，而彼得堡是达官显贵之地。如此，彼得堡兼具"港口城市"和"消费城市"双重"身份"，资本主义工商业发展迅速。可以说，19 世纪，俄罗斯资本主义显然已经进入其前所未有的"黄金时代"。有史学家指出，19 世纪最初 25 年以后，俄罗斯工业中开始广泛使用蒸汽机，尤其是年轻的棉纺织业，"其产量在半个世纪内增长了 16 倍以上。在这个快速增长时期结束时俄国已经拥有大约 100 万个棉纱锭"③。

　　在陀思妥耶夫斯基的小说中，彼得堡是一座充满商业活力的城市，工厂的烟囱长年冒着黑烟，各色商店里商品丰盛。当拉斯柯尔尼科夫走在彼得堡的大街上——"到处是石灰、脚手架、砖块、尘土和夏天所特有的恶臭，……在彼得堡中区的这些街道和胡同里居民们多半是工厂的工人和手艺匠，有时就有怪模怪样的人们在这个地区里出现，所以遇见一个这种模样的人就大惊小怪，那才怪哩。"④

---

　　① 我们必须将传统城市与现代城市区分开来：中世纪的城市总体上是行政中心，规模相对固定，发展缓慢，政府甚至会颁发限制城市发展的"禁令"（比如 16 世纪中叶法国政府颁布了限制巴黎发展的敕令——桑巴特将此解释为提倡节俭的保守主义反对商业精神固有的无限冲动对城市有机体的破坏），而现代城市是伴随着资本主义的发展而崛起。参见：［德］桑巴特，《奢侈与资本主义》，王燕平、侯小河译，上海：上海人民出版社，2005，第 31－32 页。
　　② ［德］桑巴特，《奢侈与资本主义》，前引书，第 33 页。
　　③ ［俄］尼古拉·梁赞诺夫斯基、马克·斯坦伯格，《俄罗斯史》，杨烨、卿文辉等译，上海：上海人民出版社，2007，第 316 页。
　　④ ［俄］陀思妥耶夫斯基，《罪与罚》，前引书，第 2－3 页。

　　在陀思妥耶夫斯基笔下，我们可以看到资本主义的发展对于掘动严格的等级秩序的强力作用。这主要表现为财富的魅力：财富与社会地位挂钩。一个出身低下却拥有大量财产的人往往能获得社会的尊重——《白痴》中的加尼亚一语道破现代社会这一特征："等我发了财，您瞧着吧，我就会变成一个神通广大、叱咤风云的人。金钱之所以最可鄙、最可憎，就因为金钱能使人增长才干。而且直到世界末日，都会有这样的神通。"① 才干关系到人的智识和社会地位，而金钱成为它的价值标尺。叶潘钦将军就是一个成功从低层爬到上层的典型例子：他军人出身，没受过教育，本属下层阶级，但他曾做过包税商，在彼得堡拥有地产和工厂，且是几家公司的股东。财富的力量使叶潘钦将军在上流社会畅行无阻，他广交达官显贵，甚至与在彼得堡"举足轻重"的托茨基关系密切。与此同时，一个穷困的贵族却面临失去社会地位的危险。在《被伤害与侮辱的人们》当中，阿寥沙对瓦尔科夫斯基公爵说："我们算什么公爵呢？这不过是出身罢了；事实上我们哪有什么公爵气派呢？第一，我们不是大财主，而钱财却是最重要的。"②

　　问题在于，在1861年农奴制改革之前，旧的生产关系未能得到彻底改造，这使本来就起步很晚的俄罗斯资本主义更受束缚。这一状况的社会效应，正如哈贝马斯（Jürgen Habermas）对早期资本主义的描述：

> ……只要还对旧的生产方式抱残守缺，而不彻底加以改造，资本主义自身的特性就很模糊：这种资本主义一方面强化了封建等级制度的统治关系，另一方面又释放出了一些因素，有朝一日将消解这些统治关系。……③

　　对于彼得堡来说，"抽象"是指城市人群社会权利（选择什么样的生活）在形式上的平等，但也仅仅囿于形式——它不是具体的，对于绝大多数人来说，无法落到实处。传统的等级秩序在形式上得以消解，但在实质上又被强化。对于彼得堡的小人物来说，被唤醒的尊严感和他们的实际处境构成了不对称关系，这就导致了悲剧的发生。

---

① ［俄］陀思妥耶夫斯基，《白痴》，臧仲伦译，南京：译林出版社，2000，第117页。
② ［俄］陀思妥耶夫斯基，《被侮辱与损害的》，李霁野译，上海：上海译文出版社，1984，第117页。
③ ［德］哈贝马斯，《公共领域的结构转型》，曹卫东、王晓珏、刘北城、宋伟杰译，上海：学林出版社，1999，第14页。

第二节 印刷资本主义与小人物悲剧

一、被"戏弄"的读书人

在资本主义不发达的状态下，我们尤其要注意印刷资本主义对于促进社会阶层流通的强力推进作用。一方面，随着资本主义的发展和艺术作品的市场化，作为商品的艺术作品失去了传统的"神圣性"，前资本主义时代为教会和贵族等权威所垄断的解释权被无形消解。[①] 阅读已经不再是上层阶级的专属权利，广大的市民阶层也可以参与其中。在此基础上，传统社会结构中的阶层壁垒被打破了。不同的读者虽然在社会地位、阅读经验、审美品位上具有差异性，但他们又都是在"人性层面上能享有共同性的普遍主体"（哈贝马斯语），这种普遍主体悬置了社会意义上的身份差别，使他们共享形式上的平等。

这只是资本主义经济的普遍化效应。除此之外，印刷品的广泛流通还会产生独特的社会效应。本尼迪科特·安德森（Benedict Anderson）指出：印刷资本主义通过机器复制，创造了印刷语言，而在特定文化场域当中，印刷语言在语法的范围内，为不同的互相难以理解的方言构建了一座语言的"巴别塔"。通过印刷语言，原本无法彼此交谈的人们，可以相互交谈、相互理解。"在这个过程中，他们逐渐感觉到那些在他们的特殊语言领域里数以十万计，甚至百万计的人的存在，而与此同时，他们也逐渐感觉到只有那些数以十万计或百万计的人们属于这个特殊的语言领域。"[②] 虽然安德森强调的是印刷资本主义对于构建民族的想象的共同体的作用。但对于我们的论题来说，印刷资本主义导致不同阶层的人"相互理解"——这具有重要意义。在市场经济之下，当一个平民和一个贵族在同一家商店买同一个款式的帽子或同一种苹果，尽管他们作为购买者身份平等，但使用这个帽子，或者吃买到的苹果并不能使他们相互理解。但是，若让他们去买一本小说，效果就完全不一样。尤其对于下层民众来说，如果他们阅读的是描写上流社会生活的小说，比如 19 世纪上半叶在俄

---

① ［德］哈贝马斯，《公共领域的结构转型》，前引书，第 41 页。
② ［美］本尼迪科特·安德森，《想象的共同体：民族主义的起源与散布》，吴叡人译，上海：上海人民出版社，2003，第 52 页。

罗斯比较流行的欧仁·苏、巴尔扎克、保罗·德·科克（Paul de Kock）的小说，上流社会的生活世界会在文学文本中为他们直观地呈现出来。我们可以想象一个贫寒的小职员，在现实生活中，他一直被金碧辉煌的豪华府邸拒之门外，根本无法踏入上层社会半步，但是，阅读会为他打开一个全新的世界，在现实当中神秘的上流社会的生活在他面前一览无余（甚至更为丰富和夸张）。当他去阅读保罗·德·科克的小说。他可以像那些身穿燕尾服、彬彬有礼的豪门绅士一样走进某个上流社会的舞会，没有人能阻拦他。他可以近距离地接触那些平时只能遥遥相望的穿着时髦的贵族小姐，他可以嗅到她们身上散发出来的浓郁的香水味，观察她们衣装的样式和纹理，他可以一字不漏地听完她们的谈话，听到她们性感的笑声和喘息。甚至，他可以在想像中与她们交谈几句，说几句无伤大雅的俏皮话。他可以丝毫不觉窘迫，因为他与她们身份平等。就这样，他成了一个"上等人"，一个懂浪漫、有情趣的上等人。

这种阅读体验也是一个学习的过程，阅读者一方面感受到自身生活的贫乏，一方面为上流阶层丰富的、"高品质"的生活样式所吸引，被唤醒的平等意识使他也想拥有这样的"品质"生活。而当这个阅读者抛开书本，回到现实，在阅读中的学习所得必然会被他带进自身的生活中，对他产生一种猛烈的冲击力：心中燃起了摆脱下层身份、享受上层生活的强烈欲望。

19 世纪俄罗斯资本主义的发展给印刷业带来巨大影响。俄罗斯文化史学家 Л. В. 科什曼（Л. В. Кошман）指出，从 18 世纪末到 19 世纪初，俄罗斯的印刷业进入了飞速发展的轨道。1813 年，俄罗斯已有 66 家印刷厂，其中 18 家在彼得堡，8 家在莫斯科，其余在外省。[①] 从这个数据来看，彼得堡印刷业的发达程度在当时的俄罗斯是翘楚。

陀思妥耶夫斯基本人就是印刷业的弄潮者——尽管他不是一个好商人，没赚到什么钱，一直负债累累。在陀思妥耶夫斯基笔下，我们可以看到印刷业作为新兴产业所蕴含的巨大商机给人的诱惑。《罪与罚》里的拉祖米欣曾向拉斯柯尔尼科夫一家兴致勃勃地谈起自己的出版计划：

> ……现在某些出版物利润优厚！干这一行最重要的是我们必须知道应该翻译什么。我们翻译、出版、学习，大家一起搞。现在我能成为一个有用的人了，因为我有经验。我跟各出版商来往已经快两年了，知道他们的内

① ［俄］M. P. 齐泽娜、Л. B. 科什曼、B. C. 舒利金，《俄罗斯文化史》，刘文飞、苏玲译，上海：上海译文出版社，1999，第 141 - 142 页。

幕：并非只有圣人才能塑瓦罐，你们要相信我的话！为什么，为什么错失机会！我知道有两三本书可翻译，我严守秘密，不让人知道。单是翻译出版这几本书的主意每本就值一百卢布。但是哪怕给我五百卢布，我也不肯把翻译其中一本书的主意告诉人。……①

商人们纷纷积极投资出版业，自然是有利可图。这里隐含的前提是读者群已经空前扩大。读者都读什么书？此间的畅销书基本上都是文学作品，尤其是长篇小说。

科什曼提到，卡拉姆津在 1802 年撰文指出："无论在哪个国家，爱好阅读者的数量都不似……在俄罗斯这般迅速地增多。诚然……许多贵族虽处境优越却从不读报；相反，商人和市民却喜欢读报……在我们这里，最畅销的是长篇小说。"②

流行的长篇小说大多都是庸俗的消遣性读物。在《穷人》当中，瓦连卡寄居在安娜·费多罗夫娜家里时"迷上了"贫穷而酷爱读书的青年家庭教师波克罗夫斯基。当波克罗夫斯基生日临近，瓦连卡和波克罗夫斯基的父亲——老波克罗夫斯基都想为"寿星"买书作为礼物。在书摊上，老波克罗夫斯基因囊中羞涩，去翻看那些要价便宜的"小薄本子、歌曲集和文选"，这时，具有"较高"审美品位的瓦连卡说道："可是为什么您要买这些书呢？这全是毫无价值的书。"③ 可以说，瓦连卡所拒斥的这些书虽然或许毫无审美价值，但显然具有商业价值。

在这一语境之下，印刷资本主义对具有识字能力的下层民众的影响在陀思妥耶夫斯基的早期小说中得到集中体现。评论界通常认为，陀思妥耶夫斯基早年创作受果戈理影响，《穷人》《脆弱的心》《白夜》等作品体现了俄罗斯文学中由普希金开启、果戈理深入展开的"小人物传统"。的确，描绘底层或者说近于底层的卑下人物艰难无依、辛酸苦楚的生存状态，包括在写作技艺、写作风格上通过戏谑笔调和夸张手法使悲剧故事具有某种喜剧性的外观——陀思妥耶夫斯基早期作品明显带有果戈理色彩，甚至像《普罗哈尔钦先生》（《Господин Прохарчин》）这样的短篇小说，还未消除掉模仿果戈理的痕迹。纳博科夫就认为，《双重人格》是陀思妥耶夫斯基对果戈理《外套》的拙劣模

---

① ［俄］陀思妥耶夫斯基，《罪与罚》，前引书，第 362 页。

② ［俄］М. Р. 齐泽娜、Л. В. 科什曼、В. С. 舒利金，《俄罗斯文化史》，前引书，第 143 页。

③ ［俄］陀思妥耶夫斯基，《中短篇小说选》（上），前引书，第 42 页。

仿。但是，与果戈理相比，陀思妥耶夫斯基笔下小人物的生存状态和生活视界发生了很大变化。

果戈理的作品，以《外套》（《Шинель》）为例，主人公阿卡基·阿卡基耶维奇，这个职位低微的小公务员以抄写公文为业，也以抄写公文为乐。当上级有意提拔他，交给他一份草拟公文的差事——虽然极其简单，他却望而却步。阿卡基·阿卡基耶维奇不逛街、不上剧院、不打牌、不交友，他唯一的"消遣"就是抄写公文。在果戈理戏剧性的夸张中，阿卡基·阿卡基耶维奇通过公文为自己营造了一个温暖而潮湿的洞穴——他完全自我封闭，像一条拖着厚茧的迟钝的虫子。在他眼中，这世界仿佛只有一种颜色——公文的颜色，这一颜色被他统一涂抹到世界万物上。

果戈理小说中的人物处于不同阶层、不同行业相互封闭的前资本主义社会。在他的作品中，严格的等级秩序被强调，显赫的官位意味着显赫的社会身份，下层不可僭越。不同等级中的人群没有流通的渠道。这正如有论者所指出的："果戈理作品中的主人公就像是整块磐石一样，一次被铸造出来，在这种生活环境和方式中再无改变，他的个性和命运也是一成不变的……"① 果戈理笔下的人物总伴随着大量的流言蜚语——人们陶醉于这些变形的语言，以扭曲的事实来刺激自身因生活贫乏而变得麻木的神经。

陀思妥耶夫斯基在其处女作《穷人》这篇明显是模仿了果戈理的作品中，也塑造了一个公文抄写员的角色——马卡尔·杰符什金。同为公文抄写员，同为卑微可怜的小人物，杰符什金的生活情态和生命轨迹与阿卡基·阿卡基耶维奇全然不同。杰符什金的生活丰富多样，焕发出缤纷色彩。

抛开精神层面不论，从生活方式来看，杰符什金与阿卡基·阿卡基耶维奇最明显的区别在于，他是个读书人。在致瓦连卡的第一封信中，他就引用了诗句来说明自己对春天的感觉："为什么我不是一只鸟，不是一只苍鹰呢！"② 像鸟和苍鹰一样自由强大——这个句子为杰符什金此后的精神状况埋下了伏笔。杰符什金经常与瓦连卡在书信中交流读书心得，他也参加身边人组织的文学聚会。在读过普希金的《别尔金小说集》（《Повести покойного Ивана Петровича Белкина》）后，他向瓦连卡感慨道：

---

① ［俄］Г. Б. 波诺马廖娃，《陀思妥耶夫斯基：我探索人生奥秘》，张变革、征钧、冯华英译，北京：商务印书馆，2011，第57页。

② ［俄］陀思妥耶夫斯基，《中短篇小说选》（上），前引书，第3页。

> ……现在我扪心自问，我怎么能跟个傻瓜似的一直活到现在，上帝饶恕
> 我。我都做了些什么？我是从什么森林里钻出来的吗？要知道，我什么都
> 不懂，小宝贝，简直什么都不懂！压根儿什么都不懂！……"①

"我是从什么森林里钻出来的吗？"——杰符什金强烈地感到，通过阅读，他从一个"野人"进化成了"现代人"。在由文学作品艺术性地呈现出来的世界中，由阶级、血统、门第、职位等级等因素构建起来的社会各场域之间的围栏被推倒了，想必他会对《驿站长》（«Станционный смотритель»）中人物的悲惨命运感同身受，也会为《射击》（«Выстрел»）中上流军官决斗的惊险场面绷紧神经。其实，最吸引他的还是一些矫揉造作的浪漫主义小说。他曾在致瓦连卡的信中抄过一部名为《意大利激情》（«Итальянские страсти»）的小说中的段落，这个段落描写一个伯爵夫人在自己的闺房中和她的情夫偷情，而伯爵却对此一无所知。这个让杰符什金激赏的段落极具象征意义：伯爵夫人偷情，伯爵尚且不知，杰符什金却清楚地知道每一个细节。上流社会最隐秘之处——贵妇的闺房在杰符什金面前坦露无遗。

阅读越来越使杰符什金生发出尊严感。他不喜欢果戈理的《外套》，因为在他看来，《外套》这样的作品无疑践踏了"穷人"的自尊：

> ……他的光脚趾头从靴子里露出来了，他衣服的胳膊肘那儿磨破了——然
> 后他们就在家里把这些统统都写出来，把这些乌七八糟的东西都印出
> 来……我衣服的胳膊肘磨破了与你有什么相干？……在这方面穷人跟你们
> 同样害臊，打个比方说，跟处女一样害臊。……②

杰符什金幻想自己能成为一名诗人。写作——这无疑是从下层阶级攀到上层阶级的一个通道。然而，在他的意识当中，即使他已出版诗集，蜚声扬名，也不敢在街上露面——因为他的靴子上打满了补丁："要是被一位伯爵夫人或是公爵夫人知道了，宝贝，她会说什么呢？"杰符什金丝毫不会考虑到：如果他成为知名诗人，那意味着他的经济状况会大大得到改善，他将无需再穿"打满补丁的靴子"。显然，对他来说，成为诗人只意味着一种身份转换。他

---

① ［俄］陀思妥耶夫斯基，《陀思妥耶夫斯基全集》（第 1 卷）：长篇、中短篇小说，磊然、郭家申译，石家庄：河北教育出版社，2010，第 72 页。

② ［俄］陀思妥耶夫斯基，《陀思妥耶夫斯基全集》（第 1 卷）：长篇、中短篇小说，前引书，第 88 页。

最渴望的正是这种身份转化。

阅读改变了杰符什金的生活。他的行为方式不自觉地"上流社会化"了。在结识瓦连卡之前，他就曾因痴迷一个女演员而倾其所有，买香水、香皂，梳洗打扮，跟随"女神"多日。而在与瓦连卡的交往中，用瓦连卡的话说，他把"最后一文钱"都为她花在了服装、糖果、散步、看戏和买书上。然而，对杰符什金这样一个穷人来说，浪漫需要付出代价。可以设想，如果杰符什金像果戈理笔下的阿卡基·阿卡基耶维奇那样量入为出，"安分守己"，那么，他就可能避免最后的悲惨命运。

在《穷人》中，对于政府部门的下层职员来说，"爱读书"的杰符什金显然不是孤例。杰符什金曾描述与其同住的一个房客：这个文官"是个博览群书的人：他谈到荷马，谈到布拉姆别乌斯，还谈到形形色色的作家，什么都谈，真是个聪明人！"① 可以说，对于这些底层的能读书识字的小人物来说，读书成了一种风气。瓦连卡也是一个热爱阅读的人，而且她的品位要远远高于杰符什金。她向杰符什金描述，书籍如何向她展现陌生的事物，这些洪流般涌入她内心的新现象如此让人激动，如此甜蜜地震撼她的灵魂。而当年幼的瓦连卡寄住在远房亲戚家中，年轻的家庭教师波克罗夫斯基，这个贫穷但酷爱读书的年轻人，家居简陋，仅有的财富是大量书籍。当他病死后，他可怜的老父亲抱着他的书疯狂奔走，就像抱着儿子的遗体。

在陀思妥耶夫斯基早期小说中，主人公大都或隐或显地表现为读书人（或者说爱读书的人）。阅读对这些人生活的影响也是显而易见的。在《脆弱的心》中，有一个有趣的细节，瓦夏想给未婚妻莉赞卡买礼物，他相中了一个叫作"曼侬·雷斯戈"的包发帽——帽子的名字是法国作家马塞尔·普莱沃（Abbe Prevost）同名小说的女主人公。瓦夏用法语向他的同伴阿尔卡其道出这顶帽子的名字，仿佛这个颇为时髦的称呼已经增加了帽子的美感。他表示愿意买这顶帽子——"要是不太贵的话……阿尔卡沙，哎，再贵也不在乎！……"②《白夜》里娜斯晶卡的心上人——她家中旧日的年轻房客曾借给她读普希金和司各特的书，这个藏书丰富的年轻人还邀请她和她的奶奶去戏院看戏。对底层穷人来说，看戏是一种奢侈的娱乐方式，娜斯晶卡曾感叹道："我们自己上戏院，那是永远不会有的事。"③

---

① ［俄］陀思妥耶夫斯基，《陀思妥耶夫斯基全集》（第1卷）：长篇、中短篇小说，前引书，第6页。

② ［俄］陀思妥耶夫斯基，《中短篇小说选》（上），前引书，第159页。

③ ［俄］陀思妥耶夫斯基，《中短篇小说选》（上），前引书，第314页。

陀思妥耶夫斯基笔下的小人物进入了新的时代——普希金作品中像塔吉娅娜这样的上层小姐才享有的阅读权利对他们开放了，而他们的生命感觉也随之发生变化，最后，因自我价值预设和实际处境的冲突，他们迎来了悲剧性的命运：瓦夏发了疯，杰符什金痛失所爱。马歇尔·伯曼（Marshall Berman）对杰符什金的评价极富洞见：

> ……对这位有读写能力、感觉敏锐但普通而贫穷的职员来说，涅夫斯基大街和俄罗斯文学代表着相同的、难以捉摸的承诺：一条线路，所有的人都能够在此互相自由地交流，彼此承认大家平等。但是，在19世纪40年代的俄罗斯，一个混合着现代群众性交往与封建社会关系的社会，这样的承诺是一个残酷的嘲弄。把人们聚拢起来的媒介——街道和印刷——只是把他们的之间巨大鸿沟戏剧化了。①

二、彼得堡的"幻想家"

杰符什金痛失所爱之后，《穷人》的故事戛然而止，我们看不到主人公的后续反应。事实上，杰符什金已经构成了陀思妥耶夫斯基早期小说中"幻想家"（мечтатель）的雏形，在《白夜》这样的小说中，他的生命开启了第二个阶段。

陀思妥耶夫斯基曾在《彼得堡纪事》（«Петербургская летопись»）中对"幻想家"的人格构成和产生机制做过详细解释。他指出，"幻想家"是"彼得堡的一种可怕的事物，是人格化了的罪过，是无言而神秘的、沉闷而粗野的悲剧，充满恐惧、不幸、曲折、纠葛的结局"。"幻想家"都是读书人，也都是生活的失意者。陀思妥耶夫斯基指出，他们无法为自己开辟一番事业，这首先在于俄罗斯人不像德国人一样在生活中充满理性算计；"再说我们俄国人中间没有多少具备热爱事业的条件，因为这要求从业者有愿望，有爱心，要求全身心的投入。有的事业还要求先有经费，有保障。有的事情非得具备这方面的才能，有人干干便放弃了，一无所获"②。"幻想家"只能同具备"创业"条

---

① ［美］马歇尔·伯曼，《一切坚固的东西都烟消云散了》，徐大建、张辑译，北京：商务印书馆，2003，第274页。
② ［俄］陀思妥耶夫斯基，《文论》（上），前引书，第44页。

件的彼得堡市民享受形式上的身份平等——他们实质上的平等几乎仅限于共享彼得堡的空气。由此，在"幻想家"眼中，彼得堡仿佛是一座虚幻的城市：彼得堡的"现实"是虚幻的现实：一切仿佛触手可及，但又遥不可及。在这一视域之下，彼得堡的自然特征成了其虚幻性的一个注解："假如这片雾气散布开来，向上空升腾，这个气候恶劣的、滑腻腻的城市会不会随雾气升腾并象烟雾似地消散，只剩下了原先存在芬兰湾的沼泽……"① 这里，浓雾被神秘化了，彼得堡像是一个在神话中伴随着浓雾降生的城市，当雾气消散，也是它消隐之时。

接下来，"幻想"的内涵得以开启。"幻想家"的愿望破灭后，用陀思妥耶夫斯基的话说，在他们那渴求事业、渴求实际生活，然而却软弱、柔顺、温和的性格里，便会逐渐地产生"幻想性"。这种"幻想性"乃是对现实的逃遁——他们将阅读中呈现的文学世界视为庇护所。幻想家并不缺乏对现实生活的热情，相反，他们的悲剧之处恰恰在于对美好生活的热诚愿望太过强烈，而遭遇现实的阴风冷雨之后，无法妥协，所以躲进"阅读"的温暖洞穴，为自己营造美妙幻觉。陀思妥耶夫斯基写道：当脆弱而敏感的"幻想家"把一本书读到两三页，便被一个完整的想象世界所控制，他们沉于其中，或喜悦或甜蜜，或激动或感伤，数个小时如痴如醉而毫不自知。②

这里，文学阅读成为现实生活的一种补偿机制。现实中的失意者想象性地进入虚构故事，成为叱咤风云的英雄人物、颠倒众生的情场高手，成为最初寂寂无闻但忽然被万众瞩目的诗人……《白夜》中"幻想家"对娜斯晶卡解释道，"幻想家是自己生活的画师，他随心所欲地创造自己的生活"：

> ……您也许要问他梦想些什么？问这个有什么用！梦想一切呗……梦想诗人的起初不为人所承认然后却奖以桂冠的作用，梦想和霍夫曼的友谊；巴托罗缪之夜，狄安娜·凡尔侬，在伊凡·华西里叶维奇攻占喀山时扮演英雄的角色，克拉拉·毛勃雷，埃非·迪恩斯，教长会议以及教长之前的胡斯，在《魔鬼罗勃特》中死人复生，（您记得那音乐吗，有一股坟地的气息！）米娜和勃伦达，别列齐纳之战，在伏·达·伯爵夫人府中朗诵长诗；梦想丹东，《克莉奥佩特拉和她的情人》，科洛姆纳的小屋，属于自己的一个角落，身边是一个爱侣，她在冬日的黄昏睁着眼睛，张着小嘴听

---

① ［俄］陀思妥耶夫斯基，《少年》，岳麟译，上海：上海译文出版社，1985，第172页。
② ［俄］陀思妥耶夫斯基，《文论》（上），前引书，第44-45页。

你说话，……"①

在极端的"幻想家"那里，阅读行为在最大程度上被泛化了。现实世界成为"幻想家"进入一个超越性世界的机缘。陀思妥耶夫斯基写道，一本书、一段音乐，甚至生活中最不起眼的琐碎细节都能为"幻想家"提供制造幻想的契机。"幻想家"迷醉于幻想，像瘾君子一样不能自拔。"每当清醒过来时，他尤其觉得可怕，于是再次服用这种毒药，加大剂量。"最后，在"病恹恹的奇怪而又阴郁的彼得堡"，"转眼间青春就消逝了，转眼间希望就枯萎了，转眼间身体就垮掉了，转眼间整个人就变成了另一个样子"②。

第三节　彼得堡：悲剧的发生地

流放归来以后，陀思妥耶夫斯基虽然在写作中逐渐淡化了"幻想家"（在阅读中逃避生活）的主题。但是，资本主义的发展使下层人物意识到自身与其他社会成员都是平等的人格主体，唤醒他们一直被压制的尊严感，促使他们超越阶级限制而追求想望的生命价值——杰符什金的生存处境和生命意识为陀思妥耶夫斯基笔下的几乎所有底层人物所共有。这种生命意识在《双重人格》里的戈里亚德金、《罪与罚》中的拉斯柯尔尼科夫、《少年》中的阿尔卡其、《白痴》中的加尼亚等角色身上得到了强有力的表达。

金钱具有魔法般的力量，陀思妥耶夫斯基笔下的"小人物"都不同程度地被它吸引，谋划一场华丽的"变形记"。正如有论者指出："在陀思妥耶夫斯基的作品中，每个场景无论在精神方面的寓意如何，开始时都带有一定社会地位和财富的痕迹。"③ 这一见解可谓深刻。财富问题是陀思妥耶夫斯基作品中永远绕不过去的一个问题：穷困的大学生拉斯柯尔尼科夫梦想得到大笔金钱；庸俗的小市民戈里亚德金沉醉于为自己虚拟的富人身份，在商店里煞有介事地讨价还价，预订大宗货物，最后却不掏出一个戈比；野心勃勃的加尼亚幻想成为"犹太人的王"——19 世纪商界巨富、犹太人詹姆斯·罗特希尔德（James Mayer de Rothschild）构成了他生存坐标上的至高点，而阿尔卡其亦将

① ［俄］陀思妥耶夫斯基，《中短篇小说选》（上），前引书，第301－302页。
② ［俄］陀思妥耶夫斯基，《文论》（上），前引书，第46－47页。
③ 转引自［美］乔治·斯坦纳，《托尔斯泰或陀思妥耶夫斯基》，严忠志译，杭州：浙江大学出版社，2011，第134－135页。

成为"罗特希尔德第二"视为人生梦想……

然而，在当时俄罗斯的"欠发达的资本主义"（伯曼语）社会当中，这些底层人物都面临杰符什金的困境：缺乏社会关系资本和起码的经济资本而没有能力进入"财富场"。像《罪与罚》中的拉祖米欣，精力充沛、意志力顽强，通过翻译书稿这种薪酬微薄的工作根本无法得到生活的"本钱"，真正能改变他命运的是他可以从叔父手里拿到一千卢布"闲钱"。尤其在杜尼娅得到了一笔数量不菲的馈赠后，这对贫寒的爱人在生活上才有了一个令人欣慰的新起点。伴随着资本主义的发展，对于下层贫民来说，贫困的泥淖张开巨口，如影随形。陀思妥耶夫斯基笔下的底层人物往往陷入绝对贫困状态，比如《穷人》中的杰符什金，《脆弱的心》中的瓦夏，《罪与罚》中的拉斯柯尔尼科夫一家、马尔美拉多夫一家，《卡拉马佐夫兄弟》中的尼古拉·伊里奇·斯涅吉辽夫上尉一家，等等。

事实上，拉斯柯尔尼科夫、瓦尼亚（《被伤害与侮辱的人们》）、阿尔卡其赖以寄身的那阁楼上的斗室以及地下室人的"地下室"——陀思妥耶夫斯基笔下主人公惯于蜗居的这两个场所都因其经济色彩而对居住者的社会地位形成了暗示：它们窄小、幽暗，被中产阶级和达官贵人的明亮厅堂排挤到边缘，散发着挥之不去的寒酸味，而这些"寒士"所思所虑之物，亦晦暗而见不了天日。

现实的受挫和觉醒的尊严感成为陀思妥耶夫斯基笔下底层人物"悲剧"的主要诱因。一个人生活贫困，处境悲惨，未必有悲剧性的生命体验。举例来说，农奴制下的奴隶尽管劳动繁重，一无所有，但他们头脑中根深蒂固的等级观念使他们不去向往自身社会位置之外的生命价值，他们不认为自己和封建主、贵族身份平等，也不会和后者攀比。悲剧性的生活在于个体对自身价值的设定和现实之间的矛盾，"觉醒者"的身份平等意识激发了他们对生活无限丰富的想象，美好的生活方式与他们的尊严感相互映照。然而，他们与冷酷的现实遭遇而无法获得与其尊严感相匹配的生活，这就引发了悲剧。

在陀思妥耶夫斯基笔下，"悲剧性"的人物通常都有强烈的尊严感。在《卡拉马佐夫兄弟》中，退伍的上尉尼古拉·伊里奇·斯涅吉辽夫被醉酒的德米特里·卡拉马佐夫揪着胡子从酒店拖到广场上，遭受奇耻大辱。德米特里的未婚妻卡捷琳娜·伊凡诺夫娜知晓此事后，委托阿辽沙去送 200 卢布给上尉，以示歉意。然而，尽管上尉一家已经陷入赤贫状态，在阿辽沙委婉而诚恳的致歉中，上尉却断然拒绝了这笔"救命钱"。事实上，上尉对这 200 卢布是极为动心的。他向阿辽沙倾诉：有了这笔钱，他就可以给向患关节炎而半身酸痛、苦不堪言的小女儿和"疯疯癫癫"的妻子治病，可以将寄住在他家里的瓦尔瓦拉·尼古拉耶芙娜送回彼得堡——他们已经花光了她的盘缠，还可以买牛肉改善伙食……简言之，这笔钱会使他的家庭处境大大得到改善。上尉拒绝这笔钱的原因是，如果他收下，那将受到鄙视，也无法向自己的小儿子交待。上尉的尊严感跃然纸上：作为与他人平等的人格主体，他拒绝别人的怜悯。在《被伤害与侮辱的人们》当，涅莉的母亲，也就是瓦尔科夫斯基公爵的合法妻子，被瓦尔科夫斯基公爵骗走了所有的家产。她的父亲一怒之下与她断绝关系。她被迫长期住在地窖中，贫病交加，她的女儿涅莉沦落到上街乞讨的地步。她在临死前一直叮嘱涅莉：无论艰难到什么地步，都不要去找她的父亲求援，即使活不下去了，也要保持尊严。《罪与罚》中的马尔美拉多夫，这个血管里长年流着酒精，毫无意志力，甚至把妻子的袜子都偷去换酒喝的人，也曾大声问拉斯柯尔尼科夫："您敢不敢此刻用眼睛看着我，肯定地说，我不是猪猡？"[1] 马尔美拉多夫感觉自己像猪一样活着——这恰恰源自他作为人的尊严感。正如有论者指出："马尔美拉多夫不可能在宿醉后心情平静地向他身为妓女的女儿索要她最后的戈比，也正是由此，他死于马蹄之下极其像一次自杀！"[2] 在陀思妥耶夫斯基笔下，像马尔美拉多夫这般意志软弱，但极富尊严，最后走向"自杀"的人物，还包括《诚实的小偷》中的叶梅利扬、《白痴》中的伊沃尔金将军。

陀思妥耶夫斯基的彼得堡带有悲剧色彩。梅什金公爵，这个"乡下人"一到彼得堡便有"不祥的预感"。彼得堡像一个猛兽张开巨口，吐出混沌的迷雾：生活的丰富可能性和危险交混在一起。乔治·斯坦纳（George Steiner）指出："在埃尔辛诺的戏台上，在大理石装饰、充满活力的空间中，拉辛剧作中的人物中曾经演绎了他们的神圣命运；从那之后，只有陀思妥耶夫斯基笔下的城市最接近悲剧发生的场所和表演场地。"[3]

"城市"是现代文学开启的一个重要"主题"，从文学史上看，对城市景观的描写总体上经历了一个从赞颂到反思的过程。以笛福（Daniel Defoe）为例，正如理查德·利罕（Richard Lehan）所指出的，"丹尼尔·笛福或许最有说服力地赞美了现代城市的诞生"。笛福在《奥古斯塔斯之光：如何让伦敦成

---

① ［俄］陀思妥耶夫斯基，《罪与罚》，前引书，第12页。

② Борис Тихомиров, «ЛАЗАРЬ! ГРЯДИ ВОН» Роман Ф. М. Достоевского «Преступление и наказание» в современном прочтении: Книга-комментарии. СПб.: Издательство негосударственное учреждение культуры «СЕРЕБРЯНЫЙ ВЕК», 2005, с. 31.

③ ［美］乔治·斯坦纳，《托尔斯泰或陀思妥耶夫斯基》，前引书，第186页。

为天下最繁荣的城市》（*Augusta Triumphans*；*or*，*the way to Make London the Most Flourishing City in the Universe*，1729）、《大疫年纪事》（*A Journal of the Plague Year*，1722）等作品中以启蒙的乐观主义精神强调孕育着商业秩序的现代城市之伟大，"同时却对孕育其中的混乱视而不见"①。19世纪的小说家，比如欧仁·苏、雨果、德·昆西、巴尔扎克笔下的城市图景虽然不乏"负面"特征，但总体上带有浪漫主义色彩，批判力度还不是那么强。以巴尔扎克为例，正如有论者指出，巴尔扎克的巴黎，尚为浪漫主义的"蛮荒之地"②。而马克思在《神圣家族》（*Die heilige Familie*）中对欧仁·苏《巴黎的秘密》（*Les Mysteres de Paris*）的批判，主要着眼于其保守性。尽管陀思妥耶夫斯基受到了巴尔扎克、雨果、欧仁·苏等人的强烈影响，但他完全摆脱了对现代城市的浪漫主义情绪。菲利普·拉夫（Philip Rahv）指出，"在陀思妥耶夫斯基笔下，大都会的色彩昏黄黯淡，作家把我们带入了散发着恶臭的小酒馆和棺材般的斗室，把稍具规模的资产阶级和无产阶级类型置入前景：店主、职员、大学生、妓女、乞丐、流浪者"③。

卢卡契（Georg Lukacs）称陀思妥耶夫斯基为"现代资本主义大城市的第一个和最伟大的作家"。在他看来，陀思妥耶夫斯基最为有力地描述了现代大都市生活中的心理畸形现象，当时的彼得堡虽然没有伦敦或巴黎发达，但陀思妥耶夫斯基的天才之处在于"他从正在形成的事物的萌芽中认识了而且描绘了社会、道德、心理状态进一步发展时产生的动力"④。陀思妥耶夫斯基是个极具前瞻视野的作家，他的写作是城市化的，正是因为他看见了资本主义之下"乡村社会"向"城市社会"（"'城市社会'这一术语首先是由某种文化，即城市文化在人类学意义上进行界定的——那就是具有历史特征和自身组织、变革逻辑的一系列价值、标准和社会关系"⑤）的转型。随着资本主义的不断扩张，现代社会呈现出"城市化"的趋势。滕尼斯敏锐地指出："在一个民族或一批民族里，社会的状况越是普遍，这个整个'国家'或者这个整个'世界'

① ［美］理查德·利罕，《文学中的城市：知识与文化的历史》，吴子枫译，上海：上海人民出版社，2009，第36－43页。

② Philip Rahv，"Dostoevsky in Crime and punishment"，in Rene Wellek，ed.，Dostoevsky A collection of critical essays，ibid.，p.31.

③ Philip Rahv，"Dostoevsky in Crime and punishment"，in Rene Wellek，ed.，Dostoevsky A collection of critical essays，ibid.，p.31.

④ ［匈牙利］卢卡契，《卢卡契文学论文集》（二），外国文学研究资料丛刊编辑委员会编，北京：中国社会科学出版社，1981，第440页。

⑤ 汪民安、陈永国、马海良，《城市文化读本》，北京：北京大学出版社，2008，第279页。

就越趋向于变得类似于一个唯一的大城市。"①从这个意义上说，我们可以将陀思妥耶夫斯基的彼得堡视为现代城市社会或者说现代资本主义社会生活图景的一个缩影。陀思妥耶夫斯基具有敏锐的现代意识，他最先为我们描绘了现代俄罗斯的众生百态，他塑造了"现代"俄罗斯人。

与沉郁、混沌、悲剧性的城市生活相比，乡村生活美好而甜蜜。陀思妥耶夫斯基作品中少有的乡村场景都是作为城市景观的对立面出现的。在《被伤害与侮辱的人们》中，瓦尼亚曾动情地回忆起自己童年的乡村生活：

> ……在那些时日，天上的太阳是多么明亮，和彼得堡的太阳毫不相同，我们幼小的心是那么活泼而欢快地跳动。那时候我们的周围都是田野和树林，不象（像）现在全是一堆堆死气沉沉的石头。尼古拉·谢尔盖伊奇所管理的华西里耶夫斯科耶的花园和公园，是何等美丽啊。娜达莎和我时常到那个花园里去散步，在花园后边，有一座阴湿的大森林，我们两个孩子有一次在那里迷了路。那是一个多么幸福的"黄金时代"啊！生活第一次神秘而诱人地展现在我眼前，和它初次接触是多么甜蜜啊！……②

"美妙的'黄金时代'"！如中村健之介所言，在陀思妥耶夫斯基笔下，"黄金时代"图景与乡村生活景观是极为相似的：人与自然和谐相处，人与人相亲互爱。需要指出的是，这里的乡村景观并不是现实意义上的乡村景观，它只是困顿的城市人对"幼年"乡村生活审美化处理的产物。陀思妥耶夫斯基笔下美好的乡村世界都是儿童世界，而非成人的。与"黄金时代"一样，这样的乡村生活只是一个梦境。但二者的相似性已经昭示了陀思妥耶夫斯基对资本主义的拒斥态度。对于如何实现"黄金时代"这一问题，拒斥资本主义并不能提供建构性的东西，陀思妥耶夫斯基必须对资本主义社会作出病理性诊断，才能提出疗救方案。

---

① ［德］斐迪南·滕尼斯，《共同体与社会——纯粹社会学的基本概念》，林荣远译，北京：商务印书馆，1999，第334页。
② ［俄］陀思妥耶夫斯基，《被侮辱与损害的》，前引书，第17页。

第三章　时代的道德状况

避免一切残酷行为的发生，人与人兄弟般互爱——这本质上是社会道德（伦理）问题，正如前文所言，陀思妥耶夫斯基的"黄金时代"梦想是其作为基督徒的道德立场使然。陀思妥耶夫斯基在提出实现"黄金时代"的方案之前，必须对当时的社会道德状况（这也是资本主义时代的社会道德状况）作出考察。那么，他发现了什么？

第一节　"伦理"的危机

为了避免概念的混淆，我们有必要预先澄清"伦理"的含义。什么是伦理？黑尔德（Klaus Held）指出，在古希腊，"伦理"（ethos）的原初含义为"生物的长久滞留地"[①]，对人来说，这并不是一个空间概念，而是不同主体在交往中组建起来的生活世界。在"世间"，主体间"受赞誉"的行动（或态度）标示出德性，而如果人普遍地秉守德性，那就形成了"主体间的可靠性的活动空间"。如此，这个"特殊的居留地"就不再是原初意义上的伦理，我们或许可以称之为"德性化的伦理"。"德性化的伦理"是人们的可靠性行动习俗化的结果，它最终体现为具有束缚作用的行动规范。黑尔德由此论道："对在我们各自文化中被视做善的'原本经验'、我们对善的原初'知识'就在于：我们不言自明地习惯于生活在我们的德性中，或在习性上迷失于我们的

---

① ［德］克劳斯·黑尔德，《对伦理的现象学复原》，载《中国现象学与哲学评论》（第 7 辑），倪梁康译，上海：上海译文出版社，2005，第 2 页。

恶习（Lastern）中。"① 简言之，"德性化的伦理"（以下简称伦理）是在社会交往中确定下来的良性价值，它的有效性在于主体间交往的可靠关系——凭借这种可靠关系，个体在生活世界遵守伦理规范就能得到庇护，而当这种可靠性关系受到破坏，必然引发伦理危机。我们在日常表述当中，往往不区分地使用伦理和道德这两个概念，为了表述方便，这里我们可将伦理视为（习俗化的）道德，它对应着道德的另一个维度——先天的、普遍有效的实践法则（以康德的道德学说为典型）。

一、被破坏的主体间关系

作为"现代资本主义大城市的第一个和最伟大的作家"，陀思妥耶夫斯基敏锐地看见并描述了资本主义对主体间可靠性关系的冲击——这构成了人类整体性交往形态的现代转型——用滕尼斯的话说，"共同体"转变为"社会"。"共同体"和"社会"——这是滕尼斯就人类的共同生活区分出的两种历史形态。在滕尼斯看来，共同体是有机的，它一体多面地表现为血缘共同体、地缘共同体、精神共同体："血缘共同体作为行为的统一体发展为和分离为地缘共同体，地缘共同体直接表现为居住在一起，而地缘共同体又发展为精神共同体，作为在相同的方向上和相同的意向上的纯粹的相互作用和支配。"② 显然，共同体的不同内涵使它形成了一个层级结构：血缘共同体和地域共同体在精神共同体这一最高形式中得以综合。共同体具有粘聚性，结构稳定，其成员有着共同的价值观，每个人都有被给定的社会地位，不可僭越。从这个意义上说，共同体是封闭的，具有排他性。与共同体相较，社会是机械的、无机的。"在共同体里，尽管有种种的分离，仍然保持着结合；在社会里，尽管有种种的结合，仍然保持着分离。"③ 在社会当中，主体间的亲缘性纽带分崩离析，个体对群体共同生活的向心力转变为离心力，由此，社会人群呈现为沙化状态。滕尼斯强调资本主义对于组建"社会"的作用，认为资本主义社会是"社会"的典范。显而易见，资本主义社会中商品经济自发的扩张性、社会部门的专门化、地域流通的便利性和阶层之间的开放性都为个体脱离共同体的束缚提供了推力。

---

① ［德］克劳斯·黑尔德，《对伦理的现象学复原》，载《中国现象学与哲学评论》（第7辑），前引书，第6页。
② ［德］斐迪南·滕尼斯，《共同体与社会——纯粹社会学的基本概念》，前引书，第65页。
③ ［德］斐迪南·滕尼斯，《共同体与社会——纯粹社会学的基本概念》，前引书，第95页。

陀思妥耶夫斯基以"偶合家庭"的主题为我们描述了这一时代状况。在《少年》（1875）的结尾，陀思妥耶夫斯基写道："有许多这样一些显然是俄国的贵族家庭正在以不可阻挡的力量大批地转变为偶然凑合的家庭，在普遍的无秩序和混乱中同它们融为一体。"[①]"失序"是"偶合家庭"的根本特征。在《少年》的草稿中，陀思妥耶夫斯基曾将小说命名为《失序》（«Беспорядок»）。[②] 事实上，"偶合家庭"的出现绝不单纯是"贵族家庭"的特征，而具有社会普遍性。1876 年，陀思妥耶夫斯基在致赫·达·阿尔切夫斯卡娅（Х. Д. Алчевская）的一封信中写道：他准备在一部小说中深入研究"青年一代；同时还有当代的俄国家庭"，"这一点我预感到了，它已经远非迄今二十年前的那个样子"[③]。1877 年，他又在《作家日记》（«Дневник писателя»）中谈到这一话题："当今的俄国家庭越来越变成一种偶合家庭，正是偶合家庭——这就是当代俄国家庭的定义。俄国家庭的旧日面貌仿佛突然消失，仿佛眨眼就不见了，……"[④] 陀思妥耶夫斯基三番五次提出这一问题，足见他的关切程度。那么，如何理解"偶合家庭"？笔者认为，陀思妥耶夫斯基的"偶合家庭"是滕尼斯意义上的"社会"语境下家庭的普遍的、必然的命运。"家庭"的失序意味着它失去了在传统"共同体"中的血缘联系、地缘联系、精神联系。

在"偶合家庭"中，血缘关系不再是维系家庭关系的纽带，以《少年》中的维尔西洛夫一家为例。阿尔卡其和丽莎是维尔西洛夫与女奴索菲娅的私生子女，而索菲娅法律意义上的丈夫是马卡尔·伊凡诺维奇。马卡尔·伊凡诺维奇与索菲娅的夫妻关系有名无实，而维尔西洛夫与索菲娅则有实无名。再如，《卡拉马佐夫兄弟》中的斯米尔加科夫本是老卡拉马佐夫的私生子，但他的现实身份却是老卡拉马佐夫的男仆，身份极其尴尬。

"共同体"中家庭的地缘联系也失去效用。在陀思妥耶夫斯基的小说中，尤其对于青年人来说，他们生长其间的故乡已经远远不能安放他们自我认可的生命价值。《被伤害与侮辱的人们》中的瓦尼亚，《罪与罚》中的拉斯柯尔尼科夫、拉祖米欣等人都是离家远走，奔赴都市求取前程。《群魔》中的斯塔夫罗金、彼得·韦尔霍文斯基甚至多年在异国漂泊，大有"我心安处即是家"的态度。

① ［俄］陀思妥耶夫斯基，《少年》，前引书，第 732 页。

② См.：Мочульский К. Достоевский. Жизнь и творчество. Париж：YMCA‐Press，1980，с. 409.

③ ［俄］陀思妥耶夫斯基，《书信集》（下），前引书，第 955 页。

④ ［俄］陀思妥耶夫斯基《作家日记》（下），前引书，第 776 页。

随后，家庭中的精神联系也荡然无存——这也是"偶合家庭"中最致命的一点。《少年》中的阿尔卡其一度不能理解，甚至敌视维尔西洛夫，更不用说拉斯柯尔尼科夫的"不平凡的人"学说之于杜尼娅和母亲普尔赫里亚·罗曼诺夫娜。《群魔》中的彼得·韦尔霍文斯基完全把自己的父亲老韦尔霍文斯基视为一个小丑，一度对他冷嘲热讽，甚至将其作为自己政治阴谋的一个棋子加以利用，使后者陷入困境——离家出走，最后死去。再以《卡拉马佐夫兄弟》为例。老卡拉马佐夫与伊万、德米特里、阿辽沙、斯米尔加科夫这父子五人精神气质和思想立场各不相同，沉溺于肉欲的老卡拉马佐夫无法理解他任何一个儿子，而四兄弟之间，如伊万和德米特里、德米特里和斯米尔加科夫亦无法相互理解，伊万在相当的时间内被阿辽沙视为"谜"一样的存在。卡拉马佐夫家族不仅丧失了共同的精神信仰，反而生出"仇视"，伊万、德米特里、斯米尔加科夫将老卡拉马佐夫视为可鄙的虫豸，这就引发了扑朔迷离的弑父案。在小说结尾，德米特里的辩护律师菲久科维奇宣称：没有尽到父亲责任的老卡拉马佐夫根本算不上德米特里的父亲，德米特里有权利将父亲"视同陌路甚至视为自己的敌人"①。

二、自我孤绝与"精神分裂"

家庭是社区共同体的基本单位，家庭关系的分崩离析意味着"共同体"的整体瓦解，社会人群呈现为沙化状态：个体一方面摆脱了传统的亲缘性关系，另一方面遁入内心城堡，为自己构建起一个封闭的精神王国，他就是自己的精神权威。进而言之，在欠发达的资本主义社会，社会人群的沙化状态在城市中表现得最为突出，甚至出现"变体"：个体不仅容易陷入自我孤绝的情状，更可能"精神分裂"而无法确立整全性的精神自我。

西美尔指出："关于个人的共同生活、统一化和相互作用的一系列形式，首先应该审察社会化的个人的纯粹的数目对于这些形式所具有的意义。"② 简言之，在一个相对独立的区域内，人口数量会直接影响社会关系结构。西美尔举例说，一个百万富翁在一个拥有一万居民的城市中的影响完全不同于 50 个百万富翁在一座 50 万人口的城市中的影响。西美尔指出，在社会学意义上，

① ［俄］陀思妥耶夫斯基，《卡拉马佐夫兄弟》，前引书，第 875 页。
② ［德］西美尔，《社会是如何可能的》，林荣远编译，桂林：广西师范大学出版社，2002，第 267 页。

数字的比例关系要取"绝对数字"而非"相对数字"的"量子"。如此，在一个相对封闭的地域中，人口的数量越大，个体越不容易产生影响。可以想象，衣衫褴褛、神情异样、口中念念有词的拉斯柯尔尼科夫走在摩肩接踵的彼得堡大街上或是走在乡间小镇的广场上，他能引起的关注必然大不相同。大城市不缺乏刺激神经的新闻，一场火灾或一桩谋杀案未必能引起多少关注，但若是在一个只有数百人口的乡村，谁在路上拾到几个戈比这种小事都可能成为热议的话题。从这个意义上说，大城市中的个体因为难以吸引他人注意力而容易陷入孤立状态。

　　另外，城市作为生活系统，其内部职能部门极为繁杂和细化，扩大的市场所要求的高度分化的劳动分工也使个体相互隔绝。与之相应，城市中的社会关系呈网状，每个个体都是网络中的一点，每个点同周遭无尽的点的交往形成了不同的交往维度。这正如路易·沃斯（Louis Wirth）所指出的，城市人在社会交往中扮演的角色高度分化——"在无法实现人际交往完全个性化的条件下，处于互动状态中的人数的增加使人际关系分化成不同部分。"[1] 这就会导致"精神分裂"。这里的"精神分裂"并不是指病理学意义上人的情感机能和认知机能的障碍，而是说城市中个体因角色高度分化而形成的多重人格相互矛盾，个体无法形成完整的、统一的自我。从这个意义上说，拉斯柯尔尼科夫正是"精神分裂"的典型：对于马尔美拉多夫一家，以及那个在大街上因醉酒而遇到危险的陌生女子来说，他是一个高尚、慷慨、见义勇为的青年；对于母亲来说，他是一个孝顺、懂事的孩子；对于侦探波尔菲里来说，他狡猾而工于心计；对于房东的女仆娜斯塔西娅来说，他是一个拖欠房租又游手好闲、无所事事的"懒人"；对于医生左西莫夫来说，他是一个病理学的研究对象；对于斯维德里加依洛夫来说，他是与自己有着颇多共同点的"虚无主义者"；对于他唯一的朋友拉祖米欣来说，他才华横溢、心高气傲，但又是一个"谜"一样的存在；颇具讽刺意味的是，对于被神性之光所照耀的索尼娅来说，他是一个可怜的人，她同情他、爱他，劝他认罪忏悔，但并不能洞察他内心所思所想。拉斯柯尔尼科夫对其自身亦无法形成整全性的判断，当小说接近尾声，他向索尼娅解释自己的杀人动机，但表述含混不清，说不清楚自己。

　　拉斯柯尔尼科夫在杀死放高利贷的老太婆之前，在草地上做了一个梦。他梦见幼年的自己目睹了一场暴行：一群醉酒的农民极其残忍地打死了一匹无力拉动马车的驽马。小罗佳对此充满愤恨，但无力阻止，他眼睁睁地看着这匹可

---

[1]　汪民安、陈永国、马海良主编，《城市文化读本》，前引书，第147页。

怜的马被活活打死。

菲利普·拉夫曾对拉斯柯尔尼科夫的这个梦做过精彩阐释。在他看来，施暴者和受难者与小说中的人物构成了对位关系，预先呈现了整部小说的叙事进程："眼睛温柔而柔软"的索尼娅和莉莎维塔正如作为"可怜的温柔的东西"的瘦马，是残酷生活的牺牲品，拉斯柯尔尼科夫对残酷的行为充满愤恨，同时他也是社会中的受害者。如此，杀死了放高利贷的老太婆和丽莎维塔，同时声称杀人也便是"杀死了自己"的拉斯柯尔尼科夫在梦中承担了行凶者（农夫米哈伊尔）和牺牲者（驽马）的双重角色。菲利普·拉夫进一步指出："陀思妥耶夫斯基是第一个在对角色的描述中完全接受了不确定性的小说家。"①

最后，我们还要谈一谈《群魔》中的斯塔夫罗金，他称得上是陀思妥耶夫斯基小说中内心最为丰富，也最神秘的一个人物。斯塔夫罗金贵族出身，14岁就离家到彼得堡读书，毕业后到骑兵团服役，退役后的大部分时间混迹于彼得堡，其他时间则周游世界，他去过埃及、瑞士、冰岛、德国、法国、希腊……他基本不与他的母亲瓦尔瓦拉·彼得罗夫娜联系，甚至很少接受母亲的金钱。可以说，这个"偶合家庭"的产儿几乎彻底地摆脱了和家庭的亲缘联系。在斯塔夫罗金身上，个体的自我孤绝状态和"精神分裂"得到了最观念化，也最强烈地表现。斯塔夫罗金没有心灵的对话者，他不与任何人产生实质性的精神联系。也正是由此，他辗转游走，觅不到栖身之所：在任何地方，他都有一种深入骨髓的异域感；任何地方都是供他打量的一个对象，平静而没有温度。他必须通过寻找刺激来唤醒自身的存在感，但即使极度荒唐、变态的行为带给他的"快感"也只是转瞬即逝，他对一切都不耐烦，一切都无所谓。与感观刺激相对应的是思想的刺激，他尝试去选择各种极端的、相互矛盾的思想，但对他来说，这些思想的重要性仅在于撩拨他疲软的神经；他不信任其中任何一种，但他必须游走于这诸种之间，或者说兼具这诸种思想，因为他必须让自己感到自己是个"活物"。中村健之介提醒我们，陀思妥耶夫斯基笔下的人物的灵魂状态通常会在脸上表现出来。② 在《群魔》中，叙述者将斯塔夫罗金的脸描述为"好像一副假面具"③，俨然为我们暗示出一个僵死的灵魂——

① Philip Rahv,"*Dostoevsky in Crime and punishment*", in Rene Wellek, ed., *Dostoevsky A collection of critical essays*, ibid., pp. 18 – 21.

② Кэнноскэ Накамура. Чувство жизни и смерти у Достоевского. СПб.: Издательство «Дмитрий Буланин», 1997, c. 45.

③ ［俄］陀思妥耶夫斯基，《群魔》（上），冯昭玙译，石家庄：河北教育出版社，2010，第 227 页。

斯塔夫罗金的生活只是一种"表演"。

在致达莎的信中，斯塔夫罗金写道："我知道，我应当杀死自己，把自己像一只讨厌的小虫那样从地球上清除掉；但是我害怕自杀，因为我害怕表现出豁达。我知道，这也只不过是一次欺骗，——是在无数次欺骗中的最后一次。仅仅为了表现出豁达而欺骗自己那有什么用呢？愤怒和羞耻在我身上是永远不可能有的，因此也不可能有绝望。"①

自杀行为呈现出来的"豁达"是自杀者具有"整全人格"的一个表征，斯塔夫罗金想自杀，也就是想表现自己具有"整全人格"。但他清醒地意识到，他丧失了产生愤怒、羞耻、绝望的情绪机能，没有确定的主体性，也就没有能力自杀。即使他最终选择自杀，他也无法标示出自己的"整全人格"。在这个意义上，自杀只是一种表演，一种自我欺骗——仿佛他与自己所扮演的角色同一。斯塔夫罗金自称的无数次自我欺骗，也是无数次的角色扮演。斯塔夫罗金并不是加缪所说的摆脱质量伦理而追求数量伦理的唐璜，或者满怀激情去体验不同人物的"演员"②。相反，斯塔夫罗金的悲剧性恰恰在于，他的行动逻辑是通过追求数量而力求进入到质量伦理的层面，他试图摆脱自己的演员身份，但已经无法摘下面具。

当斯塔夫罗金在修道院见到吉洪，他向吉洪谈起自己的"幻觉症"："特别是夜里，他看到或者感觉到身边有一个恶毒的人，又爱嘲笑，又'有理性'，'以各种不同的面目，各种不同的性格出现，但都是同一个人，而我总是在发怒'……"他并不能确认是否是真的看到了这个"形象"——"而且我不知道孰真孰假：我还是他……"③ 在"幻觉"体验中，斯塔夫罗金的自我孤绝和"精神分裂"在高度的综合中得以直观呈现：这个具有多重面目、多个性格的幽灵正是斯塔夫罗金本人的影子。斯塔夫罗金没有交谈者，在长期的自我封闭状态中，他必须找到出口——自我的幻影出现了。（试比较，陀思妥耶夫斯基笔下另一个自我孤绝的角色伊万也曾同自身的幻影对话。）自我的多重人格和幻影的多重人格交叠，使斯塔夫罗金无法分辨自己和幻影哪个更真实。

在叙事层面上，斯塔夫罗金的"精神分裂"通过小说中诸多主要人物得到了表达。他像一个神秘的放射源，将种种射线投射到周遭人物身上。这正如

① ［俄］陀思妥耶夫斯基，《群魔》（下），冯昭玙译，石家庄：河北教育出版社，2010，第833页。

② ［法］加缪，《西西弗神话》，杜小真译，北京：人民文学出版社，2011，第88-101页。

③ ［俄］陀思妥耶夫斯基，《群魔》（下），前引书，第842-843页。

欧文·豪所指出：从某种意义上说，斯塔夫罗金是小说中的"我们"："彼得是他的社会形象，公爵小姐丽莎是他的情感形象，他娶过的、跛足的玛丽娅是他精神错乱的形象。通过理智的基里洛夫这一纽带，作为农奴的凶手费季卡也构成了他的形象，与此同时，列别亚德金和利普京是他装扮滑稽的形象。他最重要的两个形象是基里洛夫和沙托夫，他们走向了斯塔夫罗金式的形而上学问题的两个极点。"① 沙托夫是狂热的东正教信徒，基里洛夫是彻头彻尾的无神论者，这两个人都是斯塔夫罗金一手塑造的。沙托夫曾愤慨地对斯塔夫罗金说："在美国我三个月同一个……不幸的人并排躺在麦草上，我从他那里知道，就在您往我心里灌输神和祖国的思想时——在同一个时间，甚至可能在相同的几天里，您用毒药毒害这个不幸的人，这个狂人基里洛夫的心……"② 这两个角色最为有力地为我们呈现了斯塔夫罗金的"表演"在自身内的悖谬状况。值得一提的是，沙托夫和基里洛夫都不同程度地继承了斯塔夫罗金自我孤绝的生存状态，基里洛夫甚至有"语言障碍"，他"说话不连贯，不知怎地常常不合语法，如果需要选一个比较长的句子，他会奇怪地颠倒词序，意义不清"③。语言能力受损是基里洛夫生存状态的产物和直接表征。语言是公共性的，"语言障碍"标示出基里洛夫在自我确证中对社会交往维度的封锁。

处于极度孤绝状态下的斯塔夫罗金为自己谋划了最后的庇护所：瑞士的与世隔绝的山谷。他向跛足的疯女人玛丽娅·季莫费耶芙娜建议："希望一生都跟我住在一起吗？不过离这里很远。这是在山里，在瑞士，那里有一个地方……"④ 而在自杀前，当他"召唤"达丽娅·帕夫洛芙娜，他再次提到了这个想动身前往的地方——瑞士的乌里州。在斯塔夫罗金的表述中，这个寻常的荒凉之地，其与世隔绝的特质被无限放大了，它成为一个被建构的乌托邦，一个象征。所以，当真正要前往这个山谷时，斯塔夫罗金不得不承认：他对此地其实不抱希望，"只是去去罢了"。斯塔夫罗金的表演已经穷尽了他所能探察到的各种可能性，他已无法再从自我欺骗中获得假想的主体性，基于此，他选择了自杀——这并非表演意义上的、试图表现出"豁达"的自杀，而是彻底放弃建构自我的尝试，自杀对于他来说毫无意义，他只是借自杀表达了厌倦。

在陀思妥耶夫斯基看来，个体的孤绝状态是当时社会的普遍化现象。彼得

① Irving Howe, "*Dostoevsky*: *The politics of salvation*", in Rene Wellek, ed., *Dostoevsky A collection of critical essays*, ibid., 1962, p. 63.

② [俄] 陀思妥耶夫斯基，《群魔》（上），前引书，第 307 页。

③ [俄] 陀思妥耶夫斯基，《群魔》（上），前引书，第 113 页。

④ [俄] 陀思妥耶夫斯基，《群魔》（上），前引书，第 342 页。

堡大街上的人群最为直观地为"现代人"的这一生存状况提供了注解。常常
在大街上自言自语的拉斯柯尔尼科夫是典型的彼得堡人。斯维德里加依洛夫对
拉斯柯尔尼科夫说："我坚决认为，彼得堡有许多人在走路的时候都喃喃地自
言自语。这是一座半疯子的城市。如果我们有科学的话，那么医生、法律家和
哲学家们都能按照自己的专业在彼得堡进行一次极有价值的调查研究。很少有
地方象彼得堡那样使人的精神受到这么大悲观的、强烈的和奇怪的影响。"①
因为个体丧失了与"他者"对话的空间，所以只能与自己对话，进入"半疯
子"的状态。彼得堡市民的精神状况在社会整体当中是普遍的。《卡拉马佐夫
兄弟》中，佐西马的哥哥马尔凯尔曾对他讲道：

> ……当代所有的人都分散成单独的个体，人人都把自己关在洞内，人人都
> 远离他人，把自己和自己所有的统统藏起来，结果自己不与他人为伍，也
> 把他人从自己身边推开。……②

三、趋于干涸的"伦理"

个体的自我封闭打破了主体间的可靠关系，由主体间的可靠关系组建起来
的"伦理"也便失去了源头活水——"伦理"在干涸中失去效用。行动中的
个体失去了"伦理"的"庇护所"，越来越倾向于在属己的范围内解决价值问
题，这就引发了道德（伦理作为不同主体在经验世界组建起来的道德，或者
说习俗化的道德）危机。"反道德者"尼采（Friedrich Wilhelm Nietzsche）的
道德问思为这种危机提供了一个注解：

> ……道德意识随因果联系意识的增加而减少：人们一旦认识到事物的必然
> 结果、知道如何从所有偶然的和不重要的结果中把它分离出来，那么，迄
> 今为止被当做习俗基础和被人们信以为真的无数想象中的因果联系也就不
> 再能够存在了——……③

---

① ［俄］陀思妥耶夫斯基，《罪与罚》，前引书，第543页。
② ［俄］陀思妥耶夫斯基，《卡拉马佐夫兄弟》，前引书，第359页。
③ ［德］尼采，《曙光》，田立年译，桂林：漓江出版社，2000，第8页。

尼采以一个现代觉醒者的姿态指出了道德的"欺骗性"：因果联系是指行为主体的行动和结果的关系。因为（习俗化的）道德具有普遍约束力，但每个人的生活境遇和偏好都不一样。而为所有人预先规约了单一选择的道德不可避免地将复杂多样的个体同质化，产生高度简化的因果联系，或者说虚假的、想象的因果联系。由此，道德把生活世界当中不同个体的生命感觉简化了，在这个意义上，道德的因果联系对于个体来说具有霸权色彩。而当生存感觉被道德所压制的个体开始从属己的经验层面对行为合理性进行自我确证——"因果联系意识"增加，就必然使道德失去合法性。

在陀思妥耶夫斯基的小说中，对于个体自我孤绝引发的道德危机，我们可以区分出两种基本形式。上文我们探讨的个体孤绝首先在于精神上的自我封闭，孤绝者失去了与他者共同的精神联系。处于这种精神状态之下的个体，通常有两种生存方式：一是尽可能地疏离社会人群，拒斥正常的社会交往，在生活的形式层面也呈自我孤绝状态，表现出逃逸出生活共同体的倾向，滑向共同体的边缘。这是个体自我孤绝的极端形态。在陀思妥耶夫斯基笔下，这一类别的典型人物有斯塔夫罗金、拉斯柯尔尼科夫等。自我孤绝者的第二种生存样式是：虽然在精神上自我封闭，但在生活层面上对他者保持开放姿态，具有正常的社会交往关系，安于在共同体中的生活。瓦尔科夫斯基、加尼亚（《白痴》）是这类人的代表。

斯塔夫罗金称得上是个极端的"道德败坏者"，他的恶行在其自白书（《斯塔夫罗金自白书》）中得以集中表现：诬陷房东家的小女孩是小偷，让她受到毒打，更严重的是他强奸了这个小女孩。用阿尔布别尔特·科瓦奇（Албберт Ковач）的话说，陀思妥耶夫斯基在斯塔夫罗金的手记中呈现了世界上可能出现的、最令人发指的罪行。[①]

斯塔夫罗金自述他有一种"野兽般的淫欲"。从他强奸幼女，以及他可能在彼得堡参加了一个"畜生般淫荡的秘密团体"这一传闻来看，他似乎是因强烈的、变态的肉欲而践踏道德、犯下兽行。但事实上恰恰相反——从斯塔夫罗金的自白中我们可以看到，尽管他沉溺于淫欲，但他"并不感到快乐"，他有着强大的意志力，从来不受欲望所控制："在十六岁以前我毫无节制地沉湎于让－雅克·卢梭所忏悔的罪恶之中，但在十七岁时我一决定要中止，也就立

---

① Албберт Ковач. Поэтика Достоевского. Пер. с румынского Елены Логиновской, М. : Водолей Publishers, 2008, c. 108.

即中止了。"① 如前文所言，处于自我孤绝之中的斯塔夫罗金只是一个通过扮演角色而寻求自我确定性的"演员"，他的欲望只是他扮演角色所需要的道具，因为他游离于任何一种角色之外，他本人反倒是缺乏欲望。斯塔夫罗金自称在强奸幼女玛特寥莎的时期正患上对生活的"冷漠症"，一度想自杀。而当他对玛特寥莎欲施暴行的时候，他仍然表现出极强的自制力："但这时我又问自己：我能止住吗？我马上就回答自己，我能。"斯塔夫罗金最终走向玛特寥莎，不过是想通过扮演角色来刺激自己"冷漠的"无欲望状态。这正如欧文·豪所正确指出的，斯塔夫罗金是因为欲望的缺席而犯罪，因为缺乏欲望，道德对他已经无关紧要。②

进一步说，欲望的缺席也意味着欲求对象的缺席；斯塔夫罗金尽可能地消除了他者对他的作用：他在绝对的自我孤绝状态之下表现出超离社会的冲动——虽然他无法彻底摆脱社会性，但他作为一个社会的游离者与社会人群保持了他所能达到的最远的距离，对之冷眼旁观。如此，对他来说，道德自然濒于无效。在与基里洛夫的一次对话中，斯塔夫罗金说：

> "假如您过去住在月亮上，"……"假如您在那里做了所有这些卑鄙可笑的事……您现在从这里确实知道，那里有人会耻笑您，唾骂您的名字一千年，一万年，只要月亮还存在，永远唾骂下去。但是现在您在这里，并且是从这里看月亮上的事情的：那么您在那里的所作所为，您在那里将遗臭万年，都与您在这里有什么相干呢？不是吗？"③

斯塔夫罗金这段话堪称他对自身生活情态的一个夸张的描述——他将自身与人类社会的距离比拟成地球和月亮的距离。如此，他的行为尽管会触犯社会道德而招来唾骂，但因为他自认为不属于这个道德共同体，所以这唾骂对他来说毫无意义。问题是，斯塔夫罗金根本无法逃到另一个"星球"上，他只能游离在人类社会的边缘，这不可避免地使他处于善恶之下，这也是他曾忏悔自身罪过的原因。

瓦尔科夫斯基公爵为我们标示出了孤绝个体对社会道德的另一种威胁。他生活放荡，沉溺于淫欲。但与斯塔夫罗金的"冷漠"不同，瓦尔科夫斯基热

---

① ［俄］陀思妥耶夫斯基，《群魔》（下），前引书，第851页。

② Irving Howe,"*Dostoevsky: The politics of salvation*",in Rene Wellek,ed.，*Dostoevsky A collection of critical essays*，ibid.，p. 62.

③ ［俄］陀思妥耶夫斯基，《群魔》（上），前引书，第292页。

情地拥抱生活，享受淫荡行为给他带来的快感。瓦尔科夫斯基还表现出惊人的冷酷和狡猾，如果他发现在谁身上有利可图，他的惯用策略是先骗取对方的信任，再突然"变脸"，夺走能夺走的一切。涅莉一家、娜塔莎一家都是瓦尔科夫斯基的牺牲品，成为"被伤害与侮辱的人们"。在与瓦尼亚的一次对谈中，瓦尔科夫斯基公爵揭开了自己伪善的面具，他坦陈自身的邪恶，甚至津津乐道于往日放荡行为的诸种细节，同时，他对瓦尼亚身上的"席勒精神"① 大加嘲弄。如此，这成了一场关于"席勒精神"的辩论。瓦尔科夫斯基说：

> ……道德仅仅是为了使人心情舒畅才发明的。……一切都是为我，全世界都是为我而创造的。您听着，朋友，我仍然相信，人可以快快活活地在世上过一辈子。这是一种最好的信念，因为没有这种信念，人连苦恼的日子也过不到：只好服毒自杀了。……比如我吧，老早就摆脱了一切束缚，甚至摆脱了各种义务。只有在我认为有利可图的时候，我才承担相应的义务。……②

在一些学者看来，利己主义并不必然导致对道德的"造反"，比如休谟（David Hume）的道德学说就建立在利己主义的基础上。利己首先是自爱。自爱与自私是两回事，自爱还保留着利他的维度，但自私则意味着利他的不可能。二者的区别也构成了伦理利己主义和心理利己主义的区别："伦理利己主义宣称每个人都应该（ought）仅仅追求自己的利益，相反，心理利己主义确信人们事实上（in fact）只追求自己的利益。"③ 我们知道，陀思妥耶夫斯基的同时代人车尔尼雪夫斯基就宣扬"合理利己主义"：行为主体趋利避害，在利己的同时也利他。车尔尼雪夫斯基的长篇小说《怎么办?》（《Что делать?》）就是对他的道德学说的一个解释。显而易见的是，陀思妥耶夫斯基这里俨然透出与车尔尼雪夫斯基对话的意味。如果每个人都应该追求自己的利益，那么，利他何以可能——既然"我"的生命感觉是我唯一能把握的，那我也只能有本己的生活逻辑和价值标尺。由此，凭什么说你给我指定的道路就是合理的、

---

① 在陀思妥耶夫斯基的视域当中，"席勒精神"意味着对生活的严肃追求、崇高的道德品质——尤其是利他主义。陀思妥耶夫斯基笔下嘲弄过席勒（Friedrich Schiller）的角色，除了瓦尔科夫斯基，斯维德里加依洛夫和老卡拉马佐夫亦在此列。

② ［俄］陀思妥耶夫斯基，《被侮辱与损害的》，前引书，第 320－325 页。

③ ［美］詹姆斯·雷切尔斯，《道德的理由》，杨宗元译，北京：中国人民大学出版社，2008，第73 页。

科学的，而我出于自身的生命感觉而选择的道路就是不合理的？基于此，合理利己主义无法保持逻辑上的自洽性。瓦尔科夫斯基的立场是：生命短暂，那么有限的生命内为什么不享乐呢？"我喜欢声名、官爵、大宅第，打牌时下大赌注（我极喜欢打牌），但主要的，主要的是女人……各式各样的女人；……"①肉体被瓦尔科夫斯基置于生存的本体论高度——反正一切道德不过是利己主义者自欺或欺人的一个幌子，那么，我享乐有什么错？瓦尔科夫斯基说，聪明人都应该把崇高、美好之类的字眼踩在脚下，都应该像他一样，哪怕染上脏病。你们这些被席勒所毒害的人看上去是高尚的，但事实上你们都是（自私的）利己主义者，只是你们没有摘下面具。

夜谈结束，席勒的信徒瓦尼亚感到极为愤怒，同时又觉得瓦尔科夫斯基的"丑恶表现"虽然在意料之中，但又完全出乎意料。他开始沮丧、忧虑，痛苦不堪。瓦尼亚为什么会有这样的反应？莫丘利斯基的解释可谓极其透彻：瓦尼亚不得不承认，公爵的话虽然无耻，但不乏合理性。"他自己讲述的这个小说，仿佛是特意地证实了公爵关于利己主义的话语。"莫丘利斯基进而分析道：这整部小说中的人物，几乎都可以说是利己主义者。阿寥沙和卡嘉为了个人幸福而伤害了娜塔莎；娜塔莎是以父母的苦痛为代价去谋求个人幸福；娜塔莎的父亲伊赫梅涅夫向公爵提出决斗，而不顾断送娜塔莎的前途；涅莉的母亲是瓦尔科夫斯基公爵的合法妻子，但她宁可让女儿因贫穷而毁灭，也拒绝去找公爵。②

在这场关于席勒精神的辩论中，天平明显偏向瓦尔科夫斯基一方。因为如果道德的源头是个体的生命感觉，那么个体在任何时候都能为自己的"不道德行为"进行辩护。而当崇高和卑下都相对合法之时，崇高已然被消解。在瓦尔科夫斯基身上，陀思妥耶夫斯基为我们呈现了道德相对主义的可怕后果。

第二节 陀思妥耶夫斯基小说中的"怨恨"

由斯塔夫罗金和瓦尔科夫斯基标示出来的道德危机是资本主义社会的产物，它对应着资本主义发展所带来的人的社会处境的变化。在陀思妥耶夫斯基身处的俄罗斯，资本主义的欠发达状态会为道德危机推波助澜，这就是"怨

① ［俄］陀思妥耶夫斯基，《被侮辱与损害的》，前引书，第325页。
② Мочульский К. Достоевский. Жизнь и творчество. Париж：YMCA - Press,1980,c. 179.

恨”的作用。

马克思·舍勒将现象学引入伦理学领域，在他看来，价值本身必然是，也始终是直观的被给予的。在意欲，也即经验目的的设定之中，已经存在着一个价值构成阶段，在这个阶段当中，相关意欲的价值指向已经在不具有特定目的观念的情况下被给予了。如此，人的基本情绪和气质中就潜藏着人的价值体验结构。基于此，舍勒对“情绪”的一些类型进行了现象学考察，其中包括“道德建构中的怨恨”。

舍勒指出，怨恨起于报复冲动，而报复的本质特征在于推延“对抗冲动”，这种推延产生于意求报复者与其报复对象在“力量”对比当中产生的“无能意识”。由此，举例说来，被人打了耳光马上还击，这并不是报复，但被人打了耳光，欲还击但因自己处于弱势而对对方心怀畏惧，只能将“还击”意向郁积于心，这就是报复冲动。舍勒进而指出，针对特定对象的报复冲动越难得到满足，“怨恨”就越容易出现——因心灵受毒害，人格中饱含怨恨。

舍勒对“怨恨”进行现象学考察，其用意在于对社会整体的精神状况作出诊断。那么，具体到现实语境当中，何种对抗容易激发出“怨恨”？舍勒认为：奴才受到主人伤害不会产生“怨恨”，正如孩童受到长辈责骂也不会有报复感。滋生“怨恨”的土壤是强烈的欲求和社会地位的不相称：“群体的与宪政或‘习俗’相应的法律地位及其公共效力同群体的实际权力关系之间的差异越大，怨恨的心理动力就会越聚越多。”① 由此，无论是在个人权利能真正落实、实现了公平正义的民主制之下，还是在等级森严的专制之下，都不易产生社会怨恨。在前种制度之下，个体诉求有政治保障。在等级制之下，每个人都属于特定的社会阶层，有着被给定的社会位置，他必须在这个位置上履行义务、安顿生活。“忍无可忍、一触即发的怨恨”产生于这样的社会语境：“随着实际权力、实际资产和实际修养出现极大差异，某种平等的政治权利和其他权利（确切地说是受到社会承认的、形式上的社会平等权利）便会不胫而行。”② 舍勒以法国大革命的例子来解释这种社会状况。他指出：在大革命之前，大量平民购买了贵族的头衔和姓氏，如此，贵族的血统被破坏，其传统的权威地位式微，大多数平民心中便滋生了对贵族及贵族生活方式的怨恨，这种怨恨在法国大革命当中爆发了出来。

当情绪现象学进入社会学领域，便开启了情绪社会学的维度。我们不能把

---

① ［德］马克思·舍勒，《舍勒选集》，前引书，第405页。
② ［德］马克思·舍勒，《舍勒选集》，前引书，第406页。

情绪视作纯粹主观的产物，任何人的情绪都具有社会性。"情绪产生于社会关系之中，并且影响了社会关系的结果。的确，我们可以把情绪想象为一种社会关系。"① 情绪是社会关系的产物，那么社会关系的变动必然导致社会人群情绪的变化。显而易见，在欠发达的资本主义社会，下层民众最容易产生怨恨人格。如前文所言，在这种社会，传统的上层阶级衰落，其文化象征资本失去原有的合法性和权威，同时，社会等级的铁幕出现裂缝——不同阶层之间出现相互流通的可能性，它隐含着人人平等的社会观念。然而，对于大多数平民来说，平等——这只是一种"形式权利"，很难成为"实质权利"，如此，他们因欲求长期受阻而产生怨恨情绪。

作为 19 世纪最具现代意识的俄罗斯作家，陀思妥耶夫斯基在小说中为我们生动地呈现了当时俄罗斯社会普遍存在的怨恨情绪。② 在他笔下，"怨恨"像空气一样弥散在底层平民的生活世界，毒害着他们的心灵，甚至使他们心理变态。显然，社会中普遍的"怨恨"情绪使陀思妥耶夫斯基所面临的时代道德状况复杂化了。如前文所言，社会沙化引发的道德危机的极端形态是道德相对主义，道德相对主义是承认不同道德的相对有效性，具有属己道德立场的个体未必会无端仇视与他道德观念不同的其他个体。而"怨恨"作为"体验效果单位"（舍勒），具体地体现在"怨恨"个体每一个具体的体验行为当中。"怨恨"使人对周遭世界，甚至对自身充满敌意。"怨恨"者无端地打坏邻人的玻璃窗，或者去伤害一个与他素未谋面的路人，这毫不奇怪。对于一些"怨恨"情绪尤其强烈的"特殊"个体，当他的报复冲动在长期的压抑中突然爆发，会产生更大的破坏力——这可能是毁灭他人，也可能是毁灭自己。

一、地下室人的"怨恨"

在《地下室手记》（《Записки из подполья》）中被压抑者的"怨恨"情

---

① ［英］特纳编，《公民身份与社会理论》，郭忠华、蒋红军译，长春：吉林出版集团有限责任公司，2007，第 58 页。

② 舍勒曾指出，在世界文学场域，19 世纪俄罗斯文学当中透射出的"怨恨"最为浓郁：在果戈理、托尔斯泰、陀思妥耶夫斯基笔下就颇多怀有"怨恨"心理的人物。究其原因，舍勒认为："这一状况是上百年来独裁统治对人民压抑的一个后果，是由于缺乏议会和言论出版自由而造成的激情阻塞——这里的激情指在权威影响下产生的激情。"（见［德］马克思·舍勒，《舍勒选集》，前引书，第 426 页。）舍勒此语是对 19 世纪俄罗斯文学的整体诊断，这固然不错，但解释陀思妥耶夫斯基笔下人物的"怨恨"心理，不应忽略 19 世纪俄罗斯资本主义发展状况和社会关系的结构性变动——这才是当时俄罗斯文学，尤其是陀思妥耶夫斯基作品中"怨恨"的根本动力。

绪得到了最集中、最为强化的表达。在地下室人的自述中，他是一个阴郁、"恶毒"又孤僻的人。地下室人在学生时代就不合群，他读了大量同龄人看不懂甚至没听过的书，从精神上征服敌视他的同学，但他们仍然不喜欢他。毕业后，他成了一个地位卑微的小公务员，在工作当中，他明显地感觉到了同僚对他的厌恶情绪，为此焦虑不堪。他甚至觉得在办公室里只有他会有这样的感受：

> ……我常常寻思：除了我以外，为什么没有一个人感到别人对他觉得恶心呢？我们办公室有一位职员，不仅相貌丑陋，满脸麻子，甚至还好像有一副强盗相。如果我长着这么一副尊容，我肯定不敢抬起头来看任何人。还有个人穿的制服破烂不堪，在他身边都闻到一股臭味。然而这两位先生中竟没有一人感到羞赧———……①

地下室人描述的这"两位先生"属于果戈理笔下的小人物类型，他们缺乏身份意识带来的尊严感。地下室人觉得难堪的原因在于，他觉得自己"思想发达"，比周围人都聪明，却有一张愚蠢无比的脸。他试图在同僚面前表现出"高贵"和"聪明"，但他的脸总也不听使唤，丝毫显不出他的"才智"。这里，"脸"成了一个与精神世界相对应的外在社会身份的象征———地下室人没有一张"聪明"的脸，也没有能显出他才智的职位：他多年都是一个地位低下的公务员。自视甚高的地下室人强烈的尊严感和他实际生活处境的冲突为他提供了产生"怨恨人格"的动因。

陀思妥耶夫斯基生动地将地下室人描述成一只"老鼠"，他力量弱小，地位低下，性格软弱。这只"老鼠"在受到侮辱后满腔愤恨、报复之心难以按捺，而当他可以实施报复行动的时候，他又开始对自身的报复动机产生怀疑，如此便放弃了报复。接下来，他深感毫无报复的可能，甚至怀疑自己是否具有报复资格。最后他"脸上挂着连它自己都不相信的、假装轻蔑的微笑"灰溜溜地返回"鼠洞"。

如此，对于报复行为的无能意识使地下室人形成了"怨恨人格"。按照舍勒的说法，在报复冲动无法释放的紧张状态中，激情压抑得越严重，越容易使报复激情转向心灵内部：怨恨像毒素一样渗透于身体感觉，导致了心灵的

---

① ［俄］陀思妥耶夫斯基，《双重人格；地下室手记》，臧仲伦译，南京：译林出版社，2004，第215页。

"自我毒害"，使之呈现负面特征——自我仇视、自我折磨。

受辱的地下室人一回到"鼠洞"，便回忆起几十年来受到的各种侮辱，他甚至在想象中为自己制造"莫须有"的受侮事件。他的报复感越强烈，他就愈绝望。最后，他干脆享受自我折磨的快感："在这种龟缩进自己内心的愿望得不到满足的怨天恨地中，在这种不断动摇，痛下决心，可是过了一分钟又追悔莫及的忽冷忽热的焦躁中——正是这包含着我所说的那种异样快感的精髓。"①

地下室人在自我折磨中寻求快感的心理发展到极端病态的地步：刻意寻求侮辱。有一次，他走进一间台球室，为了寻求屈辱想引发事端，他的计划还未实施，就因挡了一个军官的路而被对方抓住双肩，一声不响地"从一个地方挪到了另一个地方"。这个结果虽然在形式上未能达到地下室人的初衷，但他却也如愿以偿地受到了侮辱。他想抗议，想提出决斗，但都毫无意外地没能付诸行动。在接下来多年的时间里，他先是打听这个军官的情况，跟踪他，然后以一种自认为"天才式"的方式报复他：经常在街道上给达官贵人让路以得到屈辱感。他衣着寒酸，在人群中左晃右闪，感到自己"在所有这些大人先生们面前不过是一只苍蝇，一只可恶而又卑劣的苍蝇——它的脑子比所有人都聪明，思想比所有人都发达，举止比所有人都高雅——这是不消说得的，但是这苍蝇又要不断地给人让路，所有人都可以损害它，所有人都可以侮辱它"②。

地下室人已经成为"演员"，他按照自己策划的剧本为自己表演如何受到屈辱，他观赏自己的表演，强化自身的受辱意识，屈辱感越尖锐地针刺他的内心，他对社会不公的体验就越强烈，他就越能进行自我价值确证——他比所有人都聪明、高雅。显而易见的是，在这种病态的价值确证中隐然已经透射出对社会客观价值秩序的否定，但这是一种不得已的否定，如果他能在客观价值秩序中得到认可，那么否定就会转化为肯定。

具有"怨恨人格"的地下室人的心中出现了"价值假象"。用舍勒的话说，"价值假象"是基于怨恨的价值判断，被用于消除欲求与无能意识之间的紧张关系。简言之，这是一种"吃不到葡萄说葡萄酸"的自我安慰，对于欲求不到的事物，怨恨者赋予负面价值，对其进行诋毁。扭曲了生活价值，怨恨者的痛苦也得到了缓解。如此，我们就可以理解，为什么地下室人在无能报复的状态中会露出"自己都不相信的、假装轻蔑的微笑"。地下室人为我们描述

---

① ［俄］陀思妥耶夫斯基，《双重人格；地下室手记》，前引书，第185页。
② ［俄］陀思妥耶夫斯基，《双重人格；地下室手记》，前引书，第224页。

了他某次与旧日同学聚会的场景，他的这几位同学大都春风得意，有很好的差事，前途无量。在这次聚会中，他扮演了"搅局者"的角色。当他的老同学谈论起爱情、工作、收入、漂亮女人，他一直保持着"轻蔑的微笑"，对此嗤之以鼻。地下室人嘲笑这一切，绝不单纯是因为他的这些同学"鄙俗"，他并非不重视他们，甚至一直想与他们和解，但他无力于此。他必须通过"嘲笑"的方式来保持自己的尊严。这便是"价值假象"。事实上，他在中学时代就已经有了这种价值逻辑，他曾回忆起自己有过的"唯一一个朋友"，他想主宰这个朋友的灵魂——"我想让他蔑视他周围的环境；我要求他高傲地同这环境彻底决裂。"①

地下室人的"怨恨人格"使他对周遭世界保持敌视态度。他敌视强者，通过"自我折磨"的方式报复他们。而对于弱者，他则表现出强烈的"攻击性"。用舍勒的话说，长期无法得到满足的报复感会引发"报复狂"倾向——尽可能地为报复行动寻找对象。在《地下室手记》开头，地下室人便称自己是一个心怀歹毒的人，待人粗暴并以之为乐。在他尚未辞职的时候，他对找他办证的人恨之入骨。他说："如果我能让什么人感到难过，我简直感到是一种莫大的享受。"② 在小说最后一部分，地下室人讲述了他如何残酷地伤害了一个被迫出卖肉体但良知尚存的妓女——丽莎。他以冠冕堂皇的道德说教向丽莎强调出卖"灵魂"的可耻，强调她随着年华老去而必然迎来的悲剧命运。在这一过程中，地下室人感到，他越让丽莎感到心碎，他便越能得到快感。天真的丽莎却被他的言辞所打动，她去他家里找他，甚至爱上了他，他却做出了一个残酷至极的举动：在分离之际往丽莎手里塞了"五卢布票子"，作为她"工作"的酬劳。地下室人虽然对此也心怀愧疚，但他承认这是故意之举，是一种恶意的嘲弄。

陀思妥耶夫斯基在《地下室手记》的评注中把地下室人称为一个典型："像作者这样的人，在我们的社会中不仅可能存在，而且还一定存在。我想比一般更为清楚地将不久前那个时代的一个典型人物公诸于众。他是至今还健在的那一代人的代表之一。"③出于塑造"典型"的考虑，陀思妥耶夫斯基对小说作了高度观念化的处理，他尽可能地淡化地下室人的社会活动和社会关系：通过让他接受一笔不大不小的遗产，保障他基本的生活需要，使他摆脱对社会的

---

① ［俄］陀思妥耶夫斯基，《双重人格；地下室手记》，前引书，第239页。
② ［俄］陀思妥耶夫斯基，《双重人格；地下室手记》，前引书，第177－178页。
③ ［俄］陀思妥耶夫斯基，《双重人格；地下室手记》，前引书，第175页。

依赖，进入"鼠洞"，表达郁积多年的怨恨情绪。作为小说人物，地下室人唯一的使命就是表达怨恨，以不同的样式将怨恨推向极致。

地下室人是彼得堡的产儿，他曾谈道，尽管彼得堡的天气对他的身体有害，而且对他的经济状况来说，住在彼得堡是颇为昂贵的，但他绝不离开彼得堡，原因在于——"我离开不离开，还不完全一样吗。"① 彼得堡的生活已经"馈赠"了他"怨恨人格"，他可以离开彼得堡，但却已无法摆脱"怨恨"。相反，也只有在彼得堡这个社会转型最明显、最开放也最严酷的场域，他才能不断为自己的病态人格、为恶意的快感之下的自我价值确证提供丰足的营养。他像是在高山上滚下的雪球，"怨恨"宛如冰冷刺骨的雪构成了他的生命整体，在下落的过程中，雪越积越厚，他迎来"寒冷"的一个个高潮，他无法停下来，最终会将自己摔得粉碎。彼得堡是制造"怨恨人格"的温床。《穷人》中的瓦连卡曾回忆起初到彼得堡的感受："我们一到城里就遇到下雨，秋天的潮湿阴冷、坏天气、泥浆和一群新的陌生人，他们都是不好客的、心怀不满的、好生气的人。"② "不好客""心怀不满""好生气"——瓦连卡对彼得堡人日常情绪的这个判断构成了"怨恨"情绪的一个序列性表达："不好客"——对他人报以冷漠的态度，这可能是自我保护的戒备心使然——隐然指向了现实的险恶，也可能直接等同于下一个形态——"心怀不满"；欲望无法满足才会心怀不满，这是"怨恨"的导火索，甚或直观形态；而"好生气"则是"怨恨人格"带来的敏感：随时都想找到宣泄情绪的出口。

二、拉斯柯尔尼科夫的杀人动因

我们可以将《罪与罚》视为一部侦探小说：首先，波尔菲里致力侦破谋杀案，最后锁定拉斯柯尔尼科夫为凶手；从另一个层面来看，拉斯柯尔尼科夫本人亦充当了"侦探"的角色——在谋杀了放高利贷的老太婆阿寥娜·伊凡诺夫娜之后，他一直试图廓清自身的杀人动机，却宣告失败——这集中体现在小说第五部第四章，当拉斯柯尔尼科夫试图向索尼娅解释自己为什么杀人，他陷入了自我矛盾之中，语焉不详。在评论界，拉斯柯尔尼科夫的杀人动因是一个迷人而颇具挑战性的话题。谢尔盖·哈克尔（Sergei Hackel）曾有力地概括出了拉斯柯尔尼科夫行凶的一些可能动因，事实上，它们也构成了"文学侦

---

① ［俄］陀思妥耶夫斯基，《双重人格；地下室手记》，前引书，第179页。
② ［俄］陀思妥耶夫斯基，《中短篇小说选》（上），前引书，第22页。

探"们破解此谜团的主要的一些解释方向：

> 他是为了自己的家庭而谋取钱财？或者只是单纯地谋取钱财？他是为了实验其拿破仑式"不平凡的人"思想？或者通过谋杀来缓解他在幽闭房间内由自省而引发的焦虑不安？他的身体或精神是否有问题？被撒旦所引诱？他是表达对社会的不满？尝试通过吸引社会的注意而弥合他与社会之间的鸿沟？通过谋杀，进而全然地感觉到自己是社会的典型？或是通过寻求惩罚而减轻潜意识中的罪恶感？沉溺于想受苦的意志？①

在笔者看来，我们不能从拉斯柯尔尼科夫行凶的多种可能动因中分离出其中一个，赋予它优先性和"特权"。笔者更倾向于将谢尔盖·哈克尔提到的解释线路中的几种综合起来进行考察，具体地说，是将影响拉斯柯尔尼科夫杀人的几种因素还原到他的精神状况上。这绝非"病理学"意义上的考察——如纳博科夫所言，"拉斯柯尔尼科夫应该去看心理医生"②，而是将拉斯柯尔尼科夫的生存样式置于社会语境的坐标系，探究其源于社会关系结构的心理结构。笔者认为：拉斯柯尔尼夫杀人的根源在于其"怨恨人格"。

在谢尔盖·哈克尔提到的拉斯柯尔尼科夫杀人的所有可能的动因中，最引人关注的是拉斯柯尔尼科夫的"不平凡的人"学说。那么，我们就以此为突破口，进入问题。拉斯柯尔尼科夫这一学说的要义在于：人从天性上说可以分两种，一种是平凡的人，另一种是不平凡的人。平凡的人只是繁殖同类的材料，他们在生活中循规蹈矩，乐于服从他人，毫无自主精神；而不平凡的人具有超凡的天赋和自主精神，他们为了实现自己的理想，往往破坏现实。进一步说，不平凡的人天生就是"罪犯"——为了实现自己伟大的目标，他们有"权利"杀死平凡的人。

拉斯柯尔尼科夫根据人的天性区分出平凡的人和不平凡的人，乍看上去与柏拉图（Plato）古典的自然权利学说颇为相近，柏拉图在《理想国》（"*The Republic*"）中写道，城邦中的居民——

> ……虽然一土所生，彼此都是兄弟，但是老天铸造他们的时候，在有些人

---

① Qtd. in Reyyan Bal, "Raskolnikov's Desire for Confession and Punishment", in Journal of Faculty of Arts and Social Sciences of International University of Sarajevo, Vol. 2,1(2009), p. 82.

② Набоков В. В. Лекции по русской литературе. Пер. с англ. А. Курта, М.：Издательство Независимая газета, 2001, с. 189.

的身上加入了黄金，这些人因而是最可宝贵的，是统治者。在辅助者（军人）的身上加入了白银。在农民以及其他技工身上加入了铁和铜。但是又由于同属一类，虽则父子天赋相承，有时不免金父生银子，银父生金子，错综变化，不一而足。……①

柏拉图以灵魂的标尺区分出人的不同等级：灵魂的三种职能——理性、激情、欲望，从价值等级上依循一个从高到低的顺序，而不同人的灵魂有不同的职能：哲人有理性、战士有激情，普通人如农夫则顺从欲望。柏拉图通过自然权利说为城邦建构了一个理想模型，在他这里，城邦是完善的"超个体"，较之不完善的个体，它处于优先位置。柏拉图对城邦的理想主义方案本质上是保持城邦的稳定性，卡尔·波普尔（Karl Popper）一语道破了"理想国"的玄机："阻止所有的政治变革！变化是邪恶的，静止是神圣的。如果国家是照它最初的样子——即城邦的形式和理念制作而成的精准的复制品，则所有的变化都可被阻止。"② 进一步说，柏拉图的自然权利学说要求并指向了稳定的社会秩序。而在拉斯柯尔尼科夫的"不平凡的人"学说中，个体（不平凡的人）无疑被放到了第一位。不平凡的人不同于平凡的人的最大区别就在于他们有主动精神，不安于现状，甚至天生就是社会秩序的破坏者——他们有权利杀人，正是因为他们要创造新的社会秩序。他们都"破坏了被社会公认为神圣不可侵犯的、从祖先传下来的古代法律"③，成为人类社会的立法者。平凡的人是"现在"的主人，而不平凡的人是未来的主人、是推动社会进程的人。如果说柏拉图的目的在于保持一个具有严格阶级秩序的封闭社会的稳定性，那么，拉斯柯尔尼科夫则是以一种激进的方式描述了一个开放的、变动的社会对个体的一个许诺：可以像风一样自由地掠过阶层壁垒，甚至可以变更社会秩序。落实到拉斯柯尔尼科夫的生存语境中，这首先意味着他认为自己可以从一个微不足道的底层寒士变成在整个国家举足轻重的"大人物"。他野心勃勃想做"拿破仑"，因为拿破仑（Napoleon Bonaparte）在这方面是绝佳的榜样。

那么，拉斯柯尔尼科夫为什么如此强调"不平凡的人"普遍地破坏社会秩序，为社会重新"立法"？在笔者看来，这是他对社会秩序仇视心理的一种极端化表达，这一心理源自他慷慨、善良的美德和他作为知识分子的社会关

①　[古希腊] 柏拉图，《理想国》，郭斌和、张竹明译，北京：商务印书馆，1986，第128页。
②　[英] 卡尔·波普尔，《开放社会及其敌人》，郑一明等译，北京：中国社会科学出版社，1999，第171页。
③　[俄] 陀思妥耶夫斯基，《罪与罚》，前引书，第302页。

怀。在拉斯柯尔尼科夫所处的彼得堡，因为社会秩序的不公，大量底层平民极度贫困，而社会财富被少数人紧握在掌心。在《罪与罚》中，陀思妥耶夫斯基为我们呈现了贫富两极极度分化的社会状况：放高利贷的老太婆家藏巨富，而拉斯柯尔尼科夫和马尔美拉多夫两个平民家庭却贫困潦倒，走投无路。在小说中我们可以看到，对社会不公的不满是当时知识分子的一种普遍情绪。拉斯柯尔尼科夫曾回忆起他萌生了杀人想法之后遇到的一件事：那是在一个小酒馆，一个大学生和一个青年军官在闲聊中也谈到了放高利贷的老太婆，这名大学生痛斥她恶毒、霸道、吝啬，甚至把自己同父异母的妹妹丽莎维塔当奴隶使唤。大学生进而说，如果杀死老太婆，便可以用她的钱财办好事，使大量穷人免于穷困。

那么，为什么这个陌生的大学生或是其他人没有杀死放高利贷的老太婆，而偏偏拉斯柯尔尼科夫成为行凶者？答案在于，拉斯柯尔尼科夫的"不平凡的人"学说随着他社会处境的变化而发生了变化。在行凶的半年前，也就是拉斯柯尔尼科夫的学生时代，他在一篇名为《论犯罪》的论文中系统地表达了他的"不平凡的人"学说。值得注意的是，在这篇文章中，被拉斯柯尔尼科夫列为"不平凡的人"的历史人物，除了拿破仑，还有牛顿（Issac Newton）和开普勒（Johannes Kepler）：

> ……在我看来，如果开普勒或牛顿的发现，由于某些错综复杂的原因，没有能够为大家所知道，除非牺牲一个，或者十个，或者百个，或者更多的妨碍者或阻挠者的生命，那么牛顿为使自己的发现能让全人类知道，就有权利，甚至有义务……消灭这十个人或者百个人。……①

皮萨列夫（Д. И. Писарев）指出，拉斯柯尔尼科夫拿牛顿和开普勒举例根本无法证明他的学说——反而会使它显得荒唐而站不住脚：像牛顿或开普勒这种热爱真理的伟大科学家不可能手染鲜血去推广自己的学说，而且，十数人或者百人也不具备力量去阻止印刷、阅读牛顿或开普勒的书籍。如果牛顿或开普勒按照拉斯柯尔尼科夫的方案去消除障碍，那粉碎了一个障碍，又会冒出另一个。如果说他们的学说无法被推广，那真正的障碍是社会环境，如果社会环境得不到改善，那么杀人无济于事。相应地，任何天才人物都不可能改变历史进程——除非已存在相应的历史条件。所以，拉斯柯尔尼科夫把刑事罪犯与

---

① ［俄］陀思妥耶夫斯基，《罪与罚》，前引书，第 301－302 页。

伟大天才相提并论是不适宜的。皮萨列夫进而指出，拉斯柯尔尼科夫本人很可能并不相信自己的这套学说。①

那个在酒馆里高谈阔论的大学生不会去杀人，这也正如在学生时代提出"不平凡的人"学说的拉斯柯尔尼科夫，只是书生意气，逞口舌之快而已。学生时代的拉斯柯尔尼科夫尽管对社会环境充满愤恨，但这个品行高尚的法律系大学生不可能不清楚，社会不公并不能为杀人提供合法性依据：以杀人的方式为人类谋福，这个论断在逻辑上就不自洽。拉斯柯尔尼科夫最终行凶，是他辍学以后的生活经历使然：他雄心壮志，初心不改，但生活处境却越来越糟糕。

拉斯柯尔尼科夫才华横溢、心高气傲、野心勃勃，但辍学之后，连维持自己的基本生活都困难，更不用说去施展抱负。他尝试了教书等工作，但困难重重，而且报酬杯水车薪。最后他干脆放弃了通过个人奋斗而安顿生活的尝试，像地下室人一样缩进他还拖欠着房租的、"棺材"般的斗室，让生命白白流逝。司汤达笔下的于连能找到一把向上层攀爬的梯子，但拉斯柯尔尼科夫的梯子只是形式上的，是无可把握的镜花水月。甚至，他陷入无法保全自身的悲剧性境地。如此，一方面是一塌糊涂的生活，另一方面是巨大的抱负、强烈的自尊心；这两种因素合力为拉斯柯尔尼科夫制造了被伤害感和屈辱感。我们可以想象，从拉斯柯尔尼科夫辍学到杀人的相当长时间内，他每时每刻都会因此受到折磨。但是，他的敌人——社会秩序，实在太强大了，他自保尚且不易，更不用说去撼动这个庞然大物。在这无能意识之下，他只能将报复欲积压在内心深处，任其越燃越旺——他逐渐形成了怨恨人格。而在衣食无着的情况下，他糟糕的身体状况和脆弱的神经更为怨恨情绪推波助澜。

拉斯柯尔尼科夫开始变得焦虑不安、敏感易怒，"动不动就发火"——报复欲长期得不到满足而变得富具攻击性。他本是个高尚的、对底层人的困苦充满怜悯的青年，但"怨恨"使他的道德品质大打折扣。从"仿佛患了忧郁症"到杀人这段时间，他一共有两次善举，一是将醉酒的马尔美拉多夫送回家里，在离去之时慷慨地留下了身上仅有的一把铜板。第二次是他在大街上保护了一个醉酒的女郎，为她驱走心怀歹意的骚扰者，并把身上几乎仅剩的 20 戈比交给巡警，委托他送这位女郎回家。从这两件事来看，拉斯柯尔尼科夫不可谓不高尚，但值得注意的是，这两次义举之后，他都后悔把钱送出去。他心生悔意并不是因为他已几乎不名一文——他送出去的还是当掉父亲的怀表所得的可怜

---

① Белкин А. А. Ф. М. Достоевский в русской критике. М. : Государственное издательство художественной литературы, 1956, с. 438 – 439.

的一点钱，做好事也应该考虑自身处境；而是因为他心中陡然生出对这些"受难者"的冷漠感，甚至敌视情绪。他挖苦索菲娅"猎取珍贵的野兽"，继而觉得马尔美拉多夫一家丝毫不值得可怜，因为"人是卑鄙的动物"——他们对一切都会习惯的。而对于那个醉酒的女郎，他先是同情地想象这类女人可能面对的悲苦命运，接着态度一百八十度大转弯："呸，这关我什么事"。拉斯柯尔尼科夫这两次助人是出于习惯和良知，但他原初的道德人格已经出现了裂缝，"怨恨"像一条对一切充满恶意的毒蛇从这个裂缝中探出头来，随时准备攻击它所面对的一切事物。

可以想象，拉斯柯尔尼科夫的怨恨情绪愈演愈烈，他孱弱的神经已经绷紧到崩溃的边缘。他必须通过行动来缓解自身的焦虑——这个近在眼前的、"只知道榨干穷人血汗"的老太婆不正是不公的社会秩序的一个活生生的代表吗？如果杀死她，那就是向社会秩序开战。拉斯柯尔尼科夫的杀机正是直接源于此。基于此，拉斯柯尔尼科夫逐渐修正了自己原初的"不平凡的人"学说，他开始单独强调拿破仑这一形象——这个变革社会的"杀人狂魔"在建功立业的路途上留下累累白骨，并没有招致太多谴责。与此同时，拉斯柯尔尼科夫闭口不提牛顿和开普勒——他们的名字被拿破仑所遮蔽。显然，"怨恨"使拉斯柯尔尼科夫淡化了"做人类的恩人"的思想，他要做的，只是向社会秩序开战。在这种情绪之下，一个可恶的、"虱子"般的老太婆的"生"对他来说已经无足轻重。相反，她的"死"却意义重大——她成为社会不公的象征。拉斯柯尔尼科夫在和索菲娅的对谈中说自己杀人只是为了"显示这份胆量"，只是去跨越这个界限——欲求谋杀的对象并不是一个特定对象——这正好为我们上文的"怨恨"分析提供了一个注解。

即使如此，拉斯柯尔尼科夫仍然对行凶一事迟疑不决，这便是良知的力量。母亲的来信为他展示出的家庭困境成为促使他行动的一个重要因素，但他仍在抵御"魔鬼"的诱惑。一个偶然事件解除了他的顾忌：他无意之中在干草市场上听到了丽莎维塔和两个小市民的谈话。他从中得知：次日晚上7点老太婆将独自一人在家。如果这个时候他去实施计划，无疑会降低风险，这是一个千载难逢的机会。更重要的是，在他几乎要放弃计划之时，他听到的这个消息更像是上天对他意愿之事的默许和"协助"——老太婆之死乃是"天意"，这一想法缓解了良知对他的压力。最后，当他打定主意行凶，但因没有斧头而再度迟疑之时，他在看门人的小屋里发现的斧头完全坚定了他的信念——"天意"再次出场。如此，拉斯柯尔尼科夫已绝无回头的可能。

拉斯柯尔尼科夫为什么挑选斧子作为凶器，而不用其他物件？什克洛夫斯基写道："因为，斧子在当时是一种象征。人们在传单里就写过斧子。车尔尼雪夫斯基曾对赫尔岑谈过斧子：'号召俄罗斯拿起斧子吧！'"[1] 什克洛夫斯基详细地探讨了陀思妥耶夫斯基笔下的"斧子"主题，他注意到，在《群魔》当中，斯捷潘·特罗菲莫维奇在废除农奴制的"伟大日子"到来之前常诵起一句著名的诗：

> 农夫们扛着斧头走来，
> 可怕的事情将要发生。[2]

在当时俄罗斯的文化语境中，斧子成为革命的象征。而在陀思妥耶夫斯基的手稿中，斧子和革命这两个词通常一同出现。[3]促使人拿起斧子的，是阶级怨恨。从《罪与罚》的整体叙事来说，陀思妥耶夫斯基让遭受痛苦折磨的拉斯柯尔尼科夫走向东正教，认罪伏法，接受"惩罚"，可以看出他并不赞成暴力革命，但他毫不回避地呈现了彼得堡这个"奢华与贫困"的城市中的怨恨。用什克洛夫斯基的话说，陀思妥耶夫斯基对拉斯柯尔尼科夫的"憎恨之情"深有同感。[4]

三、普遍的阶级怨恨

在欠发达的资本主义社会当中，从社会关系上讲，最主要的怨恨类型是阶级怨恨。（尽管我们可以说，资本主义社会在任何阶段都不可避免地产生阶级怨恨——权力和社会资源的分配不均导致的社会结构性矛盾是资本主义社会的基本特征。但正如舍勒所强调的，在欠发达资本主义社会，这种结构性矛盾最突出，也便最容易产生怨恨。）因为属于同一阶层的人可能因彼此对抗而产生怨恨——地下室人对同僚的怨恨或许可以称得上同一阶层内的怨恨，但显然没有阶级怨恨更具备土壤，更普遍，更明显。陀思妥耶夫斯基本人就对当时俄罗斯的阶级怨恨深有体会。在受彼得拉舍夫斯基案牵连后，他作为政治犯被关进西伯利亚鄂木斯克监狱。在监狱中，陀思妥耶夫斯基感觉极为不适：糟糕的伙食、繁重的劳动，不得不与众多囚犯同寝同行，几乎没有独处的时间……最让

---

① ［德］赫尔曼·海塞等，《陀思妥耶夫斯基的上帝》，前引书，第7页。
② ［俄］陀思妥耶夫斯基，《群魔》（上），前引书，第42页。
③ Достоевский Ф. М. Полн. собр. Соч. ：［В 30т.］. Т. 11. Л. ：Наука，1974，с. 104.
④ ［德］赫尔曼·海塞等，《陀思妥耶夫斯基的上帝》，前引书，第12页。

他苦闷的是，他被在狱中占绝大多数的、出身底层的苦役犯所疏远。这些苦役犯敌视、蔑视、不信任他这个"落难贵族"。陀思妥耶夫斯基深切地感到："他们①与平民之间似乎有一条不可逾越的鸿沟。"②

在《白痴》中，陀思妥耶夫斯基借伊波利特之口描述了当时社会中强烈的阶级怨恨。伊波利特愤慨地谈道，他认识的一个穷人饿死了，而住在他附近的一个叫苏里科夫的落魄"贵族"整天衣衫褴褛地四处奔波，忙于生计，但他生病的老婆因买不起药而病死，他的一个孩子在冬天被冻死，大女儿被迫做了别人的"外室"。伊波利特说，这类不幸的穷人总是焦虑不安、满面怒容，动不动就发脾气。他们对社会满腹愤恨："我们像牛马一样工作，我们劳动，可是我们却像狗一样挨饿和贫穷！其他人不工作，不劳动，可是却很富！"③在伊波利特愤慨的描述中，下层阶级中有教养人士（伊波利特本人）和普通民众的怨恨合而为一，昭示出阶级怨恨的强烈程度。

显而易见，对于陀思妥耶夫斯基来说，构建"黄金时代"的梦想遇到了巨大的现实障碍，资本主义带来的个体孤绝和普遍化的怨恨引发的严重道德危机，使主体间的互爱已几乎丧失了可能性。陀思妥耶夫斯基如何解决这一问题？

---

① 即贵族出身的人。

② ［俄］陀思妥耶夫斯基，《死屋手记》，曾宪溥、王健夫译，北京：人民文学出版社，1993，第344 页。陀思妥耶夫斯基在苦役营中将自身感受写成《西伯利亚笔记》，其中的大量材料都被整合进了《死屋手记》中。从这个意义上说，这部小说堪称作家对自己狱中经历的一次回顾。有论者指出，陀思妥耶夫斯基在《死屋手记》中对监狱情况的描述与监狱的实际情况相符。详见：［俄］Г. Б. 波诺马廖娃，《陀思妥耶夫斯基：我探索人生奥秘》，前引书，第97－99 页。

③ ［俄］陀思妥耶夫斯基，《白痴》，前引书，第380 页。

第四章　"互爱"何以可能？
——陀思妥耶夫斯基的两个方案

陀思妥耶夫斯基立足时代，对实现"黄金时代"提出过两种方案。这两种方案呈历时性关系，构成了所谓的陀思妥耶夫斯基"思想转向"：陀思妥耶夫斯基在青年时期信奉奠基于环境决定论的傅立叶主义，而在受彼得拉舍夫斯基案牵连、遭流刑服苦役的这近五年的时光中，他的生命体验、生存问思发生变化，逐渐转向"自我完善论"——这成为贯穿他余生的核心思想。

第一节　走向革命的傅立叶主义者

如前文所言，傅立叶的政治学说基于"环境决定论"——在一个精心设计的，像星系一样严整、科学、和谐的制度之下，不仅生产关系得到彻底变革、阶级压迫不复存在，人的品格构造也会发生变化——人的诸种欲望在制度的调节下近美远丑、趋善避恶。傅立叶曾谈道，顽劣"可憎"、好逸恶劳的孩童进入谢利叶小组后会无须激励地专心从事生产活动、学习农工与科艺，以之为乐事。"他们还会看到在谢利叶制度的彼此关系中，没有欺骗行为。文明制度中的伪君子和凡夫俗子们在谢利叶制度中将都变得真诚爽直，彬彬有礼。"[①]如此，一个完美社会自然地、合逻辑地呈现出来。青年陀思妥耶夫斯基接受傅立叶学说的心理动因显而易见：如果说个体的自我孤绝和社会怨恨是资本主义生产关系的产物，那么以变革生产关系为基础的傅立叶主义无疑为人类摆脱生存困境、走向"黄金时代"提供了一个完美的坐标。

但是，对于陀思妥耶夫斯基对"挽救"社会提供的方案来说，傅立叶主

---

① ［法］傅立叶，《傅立叶选集》（第1卷），前引书，第10页。

义只起到了目标设定的作用。因为傅立叶主义只是提供了一个政治蓝图，如何实现这一蓝图，则是另一个问题。显而易见的是，要变革社会秩序——这隐含着对社会革命的欲求。青年陀思妥耶夫斯基是否是个革命分子？从批评界现有的讨论来看，这个问题的答案显得扑朔迷离。

青年陀思妥耶夫斯基是因彼得拉舍夫斯基案牵连入狱，由此，探究他是不是个革命分子，首先要看他在该小组中的活动情况。陀思妥耶夫斯基的友人米柳科夫（А. Милюков）曾回忆道："虽然他到彼得拉舍夫斯基家里去过，但到那儿去的大多数人他都不喜欢，并多次对那些极端而不谨慎的人言谈的尖锐表示反感。在我看来，在他身上根本不会产生任何真正危险的东西，也正是由此，他最后已经淡出了这个圈子。"[1] 陀思妥耶夫斯基对彼得拉舍夫斯基小组毫无好感，这似乎已是定论。而且，陀思妥耶夫斯基与彼得拉舍夫斯基只见过两次面，而正如 Е. 索洛维约夫（Е. Соловьев）所指出的，"陀思妥耶夫斯基从来没有喜欢过狂热而教条的彼得拉舍夫斯基"[2]。彼得拉舍夫斯基小组东窗事发后，米柳科夫曾一度怀疑陀思妥耶夫斯基被逮捕是不是误抓。在米柳科夫的回忆中，即使是在另一个比彼得拉舍夫斯基小组隐蔽得多的政治小组——杜罗夫（С. Дуров）小组，年轻的作家也更像一个温和的改良派，而绝非激进的革命分子。比如，在小组成员就解放农奴展开的讨论中，一些人期待欧洲式的暴力革命，而另一些人则主张"耐心地"等待自上而下的改革，陀思妥耶夫斯基就在这第二类人之列。

在陀思妥耶夫斯基的同时代人对他的"政治判断"中，米柳科夫的说法并不是孤论。谢苗诺夫－天山斯基（П. Семенов－Тян－Шанский）也曾说过："作为革命者的陀思妥耶夫斯基从来没出现过，也不可能出现。"[3] 米柳科夫等人的说法也成了后世学者判断青年陀思妥耶夫斯基政治立场的重要材料，Е. 索洛维约夫就根据米柳科夫的言辞作出判断：陀思妥耶夫斯基头脑中从来没有任何政治学说，更无从说去实践。"陀思妥耶夫斯基不过是一个胆小而又敏感多疑之人，一个对被侮辱与被伤害者充满同情的歌手，有时，他感受到残酷的恶对自身晦暗生活的压制，并去反抗恶。他在绝望中得到力量，而经常会有剧烈情感的短暂爆发——这并非意志和信念的力量，而是因为绝望，因为他

---

[1] Ф. М. Достоевский в воспоминаниях современников. М. ： Художественная литература，1956，с. 66.

[2] Соловьев Е. Федор Михайлович Достоевский. Его жизнь и литературная деятельность：биографический очерк. Казань：Изд－во «Молодые силы»，1992，с. 66.

[3] Мочульский К. Достоевский. Жизнь и творчество. Париж：YMCA－Press，1980，с. 105.

有着脆弱、敏感的神经。"①

　　如此，陀思妥耶夫斯基锒铛入狱，这简直是一桩冤案。问题在于，这类说法显然与陀思妥耶夫斯基在流放后的一些回忆性文字相矛盾。1873 年，陀思妥耶夫斯基在一篇探讨《群魔》与涅恰耶夫案的文章中谈道："大概我永远也不会成为涅恰耶夫，但是，我不能保证不会成为涅恰耶夫分子，成为涅恰耶夫分子是可能的，在我年轻的时候可能……"② 借沙托夫事件影射涅恰耶夫案，将矛头指向巴枯宁等无政府主义者——我们通常将《群魔》视为一部政治批判之作，这无可厚非。但根据陀思妥耶夫斯基上述文字，我们是否也可以把这部小说视为他对自己青年时代政治言说、政治活动的一次反省？

　　显然，米柳科夫等人的"证词"尚不足以为陀思妥耶夫斯基洗清"革命者"的嫌疑。E. 索洛维约夫的判断显然低估了陀思妥耶夫斯基所参与的杜罗夫小组政治倾向的激进程度。米柳科夫认为杜罗夫小组根本称不上是一个秘密组织，其中也完全没有真正的革命思想。③ 显然，这并非实情。根据一些确凿的材料，我们可以看到，杜罗夫小组与《群魔》中的"彼得·韦尔霍文斯基小组"极其相似。莫丘利斯基指出：

　　　　1848 年秋天，"革命者们"组建了杜罗夫小组。小组成员有杜罗夫、斯彼什涅夫（Н. Спешнев）、戈洛温斯基（В. Головинский）、帕里姆（А. Пальм）、普列谢耶夫（А. Плещеев）、菲里普波夫（П. Филиппов）、莫姆别利（Н. Момбелли）、利沃夫（Ф. Львов）、格里戈里耶夫（Н. Григорьев）、陀思妥耶夫斯基等。他们的社会目标是引领人民走向革命，对此，要发放秘密传单。小组的首脑是由五个成员构成的委员会。为了防止泄密，"应在小组章程中加入威胁性条例：对背叛者施以死刑"……这一决议与涅恰耶夫的"革命者手册"极其相似。如此，参加了杜罗夫小组的陀思妥耶夫斯基在"涅恰耶夫道路"上迈出了第一步。④

　　青年陀思妥耶夫斯基在政治问题上为什么有两个面向？在笔者看来，正如

　　① Соловьев Е. Федор Михайлович Достоевский. Его жизнь и литературная деятельность：биографический очерк. Казань：Изд - во «Молодые силы»，1992，с. 67.

　　② ［俄］陀思妥耶夫斯基，《作家日记》（上），前引书，第 159 页。

　　③ Ф. М. Достоевский в воспоминаниях современников. М.：Художественная литература，1956，с. 183.

　　④ Мочульский К. Достоевский. Жизнь и творчество. Париж：YMCA - Press，1980，с. 104.

E. 索洛维约夫以及安·陀思妥耶夫斯卡娅等所指出的：陀思妥耶夫斯基处事多疑而小心，这一点，再加上秘密政治活动的危险性，使得陀思妥耶夫斯基发表政治言说、进行政治活动之时定会极为谨慎。事实上，陀思妥耶夫斯基曾一度光顾的彼得拉舍夫斯基小组远称不上一个秘密组织。当时彼得堡的一些进步青年（主要是大学生）每周五在彼得拉舍夫斯基家中聚会，就一些社会问题展开讨论，虽然其中一些激进分子号召以暴力革命推翻沙皇政府，但并没有形成真正意义上的政治纲领。彼得拉舍夫斯基小组总体上只是一个松散的圈子，各色人等混杂，所以，让秘密警察混迹其中而引来祸端，这并不让人意外。米柳科夫也曾谈道，陀思妥耶夫斯基不喜欢彼得拉舍夫斯基小组大部分成员的一个重要原因就是他们的言谈"极端而不谨慎"。我们可以推测，小心谨慎的陀思妥耶夫斯基在彼得拉舍夫斯基小组中必然会注意分寸，保全自我。

莫丘利斯基指出，杜罗夫小组成员斯彼什涅夫曾谈到，有一次，陀思妥耶夫斯基和普列谢耶夫曾去找他，声称彼得拉舍夫斯基小组枯燥而没什么真正的讨论，而且人多眼杂，说话多有不便。马伊科夫（А. Майков）在致维斯科瓦托夫（П. Висковатов）的信中曾回忆道：某天晚上，陀思妥耶夫斯基来到他家里，力邀他参加一个由陀思妥耶夫斯基、斯彼什涅夫等五六个人组建的一个新小组。陀思妥耶夫斯基谈道，彼得拉舍夫斯基小组中的人不过是些年轻的蠢货，他们止于"作秀"和空谈，根本搞不出真正有用的东西。所以，应该另起炉灶。当晚，陀思妥耶夫斯基就寝于马伊科夫家中，向他大谈应该承担拯救国家的责任，以及此秘密活动的神圣性。然而，陀思妥耶夫斯基没有说服马伊科夫，因为在后者看来，这一"轻率之举"不啻送死。[①]

在笔者看来，米柳科夫对杜罗夫小组以及陀思妥耶夫斯基政治立场的"误判"并不为奇，因为米柳科夫是杜罗夫小组中的一个"客人"，而非成员。一个直接的证据是：杜罗夫小组中的陀思妥耶夫斯基、帕里姆、普列谢耶夫、菲里普波夫等人都为自身的政治信念付出了惨痛代价，而秘密警察机构连怀疑都没怀疑过米柳科夫。

在杜罗夫小组就社会政治问题展开的讨论中，当陀思妥耶夫斯基身边都是可靠的"自己人"时，他的表现显然与在彼得拉舍夫斯基客厅中，或是在米柳科夫这类人面前判若两人。帕里姆曾谈道："有一次在杜罗夫小组中展开了关于解放农奴的讨论，其中有人问道：'对于解放农奴，如果除了暴力革命而

---

① Мочульский К. Достоевский. Жизнь и творчество. Париж：YMCA – Press，1980，c. 106 – 107.

别无他途呢？'陀思妥耶夫斯基以其惯常的声音喝道：'哪怕是通过暴力革命！'"①

傅立叶主义让青年陀思妥耶夫斯基目醉神迷，在他看来，傅立叶主义体现了基督教的博爱精神，其中不可能有暴力和残酷。然而陀思妥耶夫斯基怀揣着傅立叶学说却走向了革命。目的和手段之间的矛盾是陀思妥耶夫斯基这一政治方案必然的逻辑裂缝。从这个意义上说，作为一个深具人道主义关怀的基督徒，陀思妥耶夫斯基的思想转向是必然的。那么，是什么导致了陀思妥耶夫斯基的思想转向？他转向了何方？

第二节 流放中的反思

陀思妥耶夫斯基思想转向的原因无疑是复杂的，很多因素都可被纳入考察范围。沃尔金（И. Волгин）强调死刑对陀思妥耶夫斯基的震动——赋予了作家全新的生命观念。因为这些被逮捕的彼得拉舍夫斯基分子直到被宣布死刑的前一天，仍然不知道会得到如此严酷的判决，他们以为只会被流放西伯利亚。所以，被宣判死刑无疑给陀思妥耶夫斯基带来了巨大震撼。而当陀思妥耶夫斯基被押送到谢苗诺夫阅兵场，在枪响之前，赦令的突然来临无疑再次给他带来强烈震动。这就构成了双重震撼。②另一些批评家则认为陀思妥耶夫斯基在服刑路上获赠的《圣经》（这是陀思妥耶夫斯基服苦役期间唯一一本被允许阅读的书）对于作家转向具有关键性作用。在笔者看来，死刑也好，《圣经》也好，都只是为作家的思想转向提供了外在契机，可陀思妥耶夫斯基转向的心理机制为何，却是没有澄清的问题。年轻的作家坚守几年的政治信念不可能在某个外在事件的冲击下瞬间崩塌，被骤然来临的另一种思想代替。这一转换必然是个漫长的过程。1873 年 1 月，陀思妥耶夫斯基在发表于《公民》的《老一代人》中回顾了赫尔岑、别林斯基两位思想界前辈，以及自身与别林斯基的关系史。在以"全新的人"的视角做出的反省式自白中，陀思妥耶夫斯基写道："四年的苦役是一所长期的学校；我有充分的时间进行思考和判断……"③1854 年，陀思妥耶夫斯基的苦役生涯结束，他在致其兄米哈伊尔（М. М.

---

① Мочульский К. Достоевский. Жизнь и творчество. Париж：YMCA‐Press，1980，с. 105.

② Волгин И. Пропавший заговор. Достоевский и политический процесс. 1849 г. М.：Либерея，2000，с. 116.

③ ［俄］陀思妥耶夫斯基，《作家日记》（上），前引书，第 17 页。

Достоевский）的信中写道："至于这四年来我的灵魂、我的信念、我的头脑和心灵发生了什么变化，——我在这封信里就不告诉你了，说来话长。"① "总的说来，苦役生活在我身上消除了许多东西，同时也养成了许多东西。"② 事实上，在涉及自己如何转变信念这一话题之时，陀思妥耶夫斯基一直显得比较节制，从未直接亮出底牌。然而，从《死屋手记》（«Записки из Мертвого дома»）这部"纪实性"小说中，我们可以找到一些作家思想转向的线索。

监狱是罪犯的聚集地，在陀思妥耶夫斯基当时所在的鄂木斯克监狱，除了少数政治犯，多半是底层出身的刑事犯。因此，陀思妥耶夫斯基可以近距离地观察罪犯的心理状况。在他看来，这些罪犯通常郁郁寡欢，他们互相嫉妒、诽谤、争斗甚至偷窃；而更重要的，在他们中间，虽然有人在口头上戏谑式地反省自身的罪过，但事实上没有人有过真正悔罪的表示，"相反，大多数人在内心里都认为自己是完全无罪的。这是事实。当然，虚荣心、邪恶的榜样、胆大妄为、虚伪的羞愧等等，在很大程度上是造成这一切的原因"③。陀思妥耶夫斯基逐渐认识到，对于有些罪行，外在的社会环境并不能充当为其辩护的理由，因为它们在任何时代、任何地域都是公认的"罪行"，超越于环境。陀思妥耶夫斯基声称，他在狱中接触到了一些犯下了极其骇人听闻的罪行的犯人，可是这类罪犯在讲述自己的犯罪行为时却毫无负罪感，反倒将其视为一件有趣的事情。陀思妥耶夫斯基曾提到一个年轻的弑父者：这是一个贵族出身的公子哥，入狱前行为放荡，四处欠债，他因为急于得到遗产而将父亲杀死，将父亲的尸体扔进了院子里的水沟。老人的头被割下来了，凶手还在头下面放了一个枕头。在陀思妥耶夫斯基看来，这个弑父者毫无悔改之意，且对其父之死表现出惊人的冷漠。作家写道：

> ……在我和他相处期间，他的精神状态一直很好，逗笑取乐、喜气盈盈。他是一个性情乖张、轻率浮躁、遇事极不审慎的人，但他绝不愚蠢。在他身上我从未发现有什么特别残忍的东西。……有一次，当他和我谈到他们家族的遗传因子的时候，他说："就拿我父亲来说吧，他一直到死从来没有抱怨过他有什么病。"这样的冷酷无情，自然是不能令人容忍的。这是一种特殊现象：这不单纯是犯罪行为，而是一种尚未被科学发现的体质上

---

① ［俄］陀思妥耶夫斯基，《书信集》（上），前引书，第 134 页。
② ［俄］陀思妥耶夫斯基，《书信集》（上），前引书，第 151 页。
③ ［俄］陀思妥耶夫斯基，《死屋手记》，前引书，第 19 页。

的缺陷，一种肉体和精神上的畸形发展。……①

在思想史的层面上，陀思妥耶夫斯基这段描述隐隐构成了对实证主义犯罪学的反思。实证主义是奠基于自然科学的经验哲学，它强调通过观察经验材料来研究事物的本原，对先验论持拒斥态度。作为实证主义学说在法学领域的运用结果，实证主义犯罪学认为社会环境以及人的心理构成（如不良遗传）、生理结构（比如头骨形状、神经机能）这些客观因素对犯罪具有决定性作用。实证主义犯罪学家像寻找霍乱、伤寒这类身体疾病的病因一样去寻找犯罪的原因，萨克雷·龙勃罗梭（Cesare Lombroso）就指出，人类犯罪行为无外乎取决于气候、种族、文化、饮食、遗传、年龄、性别、职业，甚至头骨、生殖器官等因素。② 如此，在对犯罪原因的探讨中，自由意志被排除在外。恩里科·菲利（Enrico Ferri）宣称，任何犯罪都不能说是自由意志的选择结果，因为自由意志的解释没有"科学价值"——"除非认为犯罪是特定生理和心理构成在特定自然和社会环境中作用的结果……"。③

陀思妥耶夫斯基未必读过实证主义犯罪学书籍，但在他所处的俄罗斯，实证主义在社会上极为流行。陀思妥耶夫斯基在法学维度展开与实证主义的对话，这合情合理。在陀思妥耶夫斯基的描述中，这名弑父者家庭出身和精神状况都良好，智力正常，也没有犯罪的遗传基因——基于此，陀思妥耶夫斯基认为这是一种"特殊现象"：无法用"科学"（实证主义科学）进行解释。

陀思妥耶夫斯基在狱中还发现，个别出身底层、饱受压迫的"罪犯"不仅没有"真正"的犯罪行为，反而堪称道德完善的典型。陀思妥耶夫斯基动情地描绘了一个60多岁的老人，这个老人是个分裂教派，为了捍卫信仰，他抗议政府发起了"改宗"行动，他和一些同道者烧了一座在建的"皈依教"教堂。这个老人是商人，家境好，有妻子，但他以"殉教"的姿态毅然地"选择"了流放。陀思妥耶夫斯基以极其抒情的笔调呈现了这个老人的美好形象：他的目光"安详而平和"，眼睛"清澈又明亮"，笑声"明朗又文静"，他在自己的信仰上毫不让步，但当反驳别人时却没有任何怨恨和敌意。在他身上，没有在监狱中其他罪犯身上常见的诸种恶习。与他相处，总能让人感到愉

---

① ［俄］陀思妥耶夫斯基，《死屋手记》，前引书，第21页。

② ［意］切萨雷·龙勃罗梭，《犯罪人论》，黄风译，北京：中国法制出版社，2000，第200－257页。

③ ［意］恩里科·菲利，《犯罪社会学》，郭建安译，北京：中国人民公安大学出版社，2004，第145页。

快。也正是因此，这个老人博得了监狱所有人的尊敬，所有人都信任他，在偷窃之风盛行的狱中还把钱托给他保管。①

实证主义犯罪学家往往通过犯罪类型的数据统计来区分犯罪类别，进而寻找犯罪原因。在他们的问思框架中，陀思妥耶夫斯基笔下年轻的弑父者和年老的分裂教徒都成了例外。在陀思妥耶夫斯基看来，"弑父者"的"堕落"和"分裂教徒"的美德都超越于环境（甚至遗传），是自由意志选择的结果。如此，如果想通过改善人自由意志以外的客观条件来解决犯罪问题（它本质上是道德问题），无异于缘木求鱼。

如此，陀思妥耶夫斯基清算了自己旧日的政治信念：以环境决定论为基础的傅立叶学说无疑是建立在沙地之上。那么，既然自由意志决定了人的品格构造，若要建立人与人之间兄弟般互爱的"黄金时代"，核心显然在于人的自我完善。陀思妥耶夫斯基从傅立叶主义走向了"自我完善论"。

第三节　"自我完善论"

流放结束以后，陀思妥耶夫斯基一直强调个体的道德自我完善对构建"黄金时代"的决定性作用。1876 年，他在《作家日记》上发表了《黄金时代，唾手可得》（«Золотой век в кармане»）一文，他在文中描述了一次舞会的场景：精心装扮的人们参加舞会是为了得到快乐，但他们都怀着忌妒心默不作声，气氛沉郁。陀思妥耶夫斯基指出，这些人的问题在于，他们不知晓自己的"秘密"——每个人身上都有极其美好的品质，善良、纯洁、智慧……甚至把莎士比亚（William Shakespeare）、席勒、荷马（Homer）的作品加到一起，也不会从中找到这般美好品质。但这些人面对"宝山"却两手空空——他们身怀这种能使自己无比幸福的"力量"而不自知。②

如何理解陀思妥耶夫斯基的"自我完善论"？对此，我们有必要将其置入思想史的脉络中，进行关联性考察。黑尔德指出，从古希腊开始，思想界一直存在将伦理（世俗化道德）转换为道德（对象化的道德）哲学的趋势。这一趋向发端于斯多亚学派的芝诺，在近代的康德那里发展到了顶峰。在这些哲学家的视域当中，道德不再是主体间可靠关系呈现出来的良性价值，不再是人在

---

① ［俄］陀思妥耶夫斯基，《死屋手记》，前引书，第 49－50 页。
② ［俄］陀思妥耶夫斯基，《作家日记》（上），前引书，第 188 页。

社会行动中的庇护所。按照黑尔德的说法,在这一道德建构过程中,伦常关系中的善被课题化了:生活世界中自明的行为规范被抽离出来,它们作为对象被呈现。① 对象化的善成为对人的应然要求,因为它过滤了经验条件,不再受制于社会环境。

现代社会中主体间可靠性关系被打破而导致的道德危机无疑是康德哲学的问思起点,康德放弃了生发于生活世界中的关于"善"的惯习——"道德化伦理",转向自律性道德。对他而言,我们出于禀赋和个人偏好而追求的"幸福"尽管可能是"善"的,但达成这个"善"的行为是有条件的,受因果律的限制。真正的合乎善的规范的行动,必须是无条件的、去除禀赋和偏好,摆脱因果律。康德的道德能力是理性能力,能够独立于环境而具有普遍有效性:任何理性个体在任何时刻、任何处境当中都能遵守:"理性以一个实践法则直接规定意志,不借助于某种参与其间的愉快和不愉快的情感、哪怕是对这一法则的愉快和不愉快的情感,而是只有凭借它作为纯粹理性能够是实践的这一点,才使它是立法的成为了可能。"②

陀思妥耶夫斯基无疑一直对康德学说抱有兴趣。1854 年 2 月,他在塞米巴拉金斯克给他的哥哥米哈伊尔写信,请求后者给他寄一些书——其中就包括康德的《纯粹理性批判》(*Kritik der reinen Vernunft*)。③ 戈洛索夫克尔(Я. Э. Голосовкер)则进一步指出:陀思妥耶夫斯基在作品中与康德学说保持着有力的对话,像《卡拉马佐夫兄弟》当中"赞成与反对"(Pro и contra)这样的章节标题显然就源自康德的《纯粹理性批判》。④ 从形式上看,陀思妥耶夫斯基的道德思想与康德的道德哲学似乎颇有共同点:都强调自由意志对于道德建构的作用,反对环境决定论。但是,陀思妥耶夫斯基显然没有走上康德的道路,而是对康德哲学进行了有力的反驳。

首先,我们知道,康德的道德学说是纯粹的形式论,理性为自身立法,完全剔除了价值质料:"实践理性的惟一客体就是那些善和恶的客体。"⑤ 康德奠基于此的义务论事实上是动机论,合乎义务的行动并不是道德的,出自义务的

---

① [德]克劳斯·黑尔德,《对伦理的现象学复原》,载于《中国现象学与哲学评论》(第七辑),前引书,第 6 - 8 页。

② [德]康德,《实践理性批判》,邓晓芒译,北京:人民出版社,2009,第 30 页。

③ [俄]陀思妥耶夫斯基,《书信集》(上),前引书,第 139 页。

④ Голосовкер Я. Э. Достоевский и Кант. М.: Издательство Академии наук СССР, 1963, с. 101.

⑤ [德]康德,《实践理性批判》,前引书,第 79 页。

行动才是道德的。那么问题在于，在纯粹的形式规定之下，行动个体对义务的理解必然是个体化的。如此，如何区别哪些具体的准则是符合道德律的表达？用麦金太尔（Alasdair MacIntyre）的话说："很多不道德的和无足轻重的非道德原则都可以被康德的检验证明得与他所要坚持的道德准则一样正确，在某些情况中，甚至更有说服力。"① 由此引出的第二个问题是，康德奠基于纯粹形式论的定言命令完全屏蔽了个体偏好，他将与人身体感觉相关的欲求能力视为低级欲求能力，而这种欲求能力带来的快适是"病理性刺激"。举例来说，如果一个人有烟瘾，他从吸烟中能得到快感，这种快感在康德那里便是"病理性刺激"，但是也许这个吸烟者清楚地知晓吸烟的坏处，但他认为与吸烟的坏处相比，他还是更愿意享受这种不合理的"快感"。陀思妥耶夫斯基的《地下室手记》俨然具有与康德哲学辩论的色彩——地下室人忿忿不平地喊道：这些逻辑和理性与我有什么关系呢，通过理性建构起来的永恒的结论实在是让人恶心透了，如果逻辑是一面石墙，那我就要以头撞墙，即使一时撞不开，也绝不善罢甘休。地下室人以"个性"瓦解了理性："实际上，你身上的一滴脂肪，在你看来，势必比别人身上的与你同样的东西贵重十万倍，由于这一结果，一切所谓美德和义务，以及其他的妄想和偏见，最终必将迎刃而解……"② 地下室人甚至声称：他在牙疼中也能找到快感——这个表达直接与康德《实践理性批判》中的段落构成了对应关系，康德写道："凡是我们要称之为善的，必须在每个有理性的人的判断中都是一个欲求能力的对象……但我们可能把某物称之为一种祸，而同时每个人却又必须把这种祸有时间接地，有时甚至是直接地宣称为善的。一个要接受一次外科手术的人毫无疑问会觉得这场手术是一种祸；但他以及每个人都会通过理性把它解释为善的。"③ 地下室人不但觉得牙疼不是祸，无须治疗，甚至享受从这种"祸"中得到的快感，这已经极端地违反了康德哲学。康德道德哲学的第三个问题是其中隐含了功利主义——叔本华就曾指出了这一点④。以康德举的外科手术的例子来说，手术尽管带来痛苦，但理性的人会考虑到手术能带来长远的善。如此，实践理性虽然在形式上"冷酷"，但事实上透出能给人带来好处的承诺。这就为人的自私自利打开了大门。

---

① ［美］麦金太尔，《德性之后》，龚群、戴扬毅等译，北京：中国社会科学出版社，1995，第60页。

② ［俄］陀思妥耶夫斯基，《双重人格；地下室手记》，前引书，第186页。

③ ［德］康德，《实践理性批判》，前引书，第83页。

④ ［德］莱因哈德·劳特，《陀思妥耶夫斯基哲学：系统论述》，前引书，第159页。

　　既然康德以理性作为道德来源的道德学说反会引发不道德，那么，自我完善何以可能？陀思妥耶夫斯基转而将人的心灵（感性能力）视为道德的源头，这正如有论者指出：陀思妥耶夫斯基和康德的道德学说共享道德的义务论取向，但他们对道德义务的描述不同，康德宣称纯粹实践理性是道德义务的基本源头，而陀思妥耶夫斯基则认为道德律令出自心灵。康德认为，理性是无条件的；而陀思妥耶夫斯基则认为，"爱"是无条件的。[①] 在陀思妥耶夫斯基的视域中，只有将心灵能力（感性能力）视为道德源头才能为不同主体的禀赋和偏好在道德义务内保留空间，而以爱代替康德的理性也会使康德学说中暗含的功利主义失去藏身之地。

　　值得一提的是，陀思妥耶夫斯基在流放之前也有将耶稣人格化的倾向。1840年1月，他在致哥哥米哈伊尔的信中写道："荷马（寓言式的人物，可能像基督一样是神赋予形体并降临到我们之间）只能和基督对比，而不可和歌德对比。"[②] 但是此时陀思妥耶夫斯基把基督与荷马相提并论，其重点并不是把基督视为一个道德完美的典型，在这封信中，陀思妥耶夫斯基解释道：

　　……须知在《伊利亚特》中荷马把整个古代世界的精神和世俗生活描述得有条有理，完全像基督使新世界井然有条一样。……[③]

　　显而易见，在陀思妥耶夫斯基眼中，荷马和基督的共同点在于都使人类社会秩序化。在当时的彼得拉舍夫斯基小组，也有人像陀思妥耶夫斯基一样把荷马与基督相比照，托尔利（Ф. Г. Толль）写道："必须要有拯救者来重新强化人与自然的关系；在时代的危急关头出现了马努（印度神话中人的祖先）、佛、琐罗亚斯德、摩西、俄耳甫斯、荷马、基督。"[④] 显而易见，在此语境当中，这一组人物的共同特征在于，他们都是引领人类走出"生存困境"、进入"新世界"的领袖。如此，对于青年陀思妥耶夫斯基来说，耶稣是以人类领袖的形象出现的。这个"杜罗夫小组"的活跃分子试图号召人民翻身革命，也正是要向耶稣、荷马等人一样赋予世界新秩序。

① Evgenia Cherkasova, *"Dostoevsky and Kant Dialogues on Ethics"*, Amsterdam and New York：Rodopi, 2009, p. 3.

② ［俄］陀思妥耶夫斯基，《书信集》（上），前引书，第27页。

③ ［俄］陀思妥耶夫斯基，《书信集》（上），前引书，第27-28页。

④ См.：Кэнноскэ Накамура. Чувство жизни и смерти у Достоевского. СПб.：Издательство «Дмитрий Буланин», 1997, с. 323.

　　流放之后，陀思妥耶夫斯基对耶稣目醉神迷，更多的是着眼于耶稣的"肉身性"，以及耶稣秉持肉身而达到了道德人格的完美状态。值得一提的是，陀思妥耶夫斯基这一思想受到了法国神学家欧内斯特·勒南（Ernest Renan）的影响。陀思妥耶夫斯基早年就阅读过勒南的著作。1867 年到 1871 年，陀思妥耶夫斯基携夫人旅居欧洲，其间他重读了勒南的《耶稣的一生》（The life of Jesus），他带着对该书的思考构思了《白痴》。在《白痴》的草稿中，陀思妥耶夫斯基三次提到了勒南的名字。① 他甚至想在情节中插入梅什金等人对《耶稣的一生》的探讨，但最终没有写进正文。勒南在此书中表达的基本观点是，耶稣是一个没有丝毫神性的世俗之人，是历史中存在过的真实人物。如同任何一个普通人的降生一样，耶稣降生于加利利的小城拿撒勒，其父约瑟、其母玛利亚都是工匠。耶稣自认为是上帝之子，但上帝不曾向耶稣显现过。在耶稣身上没有出现任何神迹，他更没有施行奇迹，他死后也没有像传说中那样复活和升天。甚至在被钉上十字架之后，耶稣曾"一度灰心丧气"②。勒南只承认耶稣是一个崇高而伟大的人，一个为人类生活树立了理想和模范的高贵的人。1873 年，陀思妥耶夫斯基在发表于《公民》的《老一代人》中指出，尽管勒南的书不能带来信仰，但他能够宣称"基督终归是人类美的理想，是不可企及的典范，即使到未来也不可能重新出现"③。在陀思妥耶夫斯基看来，勒南否定耶稣的神性，这是错误的，但勒南强调耶稣是一个完美的"人"，这又与他的思想相吻合。

　　陀思妥耶夫斯基夫妇在旅居欧洲期间参观了大量艺术馆。在形形色色的艺术品中，陀思妥耶夫斯基最感兴趣也最受震动的是藏于巴塞尔公共艺术博物馆的小霍尔拜因（Hans Holbein the Younger）的画作《墓中的基督尸体》（«Мертвый Христос в гробу»）。陀思妥耶夫斯卡娅曾回忆道，这幅画给了陀思妥耶夫斯基极其强烈的震撼：他当时激动又恐惧，癫痫病几乎发作。④事后，陀思妥耶夫斯基将自己对这幅画的思考带进了《白痴》：罗戈任家的大厅挂着它的摹本，伊波利特描述了他对这幅画的观感：

① Достоевский Ф. М. Полн. собр. Соч. :［В 30т.］. Т. 9. Л. : Издательство «Наука», 1974, с. 183，281.

② ［法］欧内斯特·勒南，《耶稣的一生》，梁工译，北京：商务印书馆，1999，第 285 页。

③ ［俄］陀思妥耶夫斯基，《作家日记》（上），前引书，第 12 页。

④ ［俄］安·格·陀思妥耶夫斯卡娅，《永生永世的爱》，樊锦鑫译，桂林：漓江出版社，1992，第 162 页。

　　"这幅画画的是刚刚从十字架上卸下来的基督。我觉得，画家们画钉在十字架上的基督或从十字架上卸下来的基督时，一般都习惯于把他的脸画得依旧非常美；甚至在他经受最可怕的痛苦时，他们也在想方设法保留这种美。但是在罗戈任家的那幅画里却毫无美可言；这完全是一具尸体，还在他被钉上十字架以前，当他背着十字架，摔倒在十字架下的时候，就受了无数的苦、无数的伤、无数的折磨以及狱卒的鞭打和众百姓的殴打，最后，又在长达六小时中（根据我的计算，起码有六小时）经受了被钉十字架的痛苦。当然，这是一个刚刚从十字架上卸下来的人的脸，也就是说，脸上还留有很多活的，温暖的气息；他脸上的表情还没来得及僵硬，因此死者的脸上还看得出痛苦，似乎他现在还感觉得到的痛苦（这位画家很好地抓住了这点）；然而这脸却画得毫不留情；这完全合乎人之常情，一个人，不管他是谁，在经过如许痛苦之后，他的尸体的确应当如此。我知道，基督教会在耶稣纪年之初就认定，基督受难并不是象征性的，而是确有其事，因此他的肉体在十字架上也应当完全、彻底地服从自然法则。这幅画上，他的脸被打得皮开肉绽，十分可怕，脸被打肿了，脸上有一块块青紫，可怕地肿了起来，而且血迹斑斑，张开两眼，眼珠歪斜；暴露在外的两大块眼白，发出死人般的、形同玻璃似的光泽。但是，令人纳闷的是，当你看着这具受尽苦难的人的尸体时，不由得会产生一种特别的、令人好奇的问题：如果他的所有门徒，他未来的主要信徒们看到这样一具尸体（这尸体想必一定是这样的），那些跟随他、并站在十字架旁的妇女们，以及所有那些信仰他、崇拜他的人看到这样一具尸体后，又怎会相信这位受苦受难的基督能够复活呢？这不由得使人产生一个想法，既然死亡这么可怕，自然法则又这么强大，那怎样才能战胜它们呢？那个人在自己生前曾经不止一次地战胜过自然，自然对他惟命是从，……可是现在连他都战胜不了自然法则，我们又怎能克服这些法则呢？……那些站在死人周围的活人（这幅画上，这样的人一个也没有），在一下子粉碎了他们的一切希望和几乎是信仰的这个晚上，该感到多么可怕的悲哀和惊慌啊。……①

　　小霍尔拜因这幅画把耶稣的肉身性表现到了极致——血迹、伤痕、浮肿，耶稣的整个身体毫无美感。这里，古典艺术家的画作惯于呈现的耶稣神性特征

---

① ［俄］陀思妥耶夫斯基，《白痴》，前引书，第394-395页。

消失殆尽，一个活生生的，与我们身边诸人毫无差异的耶稣被逼真地、直观地
展示了出来。在伊波利特的描述中，这是一幅令人丧失信仰的画。因为在神性
的缺席之下，严酷的自然法则占据了统治地位。耶稣尽管在《圣经》当中一
次次行神迹，但在这画里，他在自然法则面前俯首称臣。伊波利特的结论使他
成为勒南的同路人：耶稣只是个真实的普通人，其神性只是虚构的产物，如
此，朝向"神性"的信仰便被击碎。问题在于，伊波利特以实证主义的思路
来对"耶稣具有神性"这一命题证伪，对于信仰者并无效力。有神论者和无
神论者对于经验事实并无分歧，"他们实际上是在对同一批事实以不同的方式
作出反应。他们不是在作出相互矛盾的断言，而是在表达彼此不同的感情"①。
叶夫拉姆皮耶夫就指出，伊波利特对这幅画的看法与传统的基督教世界观不
符，因为基督以人的形象受尽折磨，其身体必然现出人的身体应该有的迹象。
而当基督作为神复活后，他的"身体"与其复活前的"身体"不可同日
而语。②

　　显然，陀思妥耶夫斯基对这幅画的反应与伊波利特不同：作为一个神秘主
义者，他认为死亡提供了通向另一世界的通道。③ 在致尼·帕·彼得松（Н.
П. Петерсон）的一封信中，陀思妥耶夫斯基强调了复活问题对于信仰的重要
性，他坦言："我们即我和索洛维约夫至少是相信现实的实在的个人的复活，
也相信它一定会在大地上实现。"④ 对于陀思妥耶夫斯基来说，勒南这幅画的
意义在于：耶稣是神性和肉身性的统一体——这是不可撼动的前提。但是在对
这幅画的直观中，耶稣的肉身性被表达得淋漓尽致，与常人无异，如此，在观
看者眼中，神人之间的距离一下子被拉近了：秉持血肉之躯的人（有限的肉
身性存在）可以达到至高的神性的无限完满——这最不可思议的事情，它的
可能性被昭示出来。

　　作为肉身之人自我完善的典范，耶稣也便顺理成章地成为尘世中的"道
德权威"。对于陀思妥耶夫斯基来说，在世俗化道德已经失效的现代世界，太
需要一个道德权威了。他在《永恒的丈夫》（«Вечный муж»）中写道："做一
个真正的公民，比做上流社会人士更强。我这样说，是因为在我们这个时代，

① ［英］约翰·希克，《宗教哲学》，何光沪译，北京：三联书店，1988，第192页。

② Евлампиев И. И. Философия человека в творчестве Ф. Достоевского（от ранних произведений
к «Братьям Карамазовым»），СПб. : Издательство Русской христианской гуманитарной академии，
2012，с. 443.

③ Достоевский Ф. М. Полн. собр. Соч. :［В 30т.］. Т. 15. Л. : Издательство «Наука»，1976，с.
471.

④ ［俄］陀思妥耶夫斯基，《书信集》（下），前引书，第1063页。

要指出谁在俄罗斯是真正值得尊敬的人，实在太难了。您是否同意我这种看法：人们不知道他应该尊敬谁，这是时代的痼疾……"① 道德权威的必要性在于，如前文所言，道德义务（爱）并没有指导现实行动的具体规定，这就需要一个榜样作为可效仿的对象——因为对具体行为的道德评估必须诉诸主体间性。欧文·豪指出：陀思妥耶夫斯基有时甚至走向了基督教的异端——他认为每个人都是，或者都能成为基督。这一异端思想可能包含了对最后审判的拒绝，除非审判每天都会发生。② 陀思妥耶夫斯基在 1864 年写道：

> "基督已经完全走进人类，人也在追求基督化'我'的理想形象。达到这一境界后，人就会清楚地看到，地上所有达到这一目标的人共同组成了他终极的形象，即基督。（基督合一的本性是令人惊叹的。这是神的形象，也就是说，基督是神在地上的彰显。）将来每个单独的个体'我'如何以合一的形式在复活时出现是很难想象的……"③

如果说宗教大法官对人的道德能力的估量过于悲观——绝大多数人甚至无力承担自由信仰的重负，那么，陀思妥耶夫斯基对人的评价却是过于乐观：人可以像基督一样达到道德的完满状态——虽然这段话中陀思妥耶夫斯基最初仍然谨慎地没有使用全称命题。这些达到基督的精神境界的人获得了更高的"合一"的生命，那么，他们已经臻于神的高度（这里，我们将此与陀思妥耶夫斯基笔下的"人神"区别开来，"人神"是对上帝和基督的弃绝，是主体的极度扩张使然，但达到基督的精神境界而臻于神的高度，它的前提是追随基督和上帝），若每个人都能达到这种"合一"的生命状态的话，末日审判显然已经毫无必要。

欧文·豪对陀思妥耶夫斯基"甚至走向异端"这一评价加了一个限定词——"有时"，这也就是说，陀思妥耶夫斯基这一思想并不是恒定不变的。那么，陀思妥耶夫斯基对人的道德能力上升空间的判定发生过什么变化？这种变化的原因为何？欧文·豪行文简略，并没有对此做出具体解释。在对此展开具体探讨之前，需要说明的是，尽管陀思妥耶夫斯基对人的道德能力的评估有

---

① ［俄］陀思妥耶夫斯基，《陀思妥耶夫斯基作品集 赌徒》，满涛等译，上海：上海译文出版社，1988，第 603 页。

② Irving Howe，"*Dostoevsky：The politics of salvation*"，in Rene Wellek，ed.，*Dostoevsky A collection of critical essays*，ibid.，p. 57.

③ 转引自［俄］Г. Б. 波诺马廖娃，《陀思妥耶夫斯基：我探索人生奥秘》，前引书，第 131 页。

过变化，但有一点不会变化——若以耶稣作为一个绝对的道德典范，这就对人的自我完善提出一个应然要求：信仰基督教。任何人如果把一种道德观念视为唯一合法的、有效的道德来源，那么，势必相信这种道德观念和道德价值具有一个超越性的源泉，这个源泉构成了它的实体性基础。① 对于陀思妥耶夫斯基的道德观念来说，这个实体性的基础就是上帝的存在——上帝为耶稣的神性位格和神性完满提供了合法性来源。继而，人追随耶稣这个"绝对完美"的形象就必须信仰上帝。

---

① ［英］约翰·希克，《宗教哲学》，前引书，第67页。

第五章　"自我完善论" 的具体展开

第一节　文学的教育功能

　　如上一章所言，在陀思妥耶夫斯基的道德学说中，个体的道德自我完善也是一个以耶稣为榜样的"学习"过程。但是耶稣毕竟太遥远了，他无法重返尘世，对世人言传身教。如何解决这一问题？显然，他认为必须加强贯穿基督教原则的社会教育。陀思妥耶夫斯基特别强调教育对于社会人群品格塑造的作用，1873 年，他著文回顾自己早年的"革命历程"，庆幸自己迷途知返，没成为危险的"涅恰耶夫分子"，并将此归因于自己幼年所受的教育——他的家庭信仰虔诚，他从小就熟读《圣经》。在这篇文章中，他写道："当前这个时代的教学改革——几乎是我们的整个未来……"① 类似的强调教育重要性的话语在陀思妥耶夫斯基笔下屡见不鲜——它们无疑都是指道德教育："我们的新罗斯明白了：只有一块水泥，一个纽带，一个根基，所有的东西都在上面汇集并和谐相处，这是一种精神上的普遍和解，它的基础靠教育。"② 教育的目的是让俄罗斯人"和平地、和谐地、兄弟般地"融合；显而易见的是，在陀思妥耶夫斯基看来，当世人通过接受道德教育而自主履行道德义务时，"黄金时代"便指日可待。

　　陀思妥耶夫斯基积极地投身社会教育，除了撰写时评，讨论公共问题，作为一个作家，他主要让自己的作品承担了教化社会的责任。赫·达·阿尔切夫斯卡娅曾回忆道：陀思妥耶夫斯基觉得"一切希望，一切拯救之路都在教育

---

① ［俄］陀思妥耶夫斯基，《作家日记》（上），前引书，第 170 页。
② ［俄］陀思妥耶夫斯基，《文论》（上），前引书，第 75 页。

和文学中"。①

对于陀思妥耶夫斯基的"教育小说"，一些学者只将其限定于《少年》这样的作品，比如坎托尔就持此论。② 在笔者看来，《少年》固然从题材上最能透出教育色彩，但作为小说，它的教育对象显然不是阿尔卡其这个虚构人物，而是广大读者。从这个意义上说，笔者认为陀思妥耶夫斯基转向后的创作，尤其是从《罪与罚》到《卡拉马佐夫兄弟》都属教育小说之列。

为什么这么说？笔者认为教育小说通常具备两个条件：一，培养读者的感知能力，也就是进入他人心灵的能力。玛莎·努斯鲍姆（Martha Nussbaum）曾将由阅读行为促成的社会正义命名为"诗性正义"，她强调："除非人们有能力通过想象进入遥远的他者的世界，并且激起这种参与的情感，否则一种公正的尊重人类尊严的伦理将不会融入真实的人群中。"③ 举例来说，罗蒂（Richard Rorty）在分析《洛丽塔》（Lolita）时曾用"卡思边的理发师"这一细节来说明纳博科夫的道德关怀：年迈的理发师在给亨伯特理发时絮絮叨叨地谈他的儿子，但亨伯特心不在焉，过了很久他才偶然发现理发师的儿子已经死去多年了。罗蒂指出，亨伯特的冷漠是因为缺乏"好奇"，而纳博科夫召唤着"好奇"的理想读者发现这一细节——这一发现过程也是接受道德教化的过程。④ 显然，罗蒂这里谈到的"好奇"也正是进入他人心灵的能力。从这个意义上说，纳博科夫的道德关怀正在于培养读者的感知能力。当然，这并不意味着《洛丽塔》是教育小说，因为它缺乏教育小说需要具备的第二个条件：作者预设特定的伦理或思想，并使小说中至少一个角色从反叛（或怀疑）这种观念到接受（或部分接受）这种观念。由此来看，我们通常所说的德国文学传统中的"教育小说"（Bildungsroman）不如说是成长小说，因为像《威廉·迈斯特的漫游时代》（Wilhelm Meisters Wanderjahre）《魔山》（Der Zauberberg）这样的作品都不具备这第二个条件。

对于教育小说来说，这两个层面缺一不可：感知能力是接受伦理教导的基础，只有富具感知能力的读者才能深入到小说人物的内心世界，与之产生共

① ［俄］格里戈连科，《残酷的天才》（下），翁文达译，上海：上海译文出版社，1989，第349页。

② Кантор В. К. «Судить Божью тварь». Пророческий пафос Достоевского: Очерки. М.: РОССПЭН, 2010, с. 348.

③ ［美］玛莎·努斯鲍姆，《诗性正义：文学想象与公共生活》，丁晓东译，北京：北京大学出版社，2010，第7页。

④ ［美］理查德·罗蒂，《偶然、反讽与团结》，徐文瑞译，北京：商务印书馆，2005，第224 - 226页。

鸣，体察其在观念转变中心灵的幽微之处，进而反思自身与小说人物的共同之处，接受作者教导，在现实生活中避免走上歧途。

陀思妥耶夫斯基流放后的小说是典型的教育小说。首先，我们知道，陀思妥耶夫斯基的小说中大量的"暗示"和"卖关子"一向引人注目；虽然《罪与罚》《卡拉马佐夫兄弟》《群魔》这样的作品属于宽泛意义上的"侦探小说"，而"暗示"和"卖关子"是侦探小说中的常见技法，但陀思妥耶夫斯基对"真相"不予言明显然并非单纯地出于增强作品可读性的考虑。以《罪与罚》为例，在案件已经完结之后，拉斯柯尔尼科夫思想的转变是通过他在狱中的一个梦来呈现的：世界染上可怕的瘟疫，只有少数聪明的人才能幸免于难。显然，陀思妥耶夫斯基这个寓言式的表述绝不是为了小说可读性。1879年，陀思妥耶夫斯基发表于《俄罗斯导报》（«Русский вестник»）的《卡拉马佐夫兄弟》尚未连载完，有读者给他写信，问是谁杀了老卡拉马佐夫。陀思妥耶夫斯基回复道，德米特里肯定不是凶手，如果他是凶手，他就不会从围墙上跳下来去擦格里果利头上的血，也不会发出"老头子碰上了"这般颇具同情意味的感慨。陀思妥耶夫斯基进而说："对读者来讲重要的不只是长篇小说的情节，而且要懂得一点儿人的心灵（心理学），每个作者都有权期望读者懂得这一点。"[①] 通过这一事例来看，陀思妥耶夫斯基的"暗示"和"卖关子"显然有培养读者感知能力（进入他人心灵的能力）的意味——读者需要揣摩细节，进入小说人物的心灵，才能读懂小说。这个给陀思妥耶夫斯基写信的读者怀疑德米特里是凶手，意味着她无法进入到德米特里心灵深处，无从体会德米特里精神世界的丰富性和变动，也就必然无法准确地理解作家在德米特里身上表达的宗教伦理。进而言之，这个"尚不合格"的读者对行凶者的疑惑与小说结尾检察官、律师等绝大多数角色将德米特里视为凶手并无本质区别，他们都表现出感知能力的欠缺。小说中感知能力最敏锐的角色——阿辽沙，也是最坚定地相信德米特里不是真凶的角色，他也是修道院外最能履行道德义务的人。

此外，最重要的是，陀思妥耶夫斯基流放后作品浓郁的教育色彩更明显地体现为他对小说中特定角色生命体验的价值预设——"失足"之人通常有一个价值观念的转换过程。这即是写作的观念化。陀思妥耶夫斯基流放前的作品总体上虽不乏观念化色彩，但与他转向后的创作相比，要淡得多。对观念化写作极为反感的纳博科夫就认为《双重人格》是陀思妥耶夫斯基最好的作品，

---

① ［俄］陀思妥耶夫斯基，《书信集》（下），前引书，第 1137 页。

而称《罪与罚》矫揉造作、生硬牵强——他对拉斯柯尔尼科夫同索尼娅一起读圣经这一段落的评价堪称"尖刻"："我们在整个世界文学中也找不出比它更愚蠢的表达。"① 但显然，这种观念化的写作正是陀思妥耶夫斯基让文学承担教化功用的用心所在。

在陀思妥耶夫斯基的小说中，"误入歧途"的角色总能通过体会基督精神而获得"新生"。拉斯柯尔尼科夫同索尼娅一起读的圣经文本，正是耶稣让拉撒路复活的故事。拉斯柯尔尼科夫最后走上大街，向人群跪倒，再到警察局自首，也意味着他从"棺材"般的斗室中走向"复活"——陀思妥耶夫斯基反复强调拉斯柯尔尼科夫的房间像个"棺材"，显然不无用意："棺材"构成了拉斯柯尔尼科夫精神之死的一个隐喻，耶稣借助索尼娅使拉斯柯尔尼科夫像拉撒路复活一样获得新生。这两次复活在小说中构成了平行关系。耶稣作为迷途之人的指引者在《群魔》中再次出现，斯捷潘·韦尔霍文斯基这个在小说中被很多人与恰达耶夫、别林斯基、格拉诺夫斯基相提并论的西方派，正是彼得·韦尔霍文斯基、斯塔夫罗金等人的老师。老韦尔霍文斯基的教育在下一代人身上产生了可怕的后果：丧失道德约束——它的极端形式是杀人（小韦尔霍文斯基）和自杀（斯塔夫罗金）。正如有论者所言，老韦尔霍文斯基在小说结尾走出这个被"群魔"所控制的外省城市，也意味着他为治愈年轻一代无神论者提供了一条可能路径：通过信仰而获得高端的道德价值。② 在小说中，老韦尔霍文斯基提供的这一路径具体为：他回忆起福音书中耶稣解救魔鬼附体的猪群的故事，进而央求卖福音书的女人索菲娅·马特韦耶芙娜为他读出这个段落。当"很久"没有接触福音书的老韦尔霍文斯基听到这个段落，他联想到他身处的俄罗斯而体悟到：整个俄罗斯正被魔鬼附体而身染瘟疫，无神论者小韦尔霍文斯基及其同伴，包括他本人——"还有我，也许是第一个，是带头的"，将会像被魔鬼附体的猪群一样跳崖而死。所幸的是，因为福音书真理这一伟大思想的庇护，俄罗斯所有的"病人"将痊愈，将"坐在耶稣脚前"。③ 再看《少年》，主人公阿尔卡其·多尔戈鲁基是典型的偶合家庭的产儿，他骄傲而自闭，且一度把成为罗特希尔德视为人生的终极目标，他最后放弃了这一理想，精神迷茫、不知所向。在阿尔卡其处于精神的极度困境且身患

---

① Набоков В. В. Лекции по русской литературе. Пер. с англ. А. Курта, М. : Издательство Независимая газета, 2001, с. 189.

② Тарасов Б. Н. «Тайна человека» и тайна истории. Непрочитанный Чаадаев. Неопознанный Тютчев. Неуслышанный Достоевский. СПб. : Алетейя, 2012, с. 312.

③ ［俄］陀思妥耶夫斯基，《群魔》（下），前引书，第809页。

重病时，马卡尔·伊凡诺维奇出现了。卧病在床的阿尔卡其"在深沉的静寂中忽然清楚地听到了这么一句话：'主啊，耶稣基督，我们的上帝，宽恕我们吧。'"[①] ——这正是马卡尔·伊凡诺维奇为他所做的祈祷。马卡尔·伊凡诺维奇是一个常年过着流浪生活的朝圣者，他预感死亡将至，便返回家中——将他所体会到的基督精神传递给了阿尔卡其。马卡尔·伊凡诺维奇特别喜欢讲故事，他讲他本人朝拜圣地的故事，也讲古老的"苦行者"的传说，其中最让阿尔卡其感兴趣的是一个商人获得"新生"的故事。这个商人叫马克辛·伊万诺维奇，他在年轻的时候暴虐成性、多行不义，终于，在害死一个小男孩之后，良心发现，尤其是在一个修士的推动下，他走向耶稣基督；这个修士给他读福音书中的故事，为他指出耶稣这一形象对于世人的重要性："你也要记住，上帝的天使们也不是都完美无缺的，唯有我们的主耶稣基督才是完美无缺的、圣洁的，天使们都侍候他呢。"[②] 马克辛·伊万诺维奇走向精神的复活，他开始广行善事，最后离家出走，过上了与马卡尔·伊凡诺维奇相类的生活。马克辛·伊万诺维奇的复活与阿尔卡其的复活构成对应关系，后者在前者的故事中看到了生命的全新维度，进而走出了他那颇具象征意味的"棺材"般的斗室——当维尔西洛夫走进他简陋的住所，禁不住感叹："是啊，这是口棺材，地道的棺材。"（拉斯柯尔尼科夫的"棺材"并没有消失）马卡尔·伊凡诺维奇通过讲故事的方式使阿尔卡其迷途知返，这正是陀思妥耶夫斯基对文学的教化功能的一次自我确证——当阿尔卡其式的读者通过想象力进入到阿尔卡其的心理世界，体会他生活中每一个具体的细节、每一刻的思想状况，或许就能像他一样为生命价值开启一个全新的空间：走向耶稣基督。可以说，就《少年》这部小说而言，文学文本的教化功能形成了一个环形结构：故事中套着故事，它们的构成逻辑同一，紧紧围绕着圆心——耶稣。

第二节 "绝对完美"的人物

对于陀思妥耶夫斯基来说尽管耶稣是自我完善的最佳典型，但他在福音书中的形象毕竟显得有些"隔"，无法对世人产生直接的、鲜活的影响；所以，在实现"黄金时代"之前，有必要在世人中找到一个最能效仿基督、道德人

---

① ［俄］陀思妥耶夫斯基，《少年》，前引书，第453页。
② ［俄］陀思妥耶夫斯基，《少年》，前引书，第509页。

格也最接近基督的形象，让他作为世人的榜样而直接对他们产生影响。

对于陀思妥耶夫斯基来说，这意味着他需要在小说中创造一个道德"完美"的形象。1868 年 1 月，陀思妥耶夫斯基在写给索·亚·伊万诺娃（С. А. Иванова）的信中谈道，他正在写一本小说，对这部小说中体现的思想早已酝酿于心，极其珍视，但表述这个思想困难重重，所以迟迟没动笔。这个思想就是——"刻画一个绝对美好的人"①。1866 年，陀思妥耶夫斯基已经发表了《罪与罚》，难道《罪与罚》中引人注目的索尼娅算不上一个完美角色？

索尼娅具有牺牲精神——她为了家庭生计而去出卖肉体，她也是拉斯柯尔尼科夫走向上帝的引路人。如何评价索尼娅这一角色？一些学者将她视为天使——一个"神性完美"的形象。什克洛夫斯基甚至认为陀思妥耶夫斯基对索尼娅衣饰的描写是对索尼娅精神品格的暗示：索尼娅常戴的那顶"插着一根色泽鲜艳的火红色羽毛的令人可笑的圆草帽"让人联想起天使的羽毛。有论者进而由此联想到，在基督教传统中被想象为上帝智慧化身的索菲娅（София）②在东正教的圣像画中"有着天使的形貌，她的面容和手臂都有火焰般的色彩，她背后生着一双肩膀"③。在笔者看来，称索尼娅为"天使"似乎无可厚非，但从她的衣饰联想到天使翅膀——就未免有些牵强了：在《罪与罚》中，拉斯柯尔尼科夫曾在干草市场遇见过一个卖唱的年轻姑娘，她也戴了"一项插了一根火红色羽毛的麦秆帽"④。显然，这种"火红色羽毛"是当时彼得堡女人的时髦配饰；退一步说，如果小说中"火红色羽毛"这一物件并非索尼娅所独有，那么其对于索尼娅的象征意义就会大打折扣。刘亚丁以文化研究的策略考察了《罪与罚》叙事的深层结构，他通过分析拉斯柯尔尼科夫和索尼娅的关系指出索尼娅是拉斯柯尔尼科夫"睿智圣母式的拯救者"："东正教信仰的肉身化的、体现俄罗斯文化美质的索尼娅逐渐完成对他的救赎，使之复活"，刘亚丁也谈道，索尼亚这个名字与东正教传统中"索菲娅"相对应。⑤

---

① ［俄］陀思妥耶夫斯基，《书信集》（上），前引书，第 532 页。

② 索尼娅（Соня）是索菲娅（Софья）的小名，"Софья"和"София"是同一个意思，区别在于"София"是古典用法，而"Софья"是日常用法。

③ См.：Борис Тихомиров. «ЛАЗАРЬ! ГРЯДИ ВОН» Роман Ф. М. Достоевского «Преступление и наказание» в современном прочтении: Книга – комментарии. СПб.：Издательство негосударственное учреждение культуры «СЕРЕБРЯНЫЙ ВЕК», 2005, с. 206.

④ ［俄］陀思妥耶夫斯基，《罪与罚》，前引书，第 177 页。

⑤ 刘亚丁，《文化试错的民族寓言：〈罪与罚〉的一种解读》，载于《外国文学研究》，2008 年第 5 期。

另有学者则认为：索菲娅（София）这个名字的现代含义并不包含"智慧"，而是指向了一种"女性的事业"，这种"事业"并非出自女性自身，而是作用于女性的外部力量使然，这种外部力量就是神性力量。从这个意义上说，正如托波罗夫（В. Н. Топоров）所言：索菲娅是上帝和人之间的中介。诺维科娃（Е. Г. Новикова）进一步指出，在《罪与罚》当中，"索尼娅是福音书文本和尘世生活的媒介"①。笔者比较倾向于这后一种说法。索尼娅将拉斯柯尔尼科夫引入信仰的窄门，并不是作为智慧的化身出现在拉斯柯尔尼科夫面前，而是向他传递了神的"消息"（通过读福音书）。如果说我们可以把索尼娅视为天使，那也是在该词的宽泛意义上有效——正如索尼娅的母亲和拉祖米欣都曾把索尼娅称作"天使"。简言之，与其说索尼娅是个体精神品格达到完满状态的典型（尤其表现为"智慧"），不如说她在小说中是个功能性的角色，她为拉斯柯尔尼科夫读福音书与《群魔》中的索菲娅·马特韦耶芙娜为斯捷潘·韦尔霍文斯基读福音书并没有太大区别（注意：二者的名字相同）。索尼娅在小说中出场不多，作家并没有为我们具体描述她的生活世界，如纳博科夫所言，"我们甚至一次也没有看到索尼娅是如何从事自己的职业的"②。由此，我们很难说这是一个饱满的角色。

别尔嘉耶夫曾写道：陀思妥耶夫斯基的小说中通常有一个中心人物——"黑暗的人——斯塔夫罗金、维尔西洛夫、伊万·卡拉马佐夫，被人们解读，所有的人都向着他们运动；而光明的人——梅什金、阿廖沙，解读人们，他们向着所有的人运动"③。光明的人物朝向所有人运动，也便是对小说中其他人物施以"好"的影响。梅什金公爵是陀思妥耶夫斯基小说中第一个理想人物，陀思妥耶夫斯基在写给索·亚·伊万诺娃的信中提到的小说正是《白痴》。

对于塑造梅什金这个"绝对完美"的人物，陀思妥耶夫斯基可谓极其用心。正如洛特曼（Л. М. Лотман）所指出的，《白痴》开场中的人物从外在形态的色调上就形成了鲜明的对比。④主人公在火车上相遇，罗戈任黑色鬓发、黑脸、身着黑色的羊羔皮大衣，梅什金则有白色的山羊胡、颜色极浅的

① См.：Борис Тихомиров. «ЛАЗАРЬ! ГРЯДИ ВОН» Роман Ф. М. Достоевского «Преступление и наказание» в современном прочтении：Книга － комментарии. СПб.：Издательство негосударственное учреждение культуры «СЕРЕБРЯНЫЙ ВЕК»，2005，с. 206 － 207.

② Набоков В. В. Лекции по русской литературе. Пер. с англ. А. Курта，М.：Издательство Независимая газета，2001，с. 189.

③ ［俄］尼·别尔嘉耶夫，《陀思妥耶夫斯基的世界观》，前引书，第24 － 25 页。

④ Лотман Л. М. Реализм русской литературы 60 － х годов XIX века. М.：Издательство «Наука»，1974，с. 17.

（"белокурый"，词根是"бело"：白色）头发。在"黑暗"与"纯洁"的比照中，梅什金作为理想形象呼之欲出。

具体到小说进程当中，梅什金的品格显然是以福音书中的基督形象为样板来呈现的。这正如Г. Б. 波诺马廖娃（Г. Б. Пономарева）所指出："在他的人格中有基督教的本质成分——他忍受耳光、出于怜悯而结婚，都直接出于基督教的情感。……陀思妥耶夫斯基的《圣经·约翰福音》上的部分记号，显然是在创作《白痴》时做的，揭示了后来书中梅什金公爵的形象……"[①] 埃里克松（Ян. Эриксон）进一步指出，梅什金公爵是基督意义上的白痴，当他进入这个富有侵略性的世界，其合乎福音书教义的"白痴"品质表现为"脆弱无力"：他被人打耳光，成为受害者。作为受害者或者说作为弱者，他又能引起别人的同情。埃里克松甚至从梅什金的名字上发掘出陀思妥耶夫斯基对这一角色预先的品质设定：梅什金的俄文全名是"Лев Николаевич Мышкин"（列夫·尼古拉耶维奇·梅什金），梅什金的封号表明了他的出身，但他的名字却包含了两种对立的动物：狮子（лев）和老鼠（мышь）。通常，公爵的徽章让人联想起狮子、熊、驼鹿，它们是权力的象征，但绝不会有老鼠。在梅什金的名字中，老鼠和狮子的联合是荒谬的，这让人联想起骑着驴的沙皇。埃里克松进而解释道，在福音书伦理中"谁更小，谁就更大；谁弱，谁就强；谁哭泣，谁就幸福，天使能战胜狼"[②]。

小说中，梅什金的气质、品格的确是鹤立鸡群，他能宽恕一切——如阿格拉娅所言：梅什金公爵是她遇到的最高尚的人，任何人都可以欺骗他，而且他"最后总会宽恕这人对他犯下的过错"。同时，梅什金又非常容易获得他人的好感：在小说开头，罗戈任和他一见如故，并称他是"上帝最喜欢的人"。梅什金刚到叶潘钦将军家中，就给了这家人留下了极其美好的印象——阿格拉娅甚至让这个初识之人帮她传递极其私密的书信。另一个女主人公纳斯塔西娅·菲利波芙娜第二次与公爵见面就声称公爵是她一生里唯一一个值得她依赖的人。

宽恕一切，同时又容易引发他人的同情和好感——梅什金这般品质似乎具有消解、软化这个世界的残酷性的作用。问题在于，他非但没有拯救身边的人，反而引发了更多的"残酷"。梅什金所到之处总容易引起纷争，他无情地

---

① ［俄］Г. Б. 波诺马廖娃，《陀思妥耶夫斯基：我探索人生奥秘》，前引书，第168、170页。

② См.：Эриксон Ян. «Кто－то посетил мою душу…»：духовный путь Достоевского. Пер. со шведского Л. П. Олдыревой－Густафссон，Екатеринбург：Изд－во Урал. ун－та，2010，с. 107－108.

伤害了深爱他的阿格拉娅，也与罗戈任合力导致了纳斯塔西娅的死亡。小说最后以悲剧告终，梅什金也复返疯癫状态，被送回瑞士疗救。

为什么会出现这种悖谬状况？答案在于陀思妥耶夫斯基对梅什金的品质设定——"怜悯"。陀思妥耶夫斯基曾在《白痴》草稿的空白处写道："在这个世界上，只有一种重要的东西，这就是直接表达的怜悯。正义处于次要地位。"[①] 在小说第二章的初稿中，他曾写道："怜悯——基督教的一切。"[②] 梅什金的怜悯使他在宽恕一切中表现为一个天使，但也正是怜悯——又使他化身为恶魔。

何谓怜悯？用休谟的话说，"怜悯（pity）是对他人苦难的一种关切，恶意（malice）是对他人苦难的一种喜悦……"[③] 怜悯何以可能？它需要两个条件：一是个体能体察到受苦者正在受苦，二是对受苦者表示关切。对于第一点，休谟指出：怜悯建立在"情感共鸣"的基础上，因为人的心灵结构相仿，所以他人的情感也能在我们心中唤起类似的情感。休谟进一步说，怜悯很大程度上依靠空间上的临近关系，有时候甚至需要亲眼看见事件的发生，所以想象力是它的来源。休谟指出的这一点相当重要，想象力的作用显然不仅是拉近空间距离，在这个伦理语境当中，它本质上是一种进入他人心灵的能力。因为有些痛苦我们是可以直接看到的，但另外一些痛苦，主要是精神上的痛苦，与物理性的痛苦不同，它可能在受苦者的表情或其他可被他人看到的身体形态上表现得极不明显；对这种痛苦的体察，再近的空间距离都无济于事，需要进入受苦者的心灵。

《孟子》中有云："恻隐之心，人皆有之"，但尽管人人有恻隐之心，个体若欠缺体察他人痛苦的能力，甚至感知到了他人的痛苦，但不仅不关切，反而感到快意，这就不能构成怜悯。回顾前文中提到的陀思妥耶夫斯基对读者感知能力（进入他人心灵的能力）的培养，其教化作用显然不仅是使读者更容易与主人公感同身受——进而受到作者预设的特定观念的指引，而且也具有直接培养读者道德能力（怜悯）的作用。

梅什金身上强大的怜悯能力让人叹为观止，这首先表现为他具有极强的通过他人的外部表情探察其内心世界的能力。在小说开头，梅什金和罗戈任偶然坐进了同一节车厢。在叙述者的描述中，罗戈任的脸上有死人般的苍白，"他

---

① 转引自 ［美］乔治·斯坦纳，《托尔斯泰或陀思妥耶夫斯基》，前引书，第158页。
② 转引自 ［俄］Г. Б. 波诺马廖娃，《陀思妥耶夫斯基：我探索人生奥秘》，前引书，第170页。
③ ［英］休谟，《人性论》，关文运译，北京：商务印书馆，1996，第406页。

脸上还有一种狂热得近乎痛苦的表情，这与他那无礼而又放肆的微笑，目光锐利和自命不凡的神态很不协调"。① 有论者指出，（虚假的、并不存在的）叙述者对罗戈任的描述给人的感觉就是与罗戈任面对面坐着的梅什金的看法。② 笔者认为，这一判断是恰切的。痛苦本质上是由心理或生理的不协调状态所引发的，梅什金总能捕捉到他人神情中隐藏的不协调的情感。在叶潘钦将军家中，他再一次展示了他的这种"天赋"：当见到纳斯塔西娅的照片后，他觉得"这张脸上似乎有一种无边的骄傲和轻蔑，几乎是仇恨，与此同时，又有某种信任的、厚道得令人吃惊的东西；在对这副容貌匆匆一瞥后，这两种反差甚至会激起某种怜悯"③。梅什金对加尼亚说："我相信，她的命运一定很不一般。脸是快乐的，但是她一定受过很大的痛苦……"④如此，体察到他人痛苦并对之报以关切，梅什金的怜悯得以呈现。

除此之外，从小说开头到梅什金在叶潘钦将军家的小餐厅亮相，陀思妥耶夫斯基不遗余力地为我们展示了梅什金的怜悯能力：梅什金对死刑犯赴死时心理活动的描述，细节极其丰富，几乎可以与雨果的《死囚末日记》（*Le dernier jour d'un condamné*）比肩。梅什金仿佛身临其境，对赴死者表现出深切怜悯。此外，梅什金还讲了他在瑞士养病时如何帮助了一个叫玛丽的可怜的女人——她遭到全村人的厌弃，但梅什金怜悯她，带领一群孩子去帮助她、亲近她，让她幸福地度过了生命最后的时光。

梅什金的完美在于他完美的怜悯能力。完美的怜悯能力是毫无限度的怜悯，"爱自己的仇敌"——这个悖谬式表达的最终形态就是"仇敌"已经被怜悯所消解。这是一种天使般的怜悯，它完全消解了对立。在梅什金的词典里，没有"愤怒""怨恨"甚至"不满"这类与他者有对抗意味的字眼。梅什金处于黑格尔意义上的意识的第一阶段——拒绝个体化："意志包含（甲）纯无规定性或自我在自身中纯反思的要素。在这种反思中，所有出于本性、需要、欲望和冲动而直接存在的限制，或者不论通过什么方式而成为现成的和被规定的内容都消除了。这就是绝对抽象或普遍性的那无界限的无限性，对它自身的纯思维。"⑤ 梅什金拒绝个体化，因为个体化意味着要从意志的混沌状态中摆

---

① ［俄］陀思妥耶夫斯基，《白痴》，前引书，第 3 页。

② Ковач А. Поэтика Достоевского. Пер. с румынского Е. Логиновской, М.：Водолей Publishers, 2008，c. 135.

③ ［俄］陀思妥耶夫斯基，《白痴》，前引书，第 75 页。

④ ［俄］陀思妥耶夫斯基，《白痴》，前引书，第 34 页。

⑤ ［德］黑格尔，《法哲学原理》，范扬、张企泰译，北京：商务印书馆，1979，第 13－14 页。

脱出来，拥有个性。拥有个性就是与他人的分离和对立，如此，梅什金就不可能对世间百态都保持怜悯。梅什金公爵毫无个性，他的个性被他完美的怜悯溶解为空无，他更像一个中性的人，一个肉体被悬搁的人。"白痴"——这个颇具侮辱意味的称呼恰恰命中了梅什金的本质：自我意识像白痴一样混沌。

无个性使梅什金成为一个透明的人。如有论者指出：梅什金没有"私人"生活，他的生活只存在于同他人——罗戈任、纳斯塔西娅、阿格拉娅的关系中。① 列维纳斯（Emmanuel Levinas）说："我们打交道的都是一些着衣的存在者……社会性（Socialite）是一种体面的关系。最微妙的社会关系是靠形式来建立的；它所保护的那些表象为所有的模棱两可都披上了一层真诚的外衣，让它们见容于世俗社会。"② 我们需要着装，需要体面的社会关系，是因为我们必须抹去自身无法摆脱的"夜和本能"的痕迹。而梅什金公爵是一个不需要穿着打扮的人，一个可以"裸体"示人的人，一个绝对纯净的人。他不需要形式，拒绝形式。当他初访叶潘钦将军一家，他和仆人、加尼亚、叶潘钦将军、将军夫人以及三位小姐的谈话完全悬置了"社会身份"意识，让对谈者最初极感不适。梅什金公爵是透明的，在纳斯塔西娅·菲利波芙娜的客厅中，经小丑费德先科提议，托茨基、叶潘钦将军等人做了一个游戏：每人讲一个故事，这个故事必须是讲述者有生以来做过的最无耻的事。对于这些人来说，危险出现了——进入游戏意味着他们将脱下"形式"这个保护性外衣，在光明的客厅中引出黑夜中的自己。但事实上，在"游戏"的进行中，这些人尽管表面上遵守游戏规则，但还是将自身的故事经由"形式"的过滤。以叶潘钦将军为例，他自述因一点小事让一个濒于死亡的老妇人在他的破口大骂中离世；但他转而描述此事如何让他受到震动，以及他此后赡养有病的老妇人的义举，这样，丑恶之事就转化为成就"善事"的一个契机，完全偏离了游戏预设的轨道。梅什金公爵也参与了这个游戏，但由于游戏因无法真正进行而中止，他没能讲述自己的故事。事实上，我们完全可以想见，若是真轮到他来讲，他也讲不出什么。这个游戏是为依赖"形式"的普通人所设计的，它对一直透明示人的公爵显然无效。

梅什金天使般的怜悯也把他者"均质化"了：所有人都无差别地成为怜悯对象；因为在消除了与他者对立的无个性状态中，任何他者都从属于大写

---

① Диво Барсотти. Достоевский. Христос—страсть жизни. Пер. Леонида Харитонова, М.：«Паолине», 1999, с. 59.

② ［法］埃马纽埃尔·列维纳斯，《从存在到存在者》，吴蕙仪译，南京：江苏教育出版社，2006，第37页。

的、抽象的他者。也唯有如此，梅什金才能无差别地对一切人深怀怜悯。

加尼亚为了七万五千卢布出卖了自己的灵魂，面对梅什金的谴责，他为自己进行辩护，大意是：我不否认我无耻，但换作他人，会比我更无耻——他们不会承认是为了钱结婚，而是通过引诱纳斯塔西娅·菲利波芙娜来达到目的。你们骂就骂吧，好歹我还是个真小人。梅什金对此回应道，他完全改变了对加尼亚的印象："现在我看到，非但不能把您看作坏蛋，而且也不能把您看作一个太坏的人。我看，您不过是芸芸众生中的一个十分普通的人，除了太软弱和毫无特点之外。"①

一般来说，当我们（读者）面对加尼亚，在他的那番申辩之后，可能会对他心生怜悯，但仍会不齿其卑鄙下作。但在梅什金看来，加尼亚是无须谴责的——他只是"芸芸众生中的一个十分普通的人"。梅什金在道德完美的至高点上俯瞰众生，在这深度的怜悯之下，加尼亚成了一个与他人"无差别"的个体。

对周遭人群深怀怜悯的梅什金试图让一切矛盾和解，希求避免一切残酷事件的发生。他强力地介入周遭人群的生活，但他所能提供的方案是把当事者视为一个个"平均的人"，这就引发了"残酷"。《白痴》结尾的悲剧是由罗戈任和梅什金"合力"造成的。梅什金的问题在于，他同时"爱"上了两个女人：纳斯塔西娅和阿格拉娅。叶夫根尼·帕夫洛维奇曾问到梅什金对纳斯塔西娅的感情：

"……也许，您根本不爱她吧？"

"噢不，我全心全意地爱她！要知道，她……是个孩子；她现在是个孩子，完全是个孩子！噢，您什么也不明白！"

"与此同时，您又向阿格拉娅·伊万诺芙娜保证，您爱她？"

"噢，是的，是的！"

"怎么回事？这么说，两个女人您都想爱？"

"噢，是的，是的！"

"对不起，公爵，您说什么呀，您犯糊涂了吧？"②

这并不是爱情，因为爱情首先意味着自我否定——朝向一个异己，同时在

---

① ［俄］陀思妥耶夫斯基，《白痴》，前引书，第117页。
② ［俄］陀思妥耶夫斯基，《白痴》，前引书，第565-566页。

异己对自身的承认中获得自我肯定。爱情只能朝向一个异己，它无法平均给第三者。爱情必须是具体的、付诸具体个人身上的爱，这是梅什金公爵所不能给予的。他那纯白如羔羊的眼神和温良如湖水的内心所能给予的，只是抽象的爱，平均的爱——它更像是兄弟之爱。梅什金没有能力去爱（在小说中，他是一个因身体"缺陷"而无法结婚的人——我们可以将此理解为他"性无能"或"爱无能"）。梅什金"抽象的爱"，也是他的怜悯在两性关系上的表达。

梅什金的无个性状态让人感到恐惧，这是一个天使，但当世人面对他，揽镜自照，就会看到自身的肉身之恶。从这个意义上说，梅什金更像一个恶魔。我们可以看到，小说中最具生活激情、意志最为强力、个性也最为突出的纳斯塔西娅一方面为他的"纯洁"所吸引，一方面又对他身上的"无个性"感到恐惧，所以，她才会一次次接近他，而又一次次逃走；甚至当穿上婚纱与他走向教堂，她也无法摆脱逃离之念——即使她清楚地知道，如果投向罗戈任的怀抱，那等待她的只有死亡。面对生命力充沛、个性极强的纳斯塔西娅，梅什金同样感到了威胁——这是他生命意识的对立面。当在叶潘钦将军家中见到纳斯塔西娅的照片，梅什金公爵深深为之吸引，他事后曾回忆道：

"……还在那天上午，看那张照片的时候，我就受不了她脸上的表情……比如拿薇拉·列别杰娃说，她就完全是另一种眼神；我……我怕见她的脸！"他又异常恐惧地加了一句。①

在彼得堡这个充满残酷的现代城市短暂停留之后，梅什金最后又回到了瑞士的疗养院——这个与世隔绝的地方。陀思妥耶夫斯基塑造理想形象的计划宣告失败。

梅什金这个形象的失败包含了两层意思：第一，虽然梅什金是一个最大程度上仿效了基督的人物，但他与基督的区别明显——他引发了残酷，但基督并不带来任何残酷；第二，梅什金作为世人的道德教导者也遭遇了失败。

在《白痴》的草稿中，陀思妥耶夫斯基从"爱欲"层面上对小说中主要人物做了如下设定：

一：受激情支配的、直接的爱——罗戈任；
二：虚荣之爱 ——卡嘉；

① [俄]陀思妥耶夫斯基，《白痴》，前引书，第565页。

三：基督之爱——公爵。①

正如季沃·巴尔索特蒂（Divo Barsotti）所言："怜悯的爱当中不能显现出任何'活生生'的感情，而在激情当中，又没有任何怜悯。如果说梅什金公爵的怜悯之爱是天使般的爱，而非人的爱，那么，罗戈任的爱与其说是人的爱，不如说是动物的爱。"②　这里，罗戈任和梅什金占据了人性之维的两端：动物性和神性。与梅什金相对，罗戈任的动物性是小说中除梅什金以外其他所有角色身上动物性的一个高度浓缩的表达。人的自我完善过程也是向神性靠拢而逐渐消除动物性的过程，梅什金在罗戈任身上做了最大的努力，甚至与他结为兄弟，但罗戈任的"激情之爱"依旧火焰熊熊，仍想杀死这个与他结拜的"情敌"。梅什金作为"完美的形象"试图消解一切矛盾和残酷，他总是在宽恕、安慰和劝导中试图"挽救"他人，但他使一切变得更糟。

设想，梅什金如果没有离开瑞士与世隔绝的山谷，他天使般的怜悯就不会引发悲剧。梅什金来到了彼得堡这个现代社会的"地狱"——这似乎构成了悲剧的根源。那么，梅什金的"失败"是因为他进入了社会意义上的主体间性当中。为什么一个完美的人物进入社会交往当中就不再完美？这也引出一个更本质的问题：社会交往中的个体是否可以达到道德完美的境地？——因为个体的完善固然重要，但若实现"黄金时代"图景，必须让所有人都能以耶稣为样板承担道德义务。陀思妥耶夫斯基必须对此做出回答。

第三节　《卡拉马佐夫兄弟》中的道德问思

《白痴》之后，陀思妥耶夫斯基并没有放弃创造完美人物的尝试。他陆续塑造了四个道德完美的典型：《群魔》（1872）中的吉洪、《少年》（1875）中的马卡尔·伊凡诺维奇、《卡拉马佐夫兄弟》中的佐西马长老和他的哥哥马尔凯尔。但这些完美的形象都没有进入社会交往关系，他们只是在社会的边缘自我完善。马尔凯尔少年夭折，他是在去世前才"顿悟"；吉洪和佐西马是修道院的长老，远离红尘；马卡尔·伊凡诺维奇是个流浪的朝圣者，尽管他在临死

---

① См.：Мелетинский Е. М. Заметки о творчестве Достоевского, М.：Российский государственный гуманитарный университет，2001，с. 97.

② Диво Барсотти. Достоевский. Христос—страсть жизни. Пер. Леонида Харитонова, М.：«Паолине»，1999，с. 55.

之前返乡，对迷途的少年阿尔卡其产生了巨大影响，但从本质上说，他同吉洪一样处在社会的边缘，对尘世生活"隔岸观火"。

终于，在《卡拉马佐夫兄弟》当中，阿辽沙出现了。阿辽沙需要回答《白痴》中提出的问题：个体在社会人群当中是否可以走向完美。正如有论者指出的，阿辽沙的出现是因为像吉洪、马卡尔、佐西马、马尔凯尔这些精神成熟、充满智慧和爱的形象并没有展现出他们达到这种精神高度的"运动过程"，阿辽沙的使命正是要呈现这一过程，所以他按照佐西马长老的意愿走出修道院，自觉地追求道德完美。① 另外，阿辽沙接受试炼的过程也是对周遭人群施以教化的过程。佐西马长老对阿辽沙说：在实现"黄金时代"之前，"时不时地应该有人——哪怕只是个别人——做出榜样，引导人心从自闭中解脱出来，为大同博爱作出贡献，即使被目为疯子也在所不惜"②。

虽然《卡拉马佐夫兄弟》还没完稿，陀思妥耶夫斯基就猝然辞世。但从小说已问世的第一部来看，阿辽沙这个形象明显地透出陀思妥耶夫斯基对《白痴》的反思。

阿辽沙是一个"新人"，他与梅什金有颇多相似之处。阿辽沙乐于宽恕他人，甚至对他那暴虐荒淫的父亲也毫不反感，这也使他极其容易得到他人的好感和信任，他在众多人眼中都是一个"天使"般的人物。阿辽沙也具有很强的怜悯能力。但是与梅什金不同，阿辽沙的怜悯是人的怜悯，而非天使的怜悯。

阿辽沙对周遭事务的干预程度和干预方式显然与梅什金颇为不同，梅什金激烈地进入周围人的生活世界，所到之处往往引起阵阵旋风。但阿辽沙更多的是倾听和沉默。在伊万对他亮出思想的底牌之后，他效仿耶稣对大法官的态度，对伊万深情一吻，表示同情，并予以祝福。在与周遭人物（老卡拉马佐夫、格露莘卡、卡捷琳娜·伊凡诺夫娜）的接触中，他尽可能地考虑他们的生活处境，对他们抱以同情性的理解。而当他介入纷争时，他为当事人提供的和解方案是建立在对具体个体（而非平均的个体）的同情之上。一个明显的例子是：当他受卡捷琳娜·伊凡诺夫娜所托去把两百卢布送给受到德米德里侮辱的斯涅吉辽夫上尉。他尽可能地顾及上尉的尊严，并不把这两百卢布称作补偿，而说成是"一个妹妹向兄长伸出的援手"。如果换作梅什金公爵来做此

---

① Сальвестрони С. Библейские и святоотеческие источники романов Достоевского, СПб. : Академический проект，2001，с. 146.

② ［俄］陀思妥耶夫斯基，《卡拉马佐夫兄弟》，前引书，第 359－360 页。

事，想必他会说：你应该接受这笔钱，为什么不呢，难道不应该和解吗？

　　按照陀思妥耶夫斯基的设定，阿辽沙是一个从不完美走向完美的人物，那么，阿辽沙的不完美是如何体现的？首先，他信仰不坚定。当伊万讲完大法官的故事，兄弟二人分别，阿辽沙陷入"怀疑"之中，他本能地奔向修道院——由佐西马长老支撑起的信仰的庇护所。当佐西马长老的尸体散发出腐臭的气味，阿辽沙在失望之中离开修道院，他回想起前一天和伊万的谈话，"总有一种模糊的不祥之感令他苦恼，现在这印象又一下子在他心头蠢蠢欲动，而且越来越不甘于蛰伏"①。在怀疑信仰的迷乱情绪之下，阿辽沙不再保持往日的生活戒律：他接受了拉基金的香肠，还要喝伏特加，他甚至当晚就和拉基金来到格露莘卡这个传闻中的"浪荡女人"家里。小说中，阿辽沙信仰的不坚定有一个直接的表达：他曾对丽莎坦称"也许我还不信上帝"②。

　　当阿辽沙从格露莘卡家中回到修道院，他进入佐西马长老的修室，跪倒在灵柩前听帕伊西神父诵经——其间他的心灵大受震动，他走出修室，流着泪扑倒在大地上，亲吻大地。此时阿辽沙感到有一种"不可动摇的力量正在注入他的灵魂"，"他趴下时是个脆弱的少年，站起来将成为一名矢志不移的坚强斗士……"③ 这一场景让人觉得阿辽沙已经彻底摆脱了对信仰的怀疑，但事实上不然。当阿辽沙最后一次与丽莎相见，丽莎讲到她做的一个梦：她被魔鬼纠缠，且咒骂了上帝。阿辽沙回应道，他也做过这样的梦。如果说阿辽沙做这个梦的时间不详，构不成他离开修道院仍怀疑上帝的证据，但正是在这次和丽莎的谈话中，当丽莎说到"大家都喜欢"德米特里杀了他父亲，阿辽沙轻声说"您所说关于大家的话有些道理"。这让丽莎感到惊讶——一个修士竟能有这种想法！④ 显而易见，阿辽沙说这些舆论有道理，也就是部分地承认了弑父的合理性，这证明他称不上是一个完全"仿效基督"的基督徒。事实上，阿辽沙这种"不纯洁"的思想在他与伊万的长谈中就已露端倪：伊万在描述"儿童的苦难"时，举例说有个将军极其残忍地虐杀了一个幼童；阿辽沙在愤怒中回应道应该枪毙这个凶手。血气和正义感使阿辽沙偏离了基督徒的"规范"。进而言之，对于老卡拉马佐夫之死，阿辽沙的"正义"使他拖延了可能的"救援"行动。莫丘利斯基说得很直接：阿辽沙可以救父亲，但他消极地

① ［俄］陀思妥耶夫斯基，《卡拉马佐夫兄弟》，前引书，第401页。
② ［俄］陀思妥耶夫斯基，《卡拉马佐夫兄弟》，前引书，第262页。
③ ［俄］陀思妥耶夫斯基，《卡拉马佐夫兄弟》，前引书，第429页。
④ ［俄］陀思妥耶夫斯基，《卡拉马佐夫兄弟》，前引书，第689页。

任之发生，这使他对老卡拉马佐夫之死负有罪责。①

我们必须承认：在《卡拉马佐夫兄弟》中，阿辽沙和修道院外的其他角色一样，灵魂中潜藏着魔鬼。人身上与耶稣相对抗的恶难以消除——这是陀思妥耶夫斯基贯穿于《卡拉马佐夫兄弟》中的强烈意识。有论者指出，阿辽沙"陷入怀疑"与丽莎的腿病、歇斯底里，以及马克西莫夫的老婆（这个人物甚至没有在小说中真正出现）的跛足相对应：身体的不协调在俄罗斯民族意识中意味着"不纯洁力量的介入"②。

在阿辽沙和丽莎的一次会面中，当谈起伊万，阿辽沙坦陈，伊万、德米特里以及他的父亲都在毁灭自己，同时毁灭他人；有一股未经驯化的"卡拉马佐夫力量"，它原始、狂暴："甚至有没有神灵御风凌驾于这股力量之上——我也不知道。我只知道我自己也是一个卡拉马佐夫……"③何谓"卡拉马佐夫力量"？这种提法是在神性戒律的对立面得以呈现。在卡拉马佐夫家族中，正直中透出"残酷"的阿辽沙、狂暴横行和骚动不安的德米特里、冷漠而自我孤绝的伊万、荒淫无道的老卡拉马佐夫以及灵魂已经完全死亡的斯米尔加科夫（俄文"Смердяков"的词根是"смерть"，即死亡）——所有这些人都从不同侧面昭示了"卡拉马佐夫力量"的可怖之处。

另外，既然"卡拉马佐夫力量"是在神性戒律的对立面得以呈现的，那它就不单为实在意义上的"卡拉马佐夫"家族所独有，它成了一个隐喻，指向人类在本体论意义上的生命特征。它是强大的求生意志、充沛的生命激情，它是对私欲的顽固追求，是肉身之人在神性位格的标尺上不可避免的下坠倾向，同时，它又是将自身从人类生活整体当中分离出来、从对社会共同体的责任中抽身而逃的倾向——从神性之义的维度讲，这便是自我弃绝。或许我们可以说，未经驯化的"卡拉马佐夫力量"——这是酒神的力量，它破坏一切界限和规则，在永无休止的狂暴骚动中翻滚出混乱的旋涡；它构建起神性之光无法透析、更不用说照亮的黑暗王国。从这个意义上说，它拒绝"上帝之灵"的眷顾。

"卡拉马佐夫力量"在世人当中铺设了一条"恶"的阶梯。当德米特里向阿辽沙描述自己以往的无耻行径，阿辽沙说：

---

① Мочульский К. Достоевский. Жизнь и творчество. Париж：YMCA－Press，1980，с. 492.

② См.：Роберт Л. Бэлнеп. Структура 《Братьев Карамазовых》. Пер. с англ. В. С. Баевского，СПб.：《Академический проект》，1997，с. 11.

③ ［俄］陀思妥耶夫斯基，《卡拉马佐夫兄弟》，前引书，第262页。

……"你我登的是同样的阶梯。我在最低的一级，你在上面，大概第十
三级左右吧。这就是我对这事的看法，可这没什么两样，本质上完全相
同。谁要是踏上最低的一级，他迟早一定会登上最高的一级。"

"这么说，压根儿就不该踏上去？"

"要是做得到，的确压根儿就不该踏上去。"

"那么你做得到不？"

"恐怕做不到。"①

"恐怕做不到"——这个表述非常含混。《卡拉马佐夫兄弟》尚未写完，
陀思妥耶夫斯基就已离世。按照作家生前的构想，第一部只是阿辽沙青春时期
的一个瞬间，第二部才展开描述阿辽沙的生活作为。② 如此说来，阿辽沙只是
一个未完结的形象，我们看不到他离乡之后的精神走向。但是，小说中已经有
人为如何走向道德完善提供了路标。显而易见，设定路标的人就是压根儿不会
踏上"阶梯"的人。陀思妥耶夫斯基在创作《卡拉马佐夫兄弟》期间，研读
过托马斯·肯皮斯（Thomas à Kempis）《仿效基督》（*The Imitation of Christ*）
一书③，他一直坚守一个信念：人可以走向道德完美。

那么，谁能不踏上这"阶梯"？在小说中，这样的人显然是指佐西马和马
尔凯尔。

陀思妥耶夫斯基绕了一圈又回到了"修道院"。那么，佐西马和马尔凯尔
如何逃脱了"卡拉马佐夫力量"的牢笼？事实上，《白痴》之后，陀思妥耶夫
斯基创造的四个完美人物——吉洪、马卡尔·伊凡诺维奇、佐西马、马尔凯
尔，不仅都远离红尘，他们在道德完善上的问思逻辑也非常一致（陀思妥耶
夫斯基对吉洪的描写比较简略，这个形象还不够清晰）。马卡尔·伊凡诺维奇
曾对阿尔卡其说道：

"奥秘是什么？一切都是奥秘，朋友，在一切里面都有上帝的奥秘。
在每株树上，在每根草里都有那个奥秘。不论是小鸟儿啁啾，或是群星在
夜空中闪烁，——都是那种奥秘，同一种奥秘。最大的奥秘在于，在那个
世界上人的灵魂期待着什么，……生长吧，上帝的青草；小鸟儿在歌

---

① ［俄］陀思妥耶夫斯基，《卡拉马佐夫兄弟》，前引书，第168页。

② ［俄］陀思妥耶夫斯基，《卡拉马佐夫兄弟》，前引书，第2页。

③ Кантор В. К. «Судить Божью тварь». Пророческий пафос Достоевского: Очерки. М.：
РОССПЭН, 2010, с. 133.

唱，——上帝的小鸟儿，歌唱吧，……活在世上真有意思，亲爱的！"①

马卡尔·伊凡诺维奇所说的奥秘，是生命的奥秘，也是道德完美如何可能的奥秘。这个奥秘在马尔凯尔和佐西马那里得到进一步解释。佐西马曾回忆道：马尔凯尔在临死前，"请求"飞鸟的宽恕——

> 当时对此我们谁也理解不了，而他却流着喜悦的眼泪说：
> "是啊，在我周围充满了上帝的荣光：小鸟、树木、草地、天空，只有我过去一直生活在耻辱之中，只有我把一切都玷污了，全然没有察觉这般美景和荣光。"②

佐西马长老在临终前对"奥秘"的解释则更为详尽：

> 兄弟们，不要害怕人们的罪过；人即便有罪，也要爱他，因为这才与上帝的爱庶几近之，这才是世上最高的爱。要爱上帝创造的一切，爱其总体，也爱每一粒恒河之沙。爱每一片叶子，每一道上帝之光。爱动物，爱植物，爱万物。如若万物你皆爱之，你将从万物中领悟到上帝的奥秘。一旦有所领悟，你将开始孜孜不倦地一天天加深认识。最后你会爱上整个世界，那将是心连广宇、森森乎无所不包的爱。要爱动物，因为上帝赋予了它们思维的雏形和不受干扰的喜悦。不要干扰这种喜悦，不要虐待动物，不要剥夺它们的喜悦，不要对抗上帝的意图。人哪，不要傲视动物，它们是无罪的，而你自恃伟大，却以自己的出现污染大地，还在身后留下脏臭的痕迹——可惜的是我们几乎人人如此！……③

这些话语惊人的一致，甚至都具体地强调了对动物的爱。显然，他的这种爱是基于对世界的泛灵论的理解；既然上帝之灵在万物之中巡行，那万物便因普遍地具有神性而平等——不管是沙粒还是罪人。人之所以不能爱万物，是因为人太"恃傲自立"，认为自己与罪人或沙粒不平等，事实上，这不过是一个幻象。人被幻象所蒙蔽，就执着于差别而认识不到万物的同源性，更不用说回

---

① ［俄］陀思妥耶夫斯基，《少年》，前引书，第459－463页。
② ［俄］陀思妥耶夫斯基，《卡拉马佐夫兄弟》，前引书，第342页。
③ ［俄］陀思妥耶夫斯基，《卡拉马佐夫兄弟》，前引书，第377页。

到这个本源当中。人如果摆脱这个幻象，认识到自己与他物没有差别，"身份"平等，那还有什么理由去伤害小鸟，有什么理由评判同类的"罪人"呢。佐西马长老强调："要特别谨记，你不能充当任何人的法官。"① 如此，人在爱万物的过程中，与世界浑然一体，宽恕一切、拥抱一切，保持精神愉悦。所以，"天堂隐藏在我们每个人心中"②，能不能进"天堂"就看你能不能去除自我蒙蔽。

问题在于，人执着于幻象，无法回归神性的本源（共性）无非是因为人的个性：消除差别也就是进入"无我"状态。显而易见的是，马卡尔·伊凡诺维奇、佐西马、马尔凯尔成了梅什金公爵的同路人：他们像梅什金一样拒绝欲望和冲动对自身的限制，不然，就无法和世界浑然同一。

人类之中，只有儿童才自然地处于这种状态：意识尚未个体化而与世界浑然同一。黑格尔说："我们也可把完全没入客体中的意志叫做客观意志，例如儿童的意志，它只知信赖而缺乏主观自由，……"③ 完全没入客体也就是与世界浑然一体，它的后果是"丧失"个性。佐西马长老恰恰强调要把儿童视为"指路人"："要特别爱儿童，因为他们也是无罪的，如同天使一般；他们是为抚慰、净化我们的心灵而生，是给我们指路的。伤害幼儿的人必遭报应！我是从安菲姆神父那里学会爱儿童的：在我们云游四方时，这个很少说话的好人常常用募得的铜子儿买糕饼糖果分送给儿童；只要打从儿童身旁走过，他总禁不住怦然心动，——他就是这样的人。"④ 显而易见的是，安菲姆神父之所以被佐西马长老视为导师，正是因为他与儿童的相似性。越能回到儿童式的意识混沌状态，越能获得完美的道德品质，精神也越"健全"，相反，摆脱儿童状态而具有自我意识则是"患上疾病"——陀思妥耶夫斯基如是说："意识到（懂得）太多是一种病，真正的病、完完全全的病……不仅意识到太多是病，任何意识都是病。"⑤

需要指出的是：回到儿童状态，并不是回到现实中的儿童状态，而是在意识层面上回到儿童式的混沌状态。无个性的儿童没有善恶观，但人的道德完美状态不可能没有善恶观。那么，意识的混沌状态如何保有善恶观？这是一个精神的辩证法：人在扬弃了"世界中"的虚幻的善恶观之后，获得了实体性的

---

① ［俄］陀思妥耶夫斯基，《卡拉马佐夫兄弟》，前引书，第 379 页。
② ［俄］陀思妥耶夫斯基，《卡拉马佐夫兄弟》，前引书，第 358 页。
③ ［德］黑格尔，《法哲学原理》，前引书，第 35 页。
④ ［俄］陀思妥耶夫斯基，《卡拉马佐夫兄弟》，前引书，第 377 页。
⑤ Достоевский Ф. М. Полн. собр. Соч. :［В 30 т.］. Т. 5. Л. : Наука, 1973, с. 101 - 102.

伦理——爱。这是人精神发展的最高阶段，人虽然从形式上因消除了个性而意识混沌，但在和实体（上帝）的拥抱中，人又获得了真正的、更高端的、完满的个性。

学界对陀思妥耶夫斯基笔下的"儿童"已有颇多探讨。埃里克松曾指出，在陀思妥耶夫斯基这里，儿童是"观念的载体"：儿童丝毫没有使上帝之灵受到扭曲，儿童身上透出同情和公正，"儿童"是只专注人的物质需求的启蒙乐观主义的对立面。① 这些说法固然不错，但都没有命中问题的本质：对于陀思妥耶夫斯基来说，儿童的重要性在于他们的无个性状态是个体实现道德完满的前提。

但是，现实中的儿童因为没有善恶观念、没有私欲，他们的世界在极大程度上表现为避免了残酷的和谐图景。这一点被伊万置于神学教义中进行解释：儿童是尚未被撒旦引诱去偷吃善恶果的、人的"特殊存在者"。伊万强调了这一点：儿童是绝对纯洁的，他们不能代"吃了苹果"的父辈受过。伊万说："当孩子真正还是孩子的时候，比方说七岁之前，他们坚持与大人保持距离，简直像是另一种生命体，有着另一种天性。"②

由此我们就可以理解，为什么拉斯柯尔尼科夫会说"孩子是基督的形象：'天国是他们的'"③；为什么梅什金公爵"白痴"得像个孩子；而纳斯塔西娅（《白痴》）曾言，如果她为基督画一幅画——"我只画他一个人，因为有时候他的门徒常常撇下他一个人。我只留下一个小孩跟他待在一起。"④ 在陀思妥耶夫斯基的作品中，儿童具有天使般的形象。当陀思妥耶夫斯基描写一个道德极度败坏的角色，他通常会安排这个角色去伤害儿童：斯维德里加依洛夫对女童有着变态的情欲，而斯塔夫罗金干脆强奸了幼女。

如果我们把伊万所说的"七岁前"视为人的儿童时代，那么当一个人走出这个时代，便意味着他（她）不再是纯洁的天使，而逐渐沾染恶。在《卡拉马佐夫兄弟》中，以克拉索特金为例，这个十几岁的男孩身上不乏聪明、善良、勇敢等美好品质，但他骄傲，甚至"残酷"——他伤害了崇拜他的伊柳沙，尽管他很快就重新向伊柳沙伸出了友谊之手。如果说克拉索特金身上仍大量保留了儿童的纯真气质，那么丽莎则充分表现出人走出儿童阶段、魔鬼进

① Эриксон Ян. «Кто - то посетил мою душу…»: духовный путь Достоевского. Пер. со шведского Л. П. Олдыревой - Густафссон, Екатеринбург: Изд - во Урал. ун - та, 2010, с. 55 - 74.
② ［俄］陀思妥耶夫斯基，《卡拉马佐夫兄弟》，前引书，第 282 页。
③ ［俄］陀思妥耶夫斯基，《罪与罚》，前引书，第 307 页。
④ ［俄］陀思妥耶夫斯基，《白痴》，前引书，第 440 页。

入心灵的情状。丽莎情窦初开，遭受着"情爱"的自我折磨，总是陷入歇斯底里的情态。"对于丽莎来说，儿童的纯真无瑕的消散给她带来了极端的诱惑。"① 叶夫拉姆皮耶夫这里所说的"极端的诱惑"表现为强烈的破坏欲。丽莎对阿辽沙说：

> "……我真想放火烧房子，阿辽沙，烧掉我们这个家。……有时候我想干好多好多坏事，做到无恶不作，而这一切都是在长时期内偷偷干的。一旦大家知道了真相，把我围起来戳我的脊梁骨，我将横眉冷对千夫指。这一定非常愉快。"②

丽莎破坏秩序的强烈欲望恰恰来自她坚实的秩序感：没有秩序感就无从破坏秩序。而且，也正是因为秩序感，她才要"偷偷地"破坏：秩序隐含着对破坏者的约束和惩罚。同理，破坏的快感也是缘自对秩序的反动。在丽莎身上，破坏欲表现为最极端的残忍（尽管这种残忍只是在意识之内）。丽莎向阿辽沙描述了一个残忍事件：

> "我在一本书上读到某处法庭审一桩案子。有个犹太人把一个四岁的男孩先断去两只手上所有的指头，然后用钉子把他在墙上钉成一个十字。犹太人在法庭上说，孩子很快就死了，才四个小时。这还叫'很快'？!他说孩子直哼哼，不断地哼哼，他自己站着欣赏。……"③

虐杀儿童——这是最极端的罪行。丽莎在阅读中得到了极大的快感，她甚至想象自己是施暴者，但比故事中的犹太人更甚，她不是站着，而是吃着水果怡然自得地欣赏：

> "真棒。有时我以为，是我自己把孩子钉上去的。他悬在墙上发出呻吟，我就坐在他对面吃糖水菠萝。"④

---

① Евлампиев И. И. Философия человека в творчестве Ф. Достоевского（от ранних произведений к «Братьям Карамазовым»），СПб.：Издательство Русской христианской гуманитарной академии，2012，с. 502.
② ［俄］陀思妥耶夫斯基，《卡拉马佐夫兄弟》，前引书，第 687–688 页。
③ ［俄］陀思妥耶夫斯基，《卡拉马佐夫兄弟》，前引书，第 690 页。
④ ［俄］陀思妥耶夫斯基，《卡拉马佐夫兄弟》，前引书，第 690 页。

有趣的是，丽莎的"残酷"和同情纠缠在一起，二者共生共存，任何一个都不能被单独分离出来：

> ……"我读了这个犹太人的故事后，浑身哆嗦，哭了整整一夜。我想象那孩子呼叫和呻吟的惨状（四岁的孩子多少已经懂事了），而我一直被有关糖水菠萝的想法缠住。……"①

在《卡拉马佐夫兄弟》这部极为观念化的小说中，丽莎这一形象的观念化程度无疑比一般角色要高得多：正常的成长中的少女尽管会有破坏欲，但绝不会像丽莎这般强烈，不会设想边吃着菠萝边欣赏虐童场面。丽莎对秩序的反动已经到了无法再加码的地步。对秩序的极度反动也昭示出复返无秩序的儿童意识的可能性，这意味着丽莎有精神得救的可能：过多的意识是一种病，但拒绝将意识秩序化则是走向痊愈。在小说最后，我们发现，丽莎腿病痊愈，如果我们同意巴耶夫斯基（B. C. Баевский）所说的身体疾病是对精神疾病的隐喻，那显然，走下轮椅的丽莎已经摆脱了精神疾病。叶夫拉姆皮耶夫认为，陀思妥耶夫斯基在小说中描述了人身上善恶交织的二律背反，丽莎正是表现这一二律背反的艺术模型。② 在笔者看来，陀思妥耶夫斯基通过丽莎展示了"儿童—成人—儿童"的精神辩证法。

儿童是成人道德自我完善的引路人，但儿童品质并非生理意义上的儿童所独有，成年人也可能有儿童气质。在卡拉马佐夫家三兄弟当中，德米特里身上的儿童品质格外引人注目（阿辽沙暂且不论），"儿童"也成为他最后精神复活的关键。德米特里慷慨、热情，尤其能与周围人（包括下层小市民）打成一片——这意味着他像"儿童"一样不区分地对待身边的人。同时，他也是个极为天真的人，命案发生前，他四处奔走，自信地认为可以凭一个荒唐的方案去拿到三千卢布，这表现出他智性的不健全。当他离开霍赫拉科娃家，这个"体格如此强壮的一条汉子，竟像个小孩子一般泪流满面"③。此外，德米特里挥霍无度，缺乏成年人应有的度入为出的自我保存意识。在小说中，车夫安德烈一语道破了德米特里身上的儿童品格："可您的脾性，大爷，就跟小孩子一

---

① ［俄］陀思妥耶夫斯基，《卡拉马佐夫兄弟》，前引书，第 690 页。

② Евлампиев И. И. Философия человека в творчестве Ф. Достоевского（от ранних произведений к «Братьям Карамазовым»），СПб.：Издательство Русской христианской гуманитарной академии，2012，с. 504.

③ ［俄］陀思妥耶夫斯基，《卡拉马佐夫兄弟》，前引书，第 461 页。

个样……我们都这样看您。"

德米特里浓郁的孩童气质使他的生活极度无序，但正如丽莎，精神错乱也为他提供了接近上帝的可能性：

> "……我的内心世界一片混沌，完全是一团乱麻……随它去吧！我的整个生活都是乱糟糟的，必须结束这种局面。"
>
> ……
>
> "天上的主啊，赞美你！
>
> 我心上的主啊，赞美你！……"①

在小说中，德米特里两次诵出这赞美上帝的诗句：第一次是他向阿辽沙倾诉自己生活历史的时候，第二次是他准备挥霍藏在胸前的一千五百卢布、去找格露莘卡之时。② 显而易见的是，德米特里走向信仰的潜质使他避免了可能犯下的罪恶：弑父。德米特里精神的真正获救是在他作为嫌犯被逮捕之后，获救的契机是他的一个梦：他梦见一个大草原上，冬天的大雪中，在一个毁于火灾的村落中，有一个骨瘦如柴、乳房干瘪的女人怀抱一个孩童，这个孩子因寒冷和饥饿大声哭喊。梦醒之后，德米特里感到，一种从未有过的怜悯之情在他心中油然而生，他向身边的车夫安德烈发出一连串的追问：

> ……"为什么房屋被烧的那些母亲站在那里？为什么人们那样穷？为什么娃子那么可怜？为什么草原上光秃秃什么也没有？为什么不见她们互相拥抱、亲吻，唱欢乐的歌？为什么她们一个个满脸晦气？为什么不给娃子喂奶？"③

德米特里这一连串呼问，不仅是问车夫安德烈，更是问自己的良知，问这个充满残酷的世界。为什么孩童要受苦，为什么人们不能互爱——这与伊万同阿辽沙对谈时提出的问题极为相近，但与伊万不同，德米特里之问并不是生发

---

① ［俄］陀思妥耶夫斯基，《卡拉马佐夫兄弟》，前引书，第 481 页。

② 在陀思妥耶夫斯基原著中，德米特里两次吟诵的诗句是一致的："Слава Высшему на свете, Слава Высшему во мне"，См. : Достоевский Ф. М. Полн. собр. Соч. : ［В 30 т.］. Т. 13. Л. : Наука, 1976, c. 96, 366. 荣如德先生的译本中，除了前引文，另一处被译为："荣耀归于人世间的至高无上者，荣耀归于我心中的至高无上者！……"见：［俄］陀思妥耶夫斯基，《卡拉马佐夫兄弟》，前引书，第 117 页。

③ ［俄］陀思妥耶夫斯基，《卡拉马佐夫兄弟》，前引书，第 601 页。

于逻辑，而是出于炽热的心灵。这个梦使德米特里彻底获得了新生。当阿辽沙到监牢中去看他，他说："小弟，最近两个月我觉得自己换了一个人，一个新人在我身上诞生了。他一直给禁闭在我的躯壳里边，要不是这次晴天霹雳，恐怕永无出头之日。……为什么我会梦见'娃子'？'为什么娃子这般穷苦？'这在那时候是上苍给我下达的晓谕！"① 在上帝的启示中，孩童受苦以极端的形式昭示了人世间的残酷，但是，当人达到孩童式的纯真状态，就不会容忍残酷事件的发生，相反，人与人会流着泪相互拥抱，建构起"天堂"。在德米特里身上，佐西马长老的训诫得到了证明：天堂就在我们心中——只要我们走出封闭的心门。

如果说德米特里获救是因为其儿童品质，那么，伊万最后摆脱对信仰的怀疑显然也与他同儿童的相似性不无关系。伊万是信仰的"孩童"，他像"小孩子一样深信，创痛将会愈合平复"，他为儿童的苦难向上帝申诉。在与阿辽沙的长谈中，他也会"倏地微微一笑，完全像个听话的乖孩子"② 值得一提的是，通常被视为理性化身的伊万的生活冥思是完全不合逻辑的："我愣是活着，哪怕不合逻辑。尽管我不信万象有序，但我珍爱黏糊糊的、春天发芽的叶片，珍爱蓝天，珍爱有时自己也不知道——信不信由你——为什么会爱的某些人……"③ "黏糊糊"这个词形象地暗示出伊万意识中混沌的维度，从这个意义上，伊万在小说结尾获得新生，丝毫不让人意外。伊万重生的外在表象是发了疯，而疯癫和痴呆正是成人回复到儿童的混沌状态的直观形象，梅什金公爵就是一个"白痴"，而《群魔》中疯疯癫癫的费拉列特神父也通常被视为一个"圣愚式"的角色。当然，伊万发疯与梅什金或费拉列特不同，是对他被逻辑所侵蚀的精神的一次疗救。

卡拉马佐夫家庭的三兄弟都摆脱了精神危机，但他们都称不上完美的人物，以德米特里为例，虽然他重获新生，但他仍带来"残酷"，而佐西马式的完美人物不会导致任何残酷。显然，这是因为他们尚没有完全克服"卡拉马佐夫力量"。

《白痴》发表以后，陀思妥耶夫斯基在《群魔》的手稿中写下："耶稣不懂女人"④。为什么耶稣不懂女人？梅什金这个耶稣式的形象进入到爱情纠葛当中，也引发了悲剧。对于陀思妥耶夫斯基来说，这意味着耶稣身上体现的道

---

① ［俄］陀思妥耶夫斯基，《卡拉马佐夫兄弟》，前引书，第699页。
② ［俄］陀思妥耶夫斯基，《卡拉马佐夫兄弟》，前引书，第281页。
③ ［俄］陀思妥耶夫斯基，《卡拉马佐夫兄弟》，前引书，第273页。
④ 转引自［美］乔治·斯坦纳，《托尔斯泰或陀思妥耶夫斯基》，前引书，第158页。

德对于两性关系是无效的——原因很明显：进入耶稣式的道德完美状态要求放弃（世俗意义上的）个性，将他人视为携带着上帝之灵的、无差别的个体。但情欲恰恰是男女双方个性最强烈的表达，它不可避免地带来"残酷"。

德米特里是风月老手，他似乎很懂女人。当老卡拉马佐夫被杀，德米特里作为嫌犯入狱，此时已决定委身于他的格露莘卡有次去探视，两人发生了争吵。起因在于，格露莘卡的"旧爱"——那个卑鄙猥琐的波兰军官和同伴潦倒不堪，他们不断向格露莘卡求助。格露莘卡起初不为所动，但最后还是动了恻隐之心，去探望他们，并借给他们钱用。德米特里对此大为吃醋，他当着格露莘卡的面大加夸赞自己的"旧爱"——卡嘉，说卡嘉为了救他出来，花重金从彼得堡请来了大律师。对此，格露莘卡极为恼怒。她向阿辽沙抱怨说：米嘉并不是真吃她的醋，因为吃醋也是"爱"的一种形式，米嘉若不爱她，便不会吃醋，问题恰恰在于，米嘉对卡嘉旧情难舍、念念不忘，所以只是假意对她格露莘卡吃醋；米嘉吃醋不过是为他夸赞卡嘉寻找的一个口实，装装样子而已。

这实在是复杂而微妙的情感纠葛，但在恋人之间，这又是再简单平常不过了。在笔者看来，格露莘卡何尝不深知米嘉只爱她一人，是真的吃她的醋。而且，米嘉当着她的面夸耀卡嘉，可能是因吃醋而故意刺激她，也可能是米嘉心直口快的性格使然，这都可以理解。格露莘卡小题大做的原因首先在于一种焦虑感，因为她深爱之人即将受审，极有可能受重刑，她难免为之不安。另外，她刚刚找到的"真爱"面临牢狱之灾，而她决定将以余生去陪伴他，这难免需要一次爱的"确证"，尽管她自知这个确证是多余的。

阿辽沙在安慰了格露莘卡之后，他找到德米特里，向哥哥描述了格露莘卡的情状之后，遗憾地发问："为什么不认错？"

对此，米嘉开心地笑了。他说："上帝保佑，亲爱的好兄弟，无论什么时候你可千万不能向所爱的女人认错。尤其不能向心爱的女人请求宽恕，这尤其要不得，不管你多么对不起她！因为女人——小弟，鬼知道女人究竟是怎么回事；女人的脾性至少我是摸得准的！你要是向她认错，说：'是我不对，原谅我，对不起，'——责备和埋怨立刻会像大雨倾盆！她决计不会爽快地原谅你，一定要把你贬得连一块抹布也不如，把陈芝麻、烂谷子甚至压根儿没有的事统统倒腾出来，什么也不会忘记，还要添油加醋，那时候才会原谅。……我还是用别的办法补偿格露莎，就是不能请她原谅。"①

———————————

① ［俄］陀思妥耶夫斯基，《卡拉马佐夫兄弟》，前引书，第 702 页。

这是恋人之间的"斗智斗勇","战斗"的双方并不遵循日常道德逻辑，按照德米特里的说法，在对峙当中，女人会因男人的服输而情绪化，小题大做，让男人在"猛烈的炮火"之下无处遁逃。所以德米特里——这个经验丰富的情场老手策略性地选择不"认错"，而是通过其他方式弥补自身的"错误"。这更像是个双方都乐在其中的"游戏"，它似乎并不带来"残酷"。但是此处无"残酷"不代表彼处无"残酷"。德米特里和卡嘉的关系就远称不上甜蜜的爱了，我们知道，在德米特里受审之时，当命运开始向他微笑，卡嘉骤然改变证词，使他的命运彻底翻转。卡嘉不是一个残忍的女人，从小说中一系列事件，比如拿钱去救助被德米特里侮辱的斯涅吉辽夫来看，她甚至称得上善良和高尚。她为了为德米特脱罪，花大价钱请了彼得堡最好的律师；她在法庭上最初的证词也不顾失去上流社会的体面身份而力证德米特里的慷慨和崇高；在法庭审判之后，她还积极筹划使德米特里越狱。卡嘉的残酷只是因为她和德米特里的情爱关系。

进入情爱关系可被视为人的个性的一个象征性表达。个体只有消除个性，才能驱赶屏蔽了"上帝之灵"的卡拉马佐夫力量，才能像佐西马长老和马尔凯尔一样达到道德完美的境界，才不会给世界（包括自身）带来任何"伤害"。而只有人人达到这种完美境界，才能彻底扫除尘世中恶的阴霾，才能真正实现"黄金时代"。

那么，如果这一切是以消除人的个性为代价，这又如何可能？尘世之所以被命名为尘世，就是因为它不是修道院，尘世当中，人们的欲望和个性像尘土一样覆盖在整个大地上。这就构成了尘世生活和"黄金时代"的悲剧性冲突。这一冲突在《白痴》中已露端倪；而在《卡拉马佐夫兄弟》当中，陀思妥耶夫斯基终于彻底地意识到：他的道德学说进入了无法摆脱的困境。

在宗教大法官和耶稣的对话中，陀思妥耶夫斯基自嘲式地表达了这种困境。宗教大法官为了消除"卡拉马佐夫力量"，建立了一个"完美"的政治王国，其代价正是取消了世人的个性。

在创作《卡拉马佐夫兄弟》期间，陀思妥耶夫斯基已经彻底放弃了"人人都可以成为耶稣"的乐观幻想。"卡拉马佐夫力量"是如此强大，绝大多数人根本不可能自发地、无功利地履行道德义务并达到道德完美状态。

1878年，在致尼·卢·奥兹米多夫（Н. Л. Озмидов）的一封信中，陀思妥耶夫斯基写道："如果我定将在大地上完全死去，我又何必好好地生活和行善？如果没有永生，一切事情就仅仅在于度完我的岁月，之后哪怕是天崩地裂也与我无关。如果是这样，那么我为什么（如果只要凭我的灵活和聪明就可逃脱法网）不去杀人，不去抢劫和偷盗?"① 陀思妥耶夫斯基这一思想在伊万口中得到了一个简化的表达：没有永生，就没有道德。

这种表达在字里行间透出了陀思妥耶夫斯基对人性的悲观情绪。上帝—永生对于信仰者的意义在于：行善便可获救、进入天堂，行恶则意味着将被打入地狱。因为相信上帝和来世而践行道德，这本质上是一种功利主义的立场。陀思妥耶夫斯基把永生作为道德来源，就悬置了他一直强调的以耶稣为样板的道德"义务"，道德不再是义务，而是手段——尽管这个手段还是以耶稣为榜样。

另外，值得注意的是，陀思妥耶夫斯基仍然没有放弃他关于"黄金时代"的梦想。在《卡拉马佐夫兄弟》中，伊万提出的也得到佐西马长老赞同的"教会国家化"学说正是作家的一个终极的、不自信的设想。如果实现教会国家化，那么人犯罪就是与基督教会为敌，而被革除教门的人无处可去。然而，这个神权政治的表述极其含混：如何界定人的罪行？违反了基督戒律的行为都可被视为罪行吗？若是如此，强制性地使人们履行以基督为样板的道德义务是否会走向大法官一途？陀思妥耶夫斯基已经无法回答。

---

① ［俄］陀思妥耶夫斯基，《书信集》（下），前引书，第 1057 页。

第六章　"自我完善论"之下的"政治批判"

人与人之间兄弟般互爱的"黄金时代"梦想本质上是一种政治筹划，它必然会牵引出陀思妥耶夫斯基对当时俄罗斯社会政治问题的思考。我们知道，青年时代的陀思妥耶夫斯基信奉乌托邦社会主义，那么当他转向"自我完善论"，他如何问思"政治问题"？学界有陀思妥耶夫斯基拥护沙皇专制之说，在笔者看来，这一判断是可以商榷的。陀思妥耶夫斯基绝不是一个专制主义者，他流放后的政治话语中表现出对一切制度性建构的深深的怀疑，这即标示出他强烈的政治批判立场。

第一节　拥护沙皇专制？

19 到 20 世纪的一些左派批评家们认为：政治迫害使陀思妥耶夫斯基开始犬儒地逃避自由，支持专制制度，进而走向了自由的反面。米哈伊洛夫斯基指出，陀思妥耶夫斯基《地下室手记》中的地下室人声称从"鲜活的生活"（живая жизнь）转入"书卷生活"（книзная жизнь），这实乃陀思妥耶夫斯基本人的生活写照。在米哈伊洛夫斯基看来，"鲜活的生活"指对生活的热烈追求，它需要具体的实践行为，对应着人的实践环境。而"书卷生活"则意味着遁入书卷的象牙塔，沉浸于审美或思辨的幻觉当中，回避现实。米哈伊洛夫斯基进而指出，陀思妥耶夫斯基的这一转向无疑是其在彼得拉舍夫斯基一案中所受的政治迫害所致。① 可以说，指责陀思妥耶夫斯基在政治高压下走向犬

---

① Белкин А. А. Ф. М. Достоевский в русской критике. М. : Государственное издательство художественной литературы, 1956, с. 381－382.

儒主义这一批评声音在近两个世纪的"陀思妥耶夫斯基学"中有着强烈的回响，卢纳察尔斯基（А. В. Луначарский）指出：在一个竞争残酷、弱肉强食的社会，市民阶层中通常会出现三种应对现实的思想样态：尼采超越善恶的"超人学说"、车尔尼雪夫斯基式的革命道路、犬儒主义，而陀思妥耶夫斯基正是一个彻头彻尾的犬儒主义者。在卢纳察尔斯基看来：即使是陀思妥耶夫斯基在参与地下政治活动之时，他身上也隐蔽地散发着市民阶级的犬儒气味，而在遭流刑之苦痛折磨之后，陀思妥耶夫斯基便完全走上了犬儒主义的道路——遁入宗教：

> 但是市民阶层的庸人不会离开修道院：当面对过眼云烟般的市场，面对生活的非真理部分，他在它们的中心树了一座祭坛，以便祷词、礼拜、蜡烛、香炉以及隐秘的戒律与另一个世界相接触。在他看来，这是一个更好的世界，这里只有安宁和光明。①

左派批评家对陀思妥耶夫斯基的指责总体上基于以下两点事实：其一，与别林斯基决裂，并开始大肆攻击自由派分子；其二，拥护沙皇亚历山大二世，且一度与梅谢尔斯基（В. П. Мещерский）② 这样的"反动文人"关系密切。陀思妥耶夫斯基攻击自由派并不能成为其支持专制政府的充分条件。但他面临的第二项"指控"却似乎很有说服力。陀思妥耶夫斯基几乎可以说是亚历山大二世的拥趸。1868 年，他在致好友迈科夫（А. Н. Майков）的信中说，他"最终成了一个十足的君主主义者了"，"我们俄国人民过去和现在都将自己的爱心奉献给我们的任何一位沙皇，并且唯独信任他，彻底地信任他。……愿上帝赐福他至少再活上四十年，他为俄罗斯所做的勋业几乎比他所有的先人所做的合在一起还要多。而主要的是人们都那么爱他。现在俄国的一切运动、

---

① Белкин А. А. Ф. М. Достоевский в русской критике. М.: Государственное издательство художественной литературы, 1956, с. 438 –439.

② 梅谢尔斯基是当时俄罗斯保守派的首脑人物，格罗斯曼亦在陀氏的传记中提到此人"写过一些内容空泛的关于上流社会生活的长篇小说。他在宫廷内颇有影响，有权提名大臣候选人，并在钱财方面卷入过他那些候选人的丑闻和可耻勾当。稍后同他结识的谢·尤·维特在回忆录中指出，梅谢尔斯基攀附君王与权贵，目的在于为他创办的《公民》杂志谋取津贴，并尽可能多地利用公款奖励他所宠幸的文人学士。同这样一位政治投机家接近，是陀思妥耶夫斯基一生的可悲事件，也几乎是他最大的错误。"见：[俄]格罗斯曼，《陀思妥耶夫斯基传》，王健夫译，北京：外国文学出版社，1987，第614 页。阿·别尔金也曾指出："进入由梅谢尔斯基公爵主编的、反动的、维护君主专制的《公民》杂志编辑部更是进一步败坏了他的作家声誉。"См.: Белкин А. А. Ф. М. Достоевский в русской критике. М.: Государственное издательство художественной литературы, 1956, с. 6.

一切改革都基于这一支柱,而且也只依赖这一支柱。"① 据陀思妥耶夫斯卡娅回忆,当别列佐夫斯基(А. Березовский)行刺亚历山大二世这一事件发生后,得到消息的陀思妥耶夫斯基真可谓"面无人色",惶恐到了极点,他们火速到大使馆确认消息,当得知刺杀未遂——"当即请求准许把我们的名字记在来过大使馆的人的名单里,以示我们的愤慨,抗议这起卑鄙的谋杀"②。

陀思妥耶夫斯基为什么如此拥戴亚历山大二世?洛茨基指出,陀思妥耶夫斯基流放结束后,亚历山大二世恢复其军官地位,许可其发表文章,允许他居住在首都,以及更为重要的:发动社会改革,使当时俄罗斯俨然焕发出一种新气象——所有这些因素使陀思妥耶夫斯基为亚历山大二世的个性所吸引,成为热切而忠诚的政府拥护者。③ 陀思妥耶夫斯基受到亚历山大二世"恩惠",这暂且不谈,但他因这个"开明君主"的改革而欣赏其"人格",这并不奇怪。以农奴制改革为例,美国史学家尼古拉·梁赞诺夫斯基(N. V. Riasanovsky)指出,这是史上"最伟大的立法",当然有些夸大其词,但不能否认这是一次"伟大的改革":"这次改革直接影响了约5200万农民和2000多万私有土地主的农奴的地位。相比较而言,同时代美国400万黑人奴隶在内战之后获得的解放,并不是经过和平的法律程序。农奴解放的道德价值,毫无疑问是非常巨大和不可估量的。"④ 亚历山大二世能在重重压力之下发动农奴制改革,足见其魄力和社会关怀,这让陀思妥耶夫斯基这个深具人道主义关怀的基督徒为之倾倒实在是合情合理。

与梅谢尔斯基公爵的"密切关系"更无损于陀思妥耶夫斯基的"声誉"。1873年,梅谢尔斯基在《公民》上发文谈大学生问题,在文章发表以前,陀思妥耶夫斯基对其中提到的政府应加强监督学生的说法极其不满,他在写给梅谢尔斯基的信中说:"我彻底删除了有关监督的七行文字,或者用您的说法说,有关政府在监督上花的力气的七行文字。我有文学家的声誉,除此之外,我还有孩子,我无意断送自己。"⑤ 在此事当中,陀思妥耶夫斯基对基本的政治自由的体认显露无遗。他最后退出《公民》编辑部,根本原因正在于他和

① [俄]陀思妥耶夫斯基,《书信集》(上),前引书,第557-559页。

② [俄]安·格·陀思妥耶夫斯卡娅,《永生永世的爱》,前引书,第154页。

③ Лосский Н. Достоевский и его христианское миропонимание. Нью-Йорк:Издательство имени Чехова,1953,c. 142.

④ [美]尼古拉·梁赞诺夫斯基、马克·斯坦伯格,《俄罗斯史》,杨烨、卿文辉译,上海:上海人民出版社,2007,第343页。

⑤ [俄]陀思妥耶夫斯基,《书信集》(下),前引书,第884页。

梅谢尔斯基的政治分歧。完全可以说，陀思妥耶夫斯基进入梅谢尔斯基的编辑部，不过是一种生存策略。

　　洛茨基还举例说明了陀思妥耶夫斯基对于告密的态度：苏沃林（А. С. Суворин）曾在自己的日记里记录了他和陀思妥耶夫斯基的一次私人会面，此间两个人"谈起政治罪，特别是冬宫爆炸案，陀思妥耶夫斯基好像很同情他们，或者更准确地说，不太清楚怎么评价他们。这时，陀思妥耶夫斯基说'设想，假如我们站在达奇阿罗（Дациаро）商店的窗下看画，忽然听到两个人的谈话，其中一人对另一人说他已经启动了装置，冬宫将被引爆。我们该怎么办呢？跑到冬宫去预警说是炸弹要爆炸？去警察局？或是找巡警？让他们逮捕这些人？您去吗？'——'不，应该不会'——苏沃林回答。'我也不会去，为什么？因为这太可怕了，这是犯罪。'对于陀思妥耶夫斯基来说，不去告发这一罪行的理由极为充分，而让他去告发的理由则微不足道。'我只是担心被视为告密者，我们这里一切都不正常'"①。

　　陀思妥耶夫斯基不去告密，其根本原因绝不在于他担心得罪自由派，而在于他坚守着自身的道德底线以及对基本的政治自由的捍卫。告密是政治鹰犬的可耻行径，陀思妥耶夫斯基本人就曾深受其害。显而易见，陀思妥耶夫斯基并不支持"专制"制度。格罗斯曼等人激进的意识形态批判立场一贯遵循的是"非友即敌"的敌我逻辑，他们简化了事实。

第二节　制度的"不可靠"

　　自称君主主义者的陀思妥耶夫斯基不支持"专制"制度，那他理想的政制是何种样态？开明的君主制？欲回答这一疑问，我们可以回到亚历山大二世的社会改革上，以陀思妥耶夫斯基对具体改革措施的反应来切入问题。透出巨大的道德价值的农奴制改革让陀思妥耶夫斯基欣喜振奋，但其他改革措施未必能招他喜欢。

　　我们先来看看亚历山大二世的财政改革，在他任期内，俄罗斯建立了国库、公开财政预算，"并且于1866年创建了国家银行，使存贷款和财政的权力

---

① Лосский Н. Достоевский и его христианское миропонимание. Нью－Йорк：Издательство имени Чехова，1953，с. 138.

集中于中央"①。这些改革措施的意图很明显：建立与西欧接轨的金融体制，进而为本国资本主义的发展提供良好的环境。前文我们已经探讨过陀思妥耶夫斯基对资本主义的态度，显然，按照他的逻辑，能促进资本主义发展的措施，必然不是什么好东西。

意大利批评家吉多·卡尔皮（Guido Carpi）指出：1863 年，俄罗斯因波兰起义、彼得堡春季大火以及虚无主义浪潮而爆发了经济危机。由于国家财政亏损，国家银行在整个俄罗斯境内都停止兑款。经济萧条持续了很长时间，卢布贬值使商品价格上涨——与 1857 年相比涨了一半。这使大量商人破产，其中也包括陀思妥耶夫斯基兄弟。政府为了扭转经济局面，采取了一系列措施，包括通过国家银行拨款推进地方基础设施建设（比如修铁路），以及发行年内收益高达 4 倍的债券。社会民众出于一夜暴富的投机心理购买债券无疑具有极大风险。吉多·卡尔皮进而指出，陀思妥耶夫斯基在《白痴》当中已经描绘了类似情况的灾难性后果②：

> ……譬如说，在过去数十年中，大家都把自己的钱存在钱庄，月息四厘，一存就是几十个亿，如果没有了钱庄，由着大家爱干什么干什么，不用说，这些成百万、成千万，上万万的钱的大部分，肯定会在狂热的股票交易中丧失殆尽，落到骗子们的手里……③

陀思妥耶夫斯基的《白痴》构思于 1867 年作家旅欧期间，他正是受经济危机影响而跑到国外躲债，颇受折磨。这段文字透出浓郁的针砭实弊的意味，作家批判的着眼点不仅关乎人们的投机心理，更将矛头对准了新生的股票交易制度及其背后的资本主义经济制度——市场经济之下的风险交易容易使普通人的财富被大资本家甚至国家窃取。不仅如此，作家的批判对象也隐晦地包含了19 世纪 60 年代国家的金融政策——它为资本主义发展推波助澜，喂肥了把尖牙对准人民的"吸血鬼"。

俄罗斯需要欧洲式的财政改革吗？1881 年，陀思妥耶夫斯基在《作家日记》上连载多篇文章讨论了这一问题。他给出的答案是否定的：欧洲的财政改革有着丰厚的现实土壤——封建关系已经瓦解了数百年；而俄罗斯的农奴制

---

① ［美］尼古拉·梁赞诺夫斯基、马克·斯坦伯格，《俄罗斯史》，前引书，第 347 页。

② Гуидо Карпи. Достоевский - экономист очерки по социологии литературы. М.：Фаланстер，с. 58 - 60.

③ ［俄］陀思妥耶夫斯基，《白痴》，前引书，第 316 页。

刚落下帷幕，根本没有借用欧洲财政体系的条件，如果强力为之，那必然带来灾难性的后果——国家财富被"强盗"合法地窃取，经济危机，普遍贫困。陀思妥耶夫斯基的说法似乎不无道理，但俄罗斯需要什么样的财政制度？陀思妥耶夫斯基干脆回避了这一问题，他强调：财政改革并不是解决现实问题的根本，应该把注意力转移到改善"根基"上——"在我看来，就连废除盐税或者是期待中的重大的税制改革之类的基本改革，都不过是一些治标办法，是外在的措施，不是从根基入手的……"① 如何改善根基？首先要改善人民的生活状况，其次是要学习人民的东正教品质。

财政改革不合国情，这不是根本问题，因为对于陀思妥耶夫斯基来说，即使是"废除盐税"这一让他看到了"良性价值"的改革举措，也因为不过是"治标"之用而并不重要。那么，在陀思妥耶夫斯基的思想视域中，是否一切制度性建构都不重要？

我们再来看看他对当时俄罗斯司法改革的态度。在"前改革"时代，俄罗斯的司法系统与等级制度相勾连，司法和行政不分离，引发了大量的司法专断、司法腐败现象。亚历山大二世司法改革的基本内容是建立陪审团制度（除欧俄各省以外）。沃尔特·G. 莫斯（Walt G. Moss）曾简要概括了19世纪俄罗斯陪审团制度的内涵：

> 在完全采用陪审法庭制的地区，下述原则开始发挥效应：1. 两种独立的法庭体制的创立——较重大的民事案件或刑事案件，由常规法庭审理；较小的案件，则由自治会或市杜马选举的安全委员会成员组成的法庭审理。2. 在无论哪种体系中，公民都有权向上级法庭上诉。3. 司法独立于行政干预，法官职位为终身制，除非因道德不正当行为被免职。4. 陪审法庭一般审理重大刑事案件，只有反对国家罪除外。5. 律师的权力。6. 法庭审理过程对公众公开。7. 口头证词和起诉状同样可以被采信——与旧司法体系下只能采信书面证词的做法不同。8. 确立职业律师制。②

俄罗斯的司法改革受到一些学者的高度评价，比如尼古拉·梁赞诺夫斯基曾提道："他们几乎在一夜之间将世界上最差的俄国司法制度变成了文明世界

---

① ［俄］陀思妥耶夫斯基，《作家日记》（下），前引书，第1026页。

② ［美］沃尔特·G. 莫斯，《俄国史（1855—1966）》，张冰译，海口：海南出版社，2008，第31页。

里最好的一种司法制度。"① 新的司法制度一度让陀思妥耶夫斯基兴奋不已，陀思妥耶夫斯卡娅在 1867 年的日记中曾讲道：陀思妥耶夫斯基对陪审团制度下的案件审判非常感兴趣，"由于陪审员的判决公正而又明智，他有时甚至会欣喜若狂，十分感动，还总把他从报上看到的和涉及到司法范围的一切奇闻怪事告诉我"②。此间陀思妥耶夫斯基正在写《白痴》，从小说手稿中可以看到，他甚至想把当时在俄罗斯轰动一时的奥莉加·乌梅茨卡娅案化入情节。1868年，他在致迈科夫的信中写道："公开审判对沙皇和对所有的俄国人的帮助多么大啊！天啊，哪怕是敌对的、西方式的公开审判。"③

然而，陀思妥耶夫斯基的欣喜并没有持续多久。1871 年，在致迈科夫的一封信中，他写道："而那备受吹捧的审判法庭又怎么样呢？我现在正在读有关德米特里耶娃案件的材料，——宣告她无罪了！这些山鹬！他们正如所预料的那样反复说老一套。不，显然，在世上最难做到的是洁身自好。"④ 这个被控以盗窃罪和杀婴罪的女嫌犯竟被宣判无罪释放，这惹恼了陀思妥耶夫斯基。从他的上述表述看，这显然不是一只苍蝇坏了一锅粥的问题，而是"老一套"——陀思妥耶夫斯基对陪审团制度的批判态度已非常明显。

1877 年，陀思妥耶夫斯基在《作家日记》上发表文章系统地对陪审团制度展开批判。在他看来，陪审团制度的推行根本没有起到司法公正和普法教育的效果：陪审员并不总是"很有教养"，而且他们受限于自己的生活事务，通常不能深入钻研案件，得出独立结论；辩护人看重的只是辩护技巧和辩护效果，而非事实认定，"为了把被告开脱得比山巅的雪还要纯洁无瑕，已经把凡是可能与不可能设想的一切全都用上了"⑤；检察官则为了罗织罪名而"蓄意撒谎"……如此，审判成为一场表演，审判结果并不基于犯罪事实，而要看控辩双方的"手段"。出席审判的观众则津津乐道地观看这场表演，这逐渐在他们心中滋生了虚伪："人们渴求的已经不是真理，而是才能，只是为了欢快和消遣。人道情感变得迟钝起来，用昏厥倒地的办法已经不能使人道情感复苏。"⑥ 如此说来，陪审团制度不仅无助于澄清罪案事实、公正判决，反而使社会道德退化。

---

① ［美］尼古拉·梁赞诺夫斯基、马克·斯坦伯格，《俄罗斯史》，前引书，第 347 页。
② ［俄］安·格·陀思妥耶夫斯卡娅，《永生永世的爱》，樊锦鑫译，桂林：漓江出版社，1992，第 167 页。
③ ［俄］陀思妥耶夫斯基，《书信集》（上），前引书，第 558 页。
④ ［俄］陀思妥耶夫斯基，《书信集》（下），前引书，第 816 页。
⑤ ［俄］陀思妥耶夫斯基，《书信集》（下），前引书，第 863 页。
⑥ ［俄］陀思妥耶夫斯基，《作家日记》（下），前引书，第 864 页。

陀思妥耶夫斯基对陪审团制度的反思在《卡拉马佐夫兄弟》中得到了专题化的表达。对于《卡拉马佐夫兄弟》中德米特里受审一节，陀思妥耶夫斯基可谓苦心经营，他请了两位法律专家作为写作顾问：阿·安·施塔肯施奈德（А. А. Штакеншнейдер）和阿·费·科尼（А. Ф. Кони），前者是伊久姆斯克区法院检察官，后者是著名律师。所以陀思妥耶夫斯基能自信地说他不会在叙述中犯技术性错误。[1] 也正是在保证法律"技术"性公正的基础上，陀思妥耶夫斯基为我们呈现了一场现代法律制造的闹剧。

老卡拉马佐夫横死家中，头被砸碎，其藏在信封里的 3000 卢布不翼而飞。此案的真凶是斯米尔加科夫，但吊诡的是，与案件相关的所有迹象都使人怀疑凶手乃是德米特里：德米特里与老卡拉马佐夫不仅因争夺格露莘卡而势不两立，更因财产继承问题而积怨颇深；德米特里曾多次在公开场合扬言要杀死父亲；德米特里在谋杀案发生之前的 36 小时之内，先后找到萨姆诺索夫、戈尔斯特金、霍赫拉科娃太太，他急切地想得到（通过"交易"、借）3000 卢布；当德米特里来到格露莘卡家中，发现她已经离家远走，便在震怒之下抄走了一根 4 寸长的铜杵；在凶杀案发生当晚，德米特里曾潜入老卡拉马佐夫家中，用铜杵砸昏了格里果利，带着浑身血迹离开；最后，浑身血迹的德米特里手里忽然多了"一大笔钱"。如此，德米特里成为嫌犯被逮捕。

陀思妥耶夫斯基对法庭审判的描写完完全全地体现了他在《作家日记》中表达的批判思想。

首先是听众的反应。老卡拉马佐夫案在开庭之前，入场券就被一抢而空，而且外地来客占了观众的一大半。观众旁听此案是基于好奇心理：嫌犯和被杀的父亲争风吃醋，"红颜祸水"格露莘卡将出庭作证——她同也要出庭的卡捷琳娜·伊凡诺夫娜（德米特里的未婚妻）想必会狭路相逢。这简直是一场好戏。看客们，尤其是女人——"从她们脸上可以看到歇斯底里的急切表情，近乎病态的好奇心"。

公诉人则将这次发言视为一次难得的展现才华的表演机会——"他把这篇发言视为自己的杰作，视为平生得意之作，视为他的天鹅之歌"——这使他在法庭上的表现不像是在控诉一桩刑事案的嫌疑人，倒像是在法庭之外的公共讲坛上做一场法学演讲。他首先将德米特里"弑父"案视为社会典型，而试图对俄罗斯的时代精神状况作出诊断，其间卖弄才情、多逞修辞快感——甚至引用了果戈理《死魂灵》中的段落；在分析"卡拉马佐夫"家族时，他声

---

① ［俄］陀思妥耶夫斯基，《书信集》（下），前引书，第 1229 页。

称希望阿辽沙不要在道德上走向神秘主义，不要在政治上走向沙文主义——这无疑已离题万里。接下来，他从心理学、逻辑学、精神分析入手，把德米特里的"犯罪迹象"串联起来，推理德米特里如何成为弑父者。最后，当他结束"慷慨激昂"的演说，"几乎晕倒在另一个房间里"。

与公诉人相比，德米特里的辩护律师——来自彼得堡的大名鼎鼎的菲久科维奇显得"专业"得多。首先，当控方证人入场作证，菲久科维奇显示出了高明的辩护技艺：他将格里果利、拉基金、特里方·博里塞奇等控方证人尽数引进圈套，指出他们在智识上或道德上的缺陷，从而使他们的证词贬值。接下来，他的辩护不像公诉人那样废话连篇，而是直接进入对案情的分析。他首先釜底抽薪，攻击公诉人对案情的基本分析策略——心理学：他指出，就同一经验事实，基于不同立场的心理学分析会产生截然相反的推断结果，这就从整体上瓦解了公诉人的逻辑基础。接下来，菲久科维奇的辩护词分为两个部分：其一，他否认那 3000 卢布的存在——因为没有人可以证实，进而他同样以心理分析的方式指认斯米尔加科夫是凶手；其二，他假定德米特里是凶手，同时强调老卡拉马佐夫的荒淫无道，丝毫没有尽到一个父亲的责任，由此激发听众对德米特里的怜悯，进而向陪审员呼吁应该拯救这个"激情杀人"的、可以挽救的人。菲久科维奇这是做了一个双保险，事实上，他深信德米特里就是凶手——德米特里曾提道：这个彼得堡来的律师就是个"骗子"，"他对我的话愣是半句也不信"。

在陀思妥耶夫斯基的叙述中，整个审判过程从程序上看毫无瑕疵，但公诉人和辩护人的言辞越精彩，读者越会觉得荒唐，因为他们的说法都偏离了事实，或者说毫不关心事实。随着德米特里被定罪，这场在法庭上演的"荒诞剧"宣告结束。陀思妥耶夫斯基颇带讽刺意味地借菲久科维奇之口说出了他想望的审判样式：

> ……用不着区区来提醒诸位：俄国的法庭不光是惩处罪犯，也要挽救罪犯！让别国的法律去考虑条文和惩治吧，我们应该着眼于精神和内涵，挽救罪犯并使他们重新做人！……①

这段话显然已经不只是关涉到陀思妥耶夫斯基对陪审团制度的态度，更关乎他对法律（审判）本身的批判性立场：诉辩双方言辞中透出的现代法律精

---

① ［俄］陀思妥耶夫斯基，《卡拉马佐夫兄弟》，前引书，第 877 页。

神只关心嫌犯是否该得到肉体惩罚，而不关心其灵魂状况。这不仅仅是司法是否公正的问题，更在于人的精神状况是否能得到改善——现代法律精神不能保证前者，对后者更丝毫无涉。诚如理查德·波斯纳（Richard Posner）所言："《卡拉马佐夫兄弟》暗含着对法律的批评，但是，这与其说是对俄国刑事司法细节的批评，还不如说是对世俗司法这个概念本身的批评。"①

在《卡拉马佐夫兄弟》中，与老卡拉马佐夫案构成对应关系的是佐西马长老描述的"神秘人"（佐西马在讲述中隐去了他的名字）杀人事件。此人年轻时爱慕一位寡居的富家太太，但求爱遭到拒绝，他妒火中烧，将这个女人杀死，并伪造杀人现场，使被杀者的一个农奴被错认为凶手，而他自己却逃脱了法律的制裁。这个神秘人多年里一直受到良心谴责，他虽然广行善事，但内心的痛苦和恐惧无法平息。最后，在佐西马的感召之下，他公开认罪，获得了灵魂的新生。

单方面地肯定高端的、拯救灵魂的"宗教价值"必然导致对世俗法律的否定，陀思妥耶夫斯基这一立场在俄罗斯司法改革前的写作中就已露端倪：《罪与罚》当中，一些"心理学家"将拉斯柯尔尼科夫的杀人原因解释为精神错乱——因为拉斯柯尔尼科夫根本算不上是谋财害命。《白痴》中罗戈任的辩护律师"条分缕析而又符合逻辑地证明，被告犯罪乃因脑炎所致"②。简言之，这些辩护和审判都没能真正触及罪犯复杂的犯罪心理。

"罪与罚"是陀思妥耶夫斯基小说中的恒常主题，但作家却极少让叙事滑到世俗法律的层面上去，取而代之的是对人物灵魂的宗教审判。比如在《罪与罚》中，世俗法律对拉斯柯尔尼科夫的"罚"不过是出于情节延续的必要性，情节的推进最终还是为"神性惩罚"服务。可以说，在这部小说中，陀思妥耶夫斯基根本不关心法律意义上的"杀人犯"拉斯柯尔尼科夫，而是把笔触聚焦于触犯了神律的拉斯柯尔尼科夫。

陀思妥耶夫斯基反世俗法律的另一个原因在于，他认为世俗法律是意识形态的产物，在实际操作上，它不可避免地沦为上层阶级压制底层人民的工具。从这个意义上来说，陀思妥耶夫斯基的政治立场带有强烈的左派倾向。《被伤害与侮辱的人们》中的瓦尔科夫斯基公爵就是一个善于利用法律欺压弱者、巧取豪夺的典型人物。他诬蔑伊赫缅涅夫私吞了他一万二千卢布，两人最后对

---

① ［美］理查德·波斯纳，《法律与文学》，李国庆译，北京：中国政法大学出版社，2002，第234页。

② ［俄］陀思妥耶夫斯基，《白痴》，前引书，第593页。

簿公堂。伊赫缅涅夫"主要是既没有靠山，又没有诉讼经验，因此，很快就败诉了"①。伊赫缅涅夫一怒之下跑到彼得堡上诉，但最终"他家里最后一块面包"也被公爵夺走。此外，为了拆散娜塔莎和阿辽沙，瓦尔科夫斯基托瓦尼亚传话，威胁娜塔莎：如果迫不得已，他将使用法律手段来维护"家庭和谐"，"那些达官贵人都与我交往，而她呢？根本没有……这您还不清楚吗？"。法律成了瓦尔科夫斯基行恶的保护伞。还可一提的是，他在夺走妻子家产后，将她和女儿抛弃，使她们家庭反目、贫困潦倒，但他一直没受到法律的惩罚。在《卡拉马佐夫兄弟》当中，格露莘卡警告无端受到德米特里强烈侮辱的上尉：如果上尉敢去告德米特里，那她就会让全世界都知道——"是因为你搞诈骗他才打你，到时候小心你自己吃官司"，不仅如此，她还要动用关系，让上尉失去生意上的主顾。②

世俗法律不仅与人的灵魂无涉，还因为在阶级严重分化的社会语境下，法律下的公民平等只能是形式上的、而非实质上的平等，这必然带来不正义。陀思妥耶夫斯基的左派立场与基督教立场混合在一起，让他彻底地走向了法律虚无主义。对陀思妥耶夫斯基来说，真正具有"合法性"的法律只能于伊万在佐西马长老的会客厅里描述的"教会国家化"之下才能产生。因为这种审判既能消除涉案人因财富状况、社会地位等因素带来的身份差别，又以拯救灵魂为目的。"陀思妥耶夫斯基摈弃了宗教与法律二元论的西方观念；转而要求法律的精神化，或者，象（像）他写的那样，'国家转化为教会'，亦即经济、政治和社会制度改变为以精神自由和献身之爱为特征的世界大同。"③

陀思妥耶夫斯基这一思想立场导致了他对一切制度性建构深深的怀疑："我甚至这样想，与从前那种公式化的方式，即由无所不用其极的控诉和野蛮的辩护构成的夸张方式相比，这样的方式不是有助于更迅速、也更确实地弄清事实真相吗？当然，人们要回答我说，这是绝对不可能的，也是不应该的，因为在欧洲也是像我们这样，'越公式化甚至就越好'。"④

这里，陀思妥耶夫斯基已经不是单纯地谈法律（犯罪与惩罚）问题，而是谈政治制度设计问题。"公式"也就是制度，或者说"程序"，它被陀思妥耶夫斯基所拒斥——在任何社会领域，奠基于程序正义的政治制度都无可避免

① ［俄］陀思妥耶夫斯基，《被侮辱与损害的》，前引书，第28页。
② ［俄］陀思妥耶夫斯基，《卡拉马佐夫兄弟》，前引书，第240页。
③ ［美］伯尔曼，《法律与宗教》，梁治平译，北京：生活·读书·新知三联书店，1991，第128页。
④ ［俄］陀思妥耶夫斯基，《作家日记》（下），前引书，第865页。

地导致不正义（公平正义和神性正义），若要促进社会进步，唯一有效的是个体的道德自我完善。

在结束纪念普希金的讲话之后，陀思妥耶夫斯基和格拉多夫斯基（А. Д. Градовский）展开了一场争论。格拉多夫斯基指出：就如何促进社会进步这一问题，陀思妥耶夫斯基只强调个人在私域内的自我完善，这显然不妥。因为人的生活是由社会交往勾连出来，所以对于构建一个理想社会而言，也要考虑到社会制度的重要性——因为它能规范社会关系，培养"社会品德"。由此，"个人道德"和"社会道德"不可偏废：

> 从社会意义上说，人的改进不可能只靠"完善自己"和"使自己驯服"来完成。完善自己和驯服自己的欲望可以在荒野里，也可以在荒无人烟的孤岛上进行。但是，作为社会的存在的人是在相互依靠、相互支持和相互合作的活动中发展和完善起来的。这就是为什么说人的社会完善在很大的程度上取决于社会制度的完善，社会制度在人的身上培养的即使不是基督徒的高尚情操，那也是公民的高尚情操。①

格拉多夫斯基举例说，像格罗博奇卡（《死魂灵》中的女地主）这样的俄罗斯人，虽然在19世纪初就已受到道德教化，但他们并没有自行解放手中的农奴；废奴只能通过强制推行的制度改革来完成。陀思妥耶夫斯基反驳道：如果格罗博奇卡果真成为一个真正的基督徒，那么，她必然会解放庄园中的农奴。农奴制的存在，恰恰是因为基督教原则并没有足够深地渗入社会肌体。如果人人都能道德完善，社会关系将得到彻底改造，一切社会问题都会迎刃而解。

第三节　为什么自称"君主主义者"

道德自我完善成为陀思妥耶夫斯基解决一切社会问题的万能钥匙。问题在于，陀思妥耶夫斯基既然拒斥政治的制度性建构，为什么还自称是一个"十足的君主主义者"②？他不更像是一个无政府主义者吗？陀思妥耶夫斯基自称

---

① ［俄］陀思妥耶夫斯基，《作家日记》（下），前引书，第 1026－1027 页。
② ［俄］陀思妥耶夫斯基，《书信集》（上），前引书，第 557 页。

君主主义者，绝不是单纯地"捍卫"沙皇——在他的政治话语中，沙皇是和人民一起出现的：沙皇和人民宛如父子，血肉相连，互敬互爱，他们共同组建成一个政治共同体——"他们是沙皇的孩子，是名副其实的、真正的、亲生的孩子，沙皇则是他们的父亲。难道说，'沙皇对他们来说就是父亲'这句话在我们这里仅仅是一句挂在嘴上的口头禅吗？谁要是这样想，他就是对俄罗斯毫无了解！不，这是一种思想，深刻的独特的思想，这是一个机体，朝气蓬勃的、强大的机体，与自己的沙皇融为一体的人民的机体"①。

人民和沙皇相亲互爱，融为一体——这是何种政制下的社会图景？坎托尔指出：陀思妥耶夫斯基是从莫斯科时期父权制的沙皇政体那里寻求思想资源，他理想的政治制度乃是"人民主权制"。② "人民主权制"——这不是斯拉夫派理想的政治方案吗？斯拉夫派的政治问思寻根到俄罗斯历史深处，认为16世纪以前的俄罗斯宗法制社会中没有阶级压迫，人民和沙皇自由联盟——它充盈着东正教美德而呈现为一个有机的、和谐的整体。斯拉夫派以此为样板而提倡"人民主权制"——人民的精神力量是"专制"的合法性来源："专制制度是基于人民的道德感、宗教禁欲主义，基于人民对政权的自我节制的结果。专制君主受人民会议（地方杜马）、民族生活方式、东正教会和上帝意志的限制。"③ 笔者认为，陀思妥耶夫斯基并不认同斯拉夫派的"人民主权制"。从思想结构上来说，陀思妥耶夫斯基与斯拉夫派有很多相似之处，我们或许可以把他视为宽泛意义上的斯拉夫派，但他显然同康·阿克萨科夫（К. Аксаков）、萨马林（Ю. Самарин）等一般意义上的斯拉夫派分歧颇大。

首先，陀思妥耶夫斯基完全不认同斯拉夫派的"怀乡病"，在他看来，斯拉夫派无疑对莫斯科时期的俄罗斯做了审美处理："那个罗斯似乎是和平与宁静的……糟糕的也正在于彼得以前的罗斯和莫斯科时期只是以假象吸引我们的注意和同情。"他进而指出：莫斯科时期的俄罗斯社会不乏谎言、虚伪，甚至奴颜婢膝；女人毫无地位，处境与牲口无异。陀思妥耶夫斯基尖锐地讽刺了斯拉夫派的这种审美意识形态——斯拉夫派就像是在垃圾堆里找东西，别人以为他们是在找什么贵重物品，他们却找出一双穿旧的破皮鞋且如获至宝。④ 陀思妥耶夫斯基这个判断是清醒的，正如普列汉诺夫（Г. В. Плеханов）所言，

---

① ［俄］陀思妥耶夫斯基，《作家日记》（下），前引书，第 1077 页。

② Кантор В. К. «Судить Божью тварь». Пророческий пафос Достоевского: Очерки. М.: РОССПЭН, 2010, с. 264.

③ 白晓红，《俄国斯拉夫主义》，北京：商务印书馆，2006，第 156 页。

④ ［俄］陀思妥耶夫斯基，《文论》（下），前引书，第 474－476 页。

在莫斯科时代的俄罗斯，根本没有斯拉夫派向往的能与西欧派对抗的文化基础，"莫斯科社会生活的基础，归根到底，还是国家对居民一切阶级的奴役"①。

陀思妥耶夫斯基不认同"人民主权制"，原因不仅在于他看穿了斯拉夫派的审美幻象，更在于他的"黄金时代"图景要求人人都能达到道德的绝对完满状态——基于此，他不可能有任何政治方案，因为"黄金时代"作为终极政治图景恰恰是去政治化的。与之相对，斯拉夫派并不希求人的绝对完善状态以及奠基于此的"黄金时代"。白晓红指出，即使是斯拉夫派中提出了"非国家性"理论的、思想最极端的康·阿科萨克夫也不是无政府主义者：对于康·阿科萨克夫来说，国家虽然"作为原则是一种恶"，但国家又是必要的存在，"他指出，国家是一种保证社会外部安全的手段，是'为人性不完善的一种不可避免的极端'"。②显然，康·阿科萨克夫并不像陀思妥耶夫斯基一样认为人性之恶是可以消除的。进而，斯拉夫派的政治设计并不以"黄金时代"为着眼点，所以他们能找到一个与俄罗斯社会相对应的现实政治图景作为政治设计的蓝本，尽管这个蓝本是审美意识形态的产物，但他们正是依据这个蓝本来投身政治、改造现实。简言之，如果社会不是绝对完善的，陀思妥耶夫斯基绝不接受，但斯拉夫派可以接受——他们和西方派互相"掐架"，这本身就是不和谐状态。陀思妥耶夫斯基敏锐地注意到了这一点，他指出：斯拉夫派以历史深处的政治理想国作为解决现实问题的蓝本，否定了彼得改革以后的现代俄罗斯文明以及现代俄罗斯的有教养阶层。他向斯拉夫派发问：难道彼得改革后一个半世纪以来的俄罗斯的发展就毫无价值？难道普希金、果戈理这些人也等于零？在陀思妥耶夫斯基看来，斯拉夫派否定了有教养阶层，而西方派否定了底层人民，二者共同"撕裂"了俄罗斯社会。

陀思妥耶夫斯基无法接受这一"不和谐"的社会状况，对此，他提出"根基论"，意欲超越斯拉夫派和西方派的立场而弥合社会裂缝，使社会成为一个有机的共同体。"根基"是人民，陀思妥耶夫斯基对人民的理解是介于斯拉夫派和西方派之间的调和论：人民既没有斯拉夫派理解的那样道德完美，也不是西方派所说的愚笨无知、无可救药。"根基论"的要义在于：有教养阶层要学习人民身上的东正教品质，同时教育人民、改善人民的生活处境。③ 如

---

① ［俄］戈·瓦·普列汉诺夫，《俄国社会思想史》（第 1 卷），孙静工译，北京：商务印书馆，1996，第 121 页。

② 白晓红，《俄国斯拉夫主义》，前引书，第 145 - 149 页。

③ ［俄］陀思妥耶夫斯基，《文论》（下），前引书，第 485 - 491 页。

此，不仅斯拉夫派和西方派可以握手言和，整个知识分子阶层与人民之间的隔阂也得以消除，全体俄罗斯人构成了一个有机的文化共同体。

1880 年，在纪念普希金大会上的演说中，陀思妥耶夫斯基强调：西方派和斯拉夫派之间的争论不过是一场误会，双方必须放下分歧——因为俄罗斯精神在于追求全世界、全人类兄弟般的团结。如此，全体俄罗斯人不仅应互爱，也要"竭力使欧洲的矛盾彻底缓解，以自己的俄罗斯心灵、全人类的和联合一切人的俄罗斯心灵为欧洲的苦恼指明出路……"① 陀思妥耶夫斯基这个讲话极具煽动力，当场也确实引发了短暂的"互爱"场面。用莫丘利斯基的话说，当时，昔日的仇敌相互拥抱，屠格涅夫眼含泪水紧握住《群魔》的作者的手，但当这个短暂的酒神狂喜消逝，一切又恢复原状：争论、恶意的批评。②

陀思妥耶夫斯基自称是君主主义者，显然不是斯拉夫派意义上的君主主义者。或许可以说，在陀思妥耶夫斯基这里，"君主"只是取象征意义，它代表着社会的最高权力等级，沙皇和最底层的人民相敬相爱，这意味着整个社会人群彻底超越了等级和文化差异而形成一个人与人兄弟般团结的、有机的共同体。但问题在于，"根基论"不会产生他向往的效果，这不仅在于斯拉夫派，尤其是西方派未必会买他的账（现实正是如此），更在于即使双方都能如他所愿，放下分歧，走他提出的这第三条道路，俄罗斯也不可能实现人与人兄弟般的联合。陀思妥耶夫斯基既不能通过单纯的呼吁，也没有现实的政治路径来实现这一理想。

此时，民族主义恰好为陀思妥耶夫斯基营造了一个幻觉——在与异己民族的对抗中，俄罗斯作为一个和谐的、温暖的共同体形象得以呈现。在纪念普希金的讲话中，他已经清晰地表达了这一思想取向：真正的俄罗斯人追求全人类的互爱，还担负起拯救欧洲的责任。在这一崇高使命之下，"自家人"还有什么理由争吵不休？这里，陀思妥耶夫斯基的民族主义情绪已显露无遗。

① ［俄］陀思妥耶夫斯基，《作家日记》（下），前引书，第 999－1002 页。
② Мочульский К. Достоевский. Жизнь и творчество. Париж：YMCA－Press,1980,c. 527.

第七章　陀思妥耶夫斯基对民族问题的思考

对民族问题的思考是陀思妥耶夫斯基思想的重要组成部分，也是其"黄金时代"梦想的必然产物。尤其在流放后期，陀思妥耶夫斯基极为频繁地讨论民族问题。他有强烈的排外情绪，也被视为一个狂热的民族主义者，他甚至有激进的好战倾向。那么，是什么造就了陀思妥耶夫斯基的民族立场？这是一个尚未被澄清的问题。

第一节　反资本主义与排外情绪

陀思妥耶夫斯基具有强烈的排外情绪，他一向对（尤其是俄罗斯境内的）德国人、法国人、波兰人、保加利亚人、犹太人等异族口诛笔伐。在笔者看来，陀思妥耶夫斯基"排外"的根本原因在于他的反资本主义立场。他对资本主义的激烈批判态度，前文已有探讨，这里不再赘述。那么，反资本主义如何诱发了排外情绪？下面，笔者拟就陀思妥耶夫斯基"反犹"这一话题为切入点，具体展开说明。

在对异己民族的"讨伐"中，陀思妥耶夫斯基似乎尤为"仇视"犹太人。戈尔恩费利德（А. Горнфельд）曾写道："俄罗斯著名作家费·米·陀思妥耶夫斯基堪称俄罗斯反犹主义最重要的一个代表人物。"[①] 在小说、时事评论以及私人书信中，陀思妥耶夫斯基从来不掩饰自己对犹太人的厌恶之情，也几乎不放过任何一个挖苦犹太人的机会：《群魔》中利姆亚申的卑劣、《死屋手

---

① Каценельсон Л. , Гинцбург Г. Еврейская энциклопедия. СПб. : Типография Акционерного Общества Брокгауз－Ефрон, Т. 7, 1991, с. 310.

记》里伊赛·福米奇的贪婪；甚至《罪与罚》中斯维德里加依洛夫自杀前在河边遇到的消防兵——这个在小说中极其次要的犹太人角色，作家也不忘对他那与矮小身材不相称的"阿喀琉斯"式头盔和典型的犹太人式的"爱抱怨的悲伤的神情"嘲弄一番。① 1877 年 3 月，陀思妥耶夫斯基在《作家日记》上连载五篇文章探讨"犹太人问题"，其中大量篇幅都在露骨地攻击犹太人。

陀思妥耶夫斯基为什么"反犹"？首先，在他眼中，"傲慢"是犹太人的罪状之一。他指出，尽管俄罗斯人对犹太人并无偏见，但犹太人却在很多地方与俄罗斯人格格不入，几乎傲慢地看待俄罗斯人，"对待俄国人，即对待'土生土长的'人民，表现出了一种厌恶和嫌弃的感情"②。此外，陀思妥耶夫斯基曾不止一次地指责犹太人贪婪、唯利是图——这显然也是作家"反犹"的一个重要缘由。但问题在于，在汉娜·阿伦特（Hannah Arendt）把反犹主义视为世俗的意识形态的 19 世纪，在俄罗斯刮起的"反犹"之风中，反犹人士无外乎把傲慢、贪婪之类的卑劣品质列为犹太人的罪状。那么，被我们称作 19 世纪重要思想家的陀思妥耶夫斯基难道在犹太人问题上就如此陈腐流俗，以至于像个三流政论家？苏联时代从事陀思妥耶夫斯基研究的泰斗级人物格罗斯曼就认为：陀思妥耶夫斯基的反犹话语从来没摆脱 19 世纪俄罗斯反犹风潮中那些陈词滥调。③ 但是，问题绝没有这么简单。

别罗夫认为，陀思妥耶夫斯基反感犹太人的关键因素在于：犹太人不信仰基督。④确然，陀思妥耶夫斯基曾谈到，犹太人不愿追随基督，也就成了人类的敌人，"他们否定除他们自己以外所有的人，现在他们确实成了反基督的体现者"⑤。在陀思妥耶夫斯基的视域当中，犹太人反基督——这里一个非常重要的层面是他们违反基督爱的戒律而表现出惊人的残忍。在《卡拉马佐夫兄弟》中，丽莎有一次问阿辽沙：

"……阿辽沙，犹太人在复活节把小孩偷来杀掉，真有这样的事吗？"

"不知道。"

"我在一本书上读到某处法庭审一桩案子。有个犹太人把一个四岁的

---

① ［俄］陀思妥耶夫斯基，《罪与罚》，前引书，第 596 页。

② ［俄］陀思妥耶夫斯基，《作家日记》（下），前引书，第 673 页。

③ Гроссман Л. Исповедь одного еврея. М.：Издательство «Деконт ＋»，Издательский дом «Подкова»，1999，c. 180.

④ Белов С. Ф. М. Достоевский и евреи. Дети Ра，№. 4（2011）.

⑤ ［俄］陀思妥耶夫斯基，《书信集》（下），前引书，第 1205 页。

男孩先断去两只手上所有的指头，然后用钉子把他在墙上钉成一个十字。犹太人在法庭上说，孩子很快就死了，才四个小时。这还叫'很快'?! 他说孩子直哼哼，不断地哼哼，他自己站着欣赏。……"①

据此，格罗斯曼指出：阿辽沙在回应丽莎时的消极态度从本质上意味着他相信这一"流血神话"的真实性，而这也正是陀思妥耶夫斯基本人的态度。②

信仰问题无疑是陀思妥耶夫斯基"反犹"的重要缘由。但这并不是最重要的缘由。俄罗斯民众虽然普遍信仰东正教，但也不乏其他教派的教徒，如信仰伊斯兰教的穆斯林。陀思妥耶夫斯基对穆斯林的信仰就持宽容态度，19世纪60年代俄土战争期间，他曾声称："我不仅没有攻击鞑靼人的信仰，土耳其人自己的穆斯林信仰也与我毫不相干：有多少人愿意做穆斯林，就让他去做他的穆斯林吧，但是不要去触犯斯拉夫人。"③ 不难看出，陀思妥耶夫斯基绝不会单纯地因信仰问题而跟犹太人过不去，他"反犹"的症结并不在此。

陀思妥耶夫斯基的"反犹"话语主要见于其发表的评论文章，细读这些文字，我们会发现，作家的逻辑似乎相当混乱：他一方面激烈抨击犹太人，认为俄罗斯人不憎恨犹太人是不可能的，同时又声称自己从未发表过敌视犹太人的言论，"因为在我的内心里从未有过这种憎恶之感，而且那些同我相识并与我有交往的犹太人也都晓得这一点"④。对此，格罗斯曼的解释是，陀思妥耶夫斯基在敌视犹太人的同时又对犹太人深具同情，作家的这两种情感相互斗争。⑤ 而更重要的是，陀思妥耶夫斯基主要的反犹话语是典型的报刊文章，不具任何深度的哲学基础和规范性，"这种彻头彻尾的报刊风格不能使他的论点得到严格支撑，无怪乎他会拉出自己的一帮犹太人朋友来回应对自己的指责（反犹）"⑥。在笔者看来，格罗斯曼指出陀思妥耶夫斯基那具有典型报刊风格的反犹话语缺乏逻辑的严密性——这相当重要，但他并没有命中问题的核心。行文因情绪变化而随兴所至，缺乏逻辑的严密性，没有概念的严格界定和清晰的层次——陀思妥耶夫斯基反犹文章的这些特点并不意味着作家本人逻辑混

---

① ［俄］陀思妥耶夫斯基，《卡拉马佐夫兄弟》，前引书，第690页。

② Панченко А. А. К исследованию «еврейской темы» в истории русской словесности: сюжет о ритуальном убийстве. «НЛО», №. 104(2010).

③ ［俄］陀思妥耶夫斯基，《作家日记》（上），前引书，第458页。

④ ［俄］陀思妥耶夫斯基，《作家日记》（下），前引书，第664页。

⑤ Гроссман Л. Исповедь одного еврея. М.: Издательство «Деконт +», Издательский дом «Подкова», 1999, с. с. 176.

⑥ Там же. с. 189.

乱。如果我们仔细审读这些文章，厘清逻辑，就能为解答陀思妥耶夫斯基为什么反犹这一问题找到门径。

笔者认为，陀思妥耶夫斯基思想视域中"犹太人"这一概念首先指作为"族群"的犹太人，陀思妥耶夫斯基列举他们傲慢、贪婪、不信基督等诸多罪状，表示强烈愤慨。但他仍然强调要公正地看待犹太人，愿意扩大犹太人在俄罗斯的权利，也为犹太人与俄罗斯人的和解保留了可能性：期待犹太人能改掉恶习，能与同他们"信仰相异、血缘不同的人们搞真正的兄弟般亲密团结一致的新的美好事业"①。正是从这个意义上，他才声称自己从不反犹。而在作家笔下，"犹太人"这一概念的另一层意思则是——"犹太佬思想"：

> ……犹太人都叫嚷说，在犹太人中间毕竟也是有好人的呀。啊，上帝呀！难道问题在这里吗？何况我们在此说的根本就不是什么好人或者坏人的问题。难道能说那些人中间没有好人？难道已故的巴黎的詹姆斯·罗特希尔德是坏人？我们讲的是整体，是其思想，我们讲的是犹太佬现象以及犹太佬思想，即取代"败下场的"基督教义而席卷全世界的犹太佬思想……②

"啊，上帝呀！难道问题在这里吗？"——这句话字里行间透出陀思妥耶夫斯基急于澄清自身思想的焦虑情绪。唯有视见并廓清作家笔下"犹太佬思想"这一概念，我们才能拨开陀思妥耶夫斯基反犹问题的重重迷雾。学界历来对此问题的探讨中，无论是以戈尔恩费利德为代表的将陀思妥耶夫斯基视为典型反犹主义者的大多数学者，还是如古利加（А. В. Гульга）等认为陀思妥耶夫斯基根本就"不曾与犹太民族为敌"③ 的"少数派"，都将作家笔下的"犹太人"这一具双重意义的概念简化成了"犹太民族"。

这里，"席卷全世界的犹太佬思想"是陀思妥耶夫斯基从犹太人身上概括出来的一种思想品性，也是作家曾列数过的犹太人多种罪状之一。它显然是指"功利主义"：

> ……犹太人在欧洲用自己的思想取代了那里很多先前就有的思想，从而获得大胜。啊，当然，各个时代的人总是极端崇拜实利主义，并倾向于把自

---

① ［俄］陀思妥耶夫斯基，《作家日记》（下），前引书，第687页。
② ［俄］陀思妥耶夫斯基，《作家日记》（下），前引书，第682－683页。
③ Гульга А. В. Русская идея и ее творцы. М.：Издадельство «Эксмо»，2003，с. 106.

由理解并看做仅仅是不惜竭尽全力为自己积蓄以及不惜一切手段为自己积累金钱。然而这种追求从来也没有像我们这个 19 世纪这样，如此公开和如此值得关注地上升为最高原则。……①

从以上论述可以看出，陀思妥耶夫斯基对"犹太佬思想"的批判矛头指向 19 世纪的时代精神状况。在这一现代性诊断中，陀思妥耶夫斯基认为传统的"基督教博爱思想"被"实利主义"思潮吞噬殆尽。在作家眼中，这种"实利主义"的根源即是资本主义。他曾愤慨地指出：1861 年俄罗斯农奴制改革以后，被解放的农民又成为犹太人的牺牲品，而之前尽管俄罗斯地主中的一些卑劣之徒也会剥削农奴，但绝不如犹太人这般冷血和彻底。这些传统的地主不会像犹太人一样运作资本，搞交易所、信贷。"犹太人提供中介，把别人的劳动拿来进行交易。资本是被积累起来的劳动；犹太人喜欢拿别人的劳动进行交易！"②

19 世纪下半叶，沙皇亚历山大二世的废奴改革为俄罗斯资本主义发展提供了前所未有的丰沃土壤。而正如米尔顿·弗里德曼（Milton Friedman）所言，"犹太人最活跃的地方，恰恰是竞争性资本主义活动空间最大的地方"③。此间，犹太人的资本渗入俄罗斯社会诸多行业，是当时俄罗斯资本主义发展的重要力量。从这个意义上来说，陀思妥耶夫斯基以犹太人为靶子反资本主义，是理所当然的。

"实利主义"作为文化形态会"毒害"社会；同时，外来族群在俄罗斯发展资本主义会将俄罗斯人民置入被压迫的境地——这是陀思妥耶夫斯基"反犹"的基本逻辑。而正如韦伯（Max Weber）所指出的，"屈从于一个统治者集团的少数民族或少数派宗教"，如果他们在政治领域没有活动空间，便会转向经济领域施展才干，"俄国境内的波兰人和东普鲁士人无疑正是这样，他们的经济势力在那里的发展比在他们占统治地位的加里西亚要快得多"。④ 显然，陀思妥耶夫斯基排斥波兰人、德国人等异族的原因与他反犹具有同源性，反资本主义构成了陀思妥耶夫斯基排外的首要动因。

---

① ［俄］陀思妥耶夫斯基，《作家日记》（下），前引书，第 681 页。
② ［俄］陀思妥耶夫斯基，《作家日记》（下），前引书，第 682 页。
③ ［英］哈耶克等，《知识分子为什么反对市场》，秋风译，长春：吉林人民出版社，2003，第 37 页。
④ ［德］马克思·韦伯，《新教伦理与资本主义精神》，于晓、陈维纲等译，北京：生活·读书·新知三联书店，1987，第 26 页。

吉多·卡尔皮提醒我们：可以将陀思妥耶夫斯基的《鳄鱼》（«Крокодил»）视为陀思妥耶夫斯基反资本主义的一个典型文本：资本主义经济方式具有侵略性和投机性，而且外国资本主义的入侵给俄罗斯社会带来了灾难。①伊凡·马特维伊奇在彼得堡的游廊市场参观鳄鱼时发生了意外，他被鳄鱼整个吞了下去。事故发生后，伊凡的朋友和妻子找来鳄鱼的主人——一对德国夫妇，要求剖开鳄鱼肚子，救出伊凡。德国人拒绝了这一请求，他们反倒因伊凡可能撑死鳄鱼而索要赔偿。荒唐的是，伊凡在鳄鱼肚子里活了下来，这使鳄鱼身价倍增，吸引了大批参观者。在这则寓言当中，德国人的鳄鱼是外来资本的一个隐喻，它凶恶地吞食人以达到增值的目的。鳄鱼的主人——外国资本家毫不顾惜俄罗斯人的生命。

我们知道，陀思妥耶夫斯基反资本主义源于其建立人与人兄弟般互爱的"黄金时代"梦想，但吊诡的是，反资本主义导致的排外主义却使这个心怀悲悯的人道主义者露出"残酷"面相。陀思妥耶夫斯基的排外话语通常是极为审慎的，比如他在谈犹太人的文章中一再澄清自己是反"犹太佬思想"，而不是反对全体犹太人。但问题在于，"犹太佬思想"——这隐然已经给全体犹太人贴上了标签。基于此，陀思妥耶夫斯基必然会戴着有色眼镜去看作为个体的犹太人，这便可以解释——他为什么几乎不放过任何一个挖苦犹太人的机会。俄罗斯犹太裔作家列昂尼德·茨普金（Л. Цыпкин）曾言："我很奇怪，在自己的小说对人类的苦难极其敏感的一个人，为那些'被侮辱与被损害'的人孜孜不倦地鸣不平的一个人，热情地捍卫地球所有生命并为每一片树叶和每一根小草深情地歌唱赞美诗的一个人，却不为被压迫了几千年的民族说一句公道话……"②

强烈的排外情绪使陀思妥耶夫斯基的人道主义思想扭曲、变形——被排斥的异族人的生命价值和生命权利都不能与俄罗斯人等同视之。据赫·达·阿尔切夫斯卡娅回忆，在她与陀思妥耶夫斯基的一次交谈中，陀思妥耶夫斯基不无愤恨地讲道：

"我知道，我们大家对其他民族都十分同情的。不久以前，巴什科夫这位著名的传教士，在自己家里收留了一些人，腾出地方，给他们安排得

① Гуидо Карпи. Достоевский － экономист очерки по социологии литературы. М.：Фаланстер，с. 62.

② ［俄］列昂尼德·茨普金，《巴登夏日》，万丽娜译，海口：南海出版公司，2007，第151页。

舒舒服服，您知道这些人是谁？从要塞里放出来的两个波兰女人。天知道是怎么一回事，饿得要上吊的俄罗斯人还少吗，可他却去照应两个波兰女人！"①

这是何等荒唐、危险的论断！显然，陀思妥耶夫斯基强烈的排外倾向已经透出了他狭隘又狂热的民族主义情绪。

第二节　民族共同体意识

陀思妥耶夫斯基的排外，本质上属于"文化排外"的范畴：防止资本主义精神对俄罗斯文化的污染。这种排外思想俨然已透出民族主义意识：将本民族文化与其他民族文化隔离开来，使其受到保护。民族主义作为一种意识形态，从文化层面上来说，是捍卫本民族文化的价值和重要性，它并不必然伴随着排外思想，"民族主义与自由主义、社会主义和共产主义意识形态事实上是可以结合的，尽管这些主张被抽象地提出时具有世界主义的意味"②。与倡导文化多元的自由主义民族主义相背，陀思妥耶夫斯基走向了排外的民族主义。

那么，陀思妥耶夫斯基所捍卫的俄罗斯文化有何种内涵？首先，非常好理解的是，他认为俄罗斯人不具备"运作资本"的能力，与资本主义精神格格不入。在他看来，资本主义是欧洲文明的产物——这一意识在他对犹太人的批判中就已显露无遗："犹太人在欧洲用自己的思想取代了那里很多先前就有的思想，从而获得大胜。"俄罗斯的资本主义发展较晚，与西欧诸国相较其发展要滞后得多，文化土壤也单薄得多——在陀思妥耶夫斯基眼里，这构成了俄罗斯民族的优势。在这个意义上，"赌徒"心理成为俄罗斯人经济品格的直观形式。在《赌徒》（«Игрок»）中，阿列克塞曾讽刺性地描述了德国人通过"病态的"节俭来获取资本的生活方式，继而话锋一转：

"……文明的西方人士的美德，随着历史的发展，又增添了主要的一条——获得资本的能力。俄国人不仅没有获得资本的能力，并且连花费资

---

① ［俄］格里戈连科，《残酷的天才》（下），前引书，第349-350页。
② ［英］戴维·米勒、韦农·波格丹诺，《布莱克维尔政治学百科全书》，邓正来等编译，北京：中国政法大学出版社，1992，第493页。

本也不在行，结果是白白浪费了。然而我们俄国人也需要钱……所以我们非常高兴，非常热中（衷）于譬如说轮盘赌这样的方法，可以不费力气在两个钟头之内发财致富。这对我们有很大的诱惑力；可是我们连赌钱也不肯下功夫，乱来一通，所以我们必定输钱！"①

　　赌钱——这并不是挥霍取乐，而是通过"碰运气"的方式"赚钱"，这种赚钱方式与奠基于精确算计的节俭格格不入。作为资本主义精神的节俭原则是功利主义的现实表征：行为主体为了规划中的"长远幸福"，舍弃眼前可以享受的快乐。"这种伦理所宣扬的至善——尽可能地多挣钱，是和那种严格避免任凭本能冲动享受生活结合在一起的，因而首先就是完全没有幸福主义的（更不必说享乐主义的）成分搀（掺）在其中。"② 禁欲主义把生命"手段化"了。从这个意义上说来，赌博表达了一种与资本主义的节俭原则完全不同的经济学态度，它虽然使人在经济上陷入困境，但毕竟避开了资本主义所导致的生命价值衰败。所以，"输钱"并不是坏事，阿列克塞不无傲气地说：他宁愿一辈子睡"吉尔吉斯帐篷，过游牧生活"，"也不愿拜倒在德国偶像的脚下"。③

　　作为意识形态的民族主义一方面要抵御外敌，一方面也必须为自身寻找文化身份。由此，"不拜倒在德国偶像脚下"是远远不够的，还需要能与"德国偶像"的资本主义精神相对抗的民族品性。对此，陀思妥耶夫斯基的策略是将其道德学说中"追随基督以自我完善"视为"俄罗斯精神"，"俄罗斯精神"的载体是俄罗斯人民。如此，俄罗斯民族成了一个美德共同体。在陀思妥耶夫斯基这里，"俄罗斯精神"是与资本主义精神相对抗的文化元素，但信仰东正教的、道德自我完善的俄罗斯"人民"却经历了一个从"异质的共同体"（人民之间也有区别）到"同质的共同体"（人民之间毫无差别）的转换过程。"只有通过所有的斗争、'狼来了'的呼叫和武力威胁，置身于一个共同体的感觉和成为一个共同体的感觉，才能一直萦绕在心而不会消失。"④ 而"狼来了"这一威胁不断"逼近"的过程，也是陀思妥耶夫斯基共同体意识不断强化的过程。

　　如前文所言，当陀思妥耶夫斯基身处鄂木斯克监狱，他在出身底层的囚犯中发现了道德高度完善的典型，进而放弃了旧日政治信念而将人的自我完善视

---

①　［俄］陀思妥耶夫斯基，《陀思妥耶夫斯基作品集 赌徒》，前引书，第321页。

②　［德］马克思·韦伯，《新教伦理与资本主义精神》，前引书，第37页。

③　［俄］陀思妥耶夫斯基，《陀思妥耶夫斯基作品集 赌徒》，前引书，第321页。

④　［英］齐格蒙特·鲍曼，《共同体》，欧阳景根译，南京：江苏人民出版社，2003，第16页。

为实现"黄金时代"的路径。在这一过程中,他将下层人民"导师化"了。狱中他开始回顾往事,想起了在记忆中尘封已久的"农夫马列依"。他回忆道,当他还是个孩子的时候,有次游荡到远离村庄的灌木丛中玩耍,忘情之中,骤然听到一声"狼来了"的呼喊。他在惊吓之中一路飞奔到近旁的草地,扑入正在劳作的农夫马列依怀中。马列依为他画十字,以"慈祥的"微笑安慰他,一直目送他返回村庄。陀思妥耶夫斯基写道:"这个在当时还没有盼望自由,也没料到自己将要得到自由的农奴的心中蕴蓄着多少深厚的、开明的人性情感,充满了多么细腻的、近乎女性的柔情。请问,康斯坦丁·阿克萨科夫所说的我们人民的高度修养,所指的是否就是这方面呢?"① 在陀思妥耶夫斯基眼中,"农夫马列依"俨然已成了俄罗斯下层民众的缩影,这使他对狱中"不幸的人们"的看法发生了质的变化——"突然间,我心中的全部憎恨、愤怒,像出现了奇迹似的一扫而光",因为任何一个样貌粗鲁,举止"野蛮"的囚徒都可能是"农夫马列依"。

任何一个囚犯都可能是"马列依",这也就是说,并不是所有囚犯都像马列依一样是道德完善的基督徒——俄罗斯人民虽然总体上极具东正教美质,但它却不是一个同质的共同体——用陀思妥耶夫斯基的话说,人民尚有"卑鄙无耻"和"圣洁无暇"之分。陀思妥耶夫斯基对人民的这一判定与他"根基论"中的人民"形象"正相吻合。但尽管如此,从人民身上抽离出未受资本主义污染的美德,并将之视为整个俄罗斯民族的道德潜能和应然走向,这隐然已透出陀思妥耶夫斯基的民族主义情绪。

当陀思妥耶夫斯基旅居国外,切身地感受到了西欧诸国人民生存异化、道德失范,他的民族主义情绪高涨。他主要在《冬天里的夏日印象》(«Зимние заметки о летних впечатлениях»)中集中描述了旅欧感思,比如,在"伦敦游记"中,他写道:城市的空气和河水受到严重污染,金融中心、博览会的奢靡豪华与贫民区居民的粗野贫穷形成了强烈的对比。在这高度文明的社会中,处于被压迫境地的普通工人被异化为"野兽"——作家谈道,有人告诉他"每逢星期天夜晚,50万男女工人,带着他们的孩子,充斥在整个城市中,像大海一样。在一些街区,聚集得最多。整个夜晚,直到凌晨5点钟,都在庆祝安息日。真像牲畜一样,在一个星期日里,被喂饱,被吃饱"。当作家来到这条街上,所见所闻让他震惊而痛苦:毫无羞耻感的妓女、醉醺醺的流浪汉、

---

① [俄]陀思妥耶夫斯基,《作家日记》(上),前引书,第219页。

被遗弃的可怜小女孩……到处显出贫苦和人性的崩溃。① 在公开发表的游记中，陀思妥耶夫斯基对资本主义的批判透出对下层民众的深切同情，但在私人书信中，这种同情却被民族主义情绪所冲淡；以衰败的欧洲文明为背景，富具活力的俄罗斯文明的优越性被突出强调。1867 年 12 月，他向好友迈科夫描述自己的日内瓦印象："处处贫困、遍地是十足的庸庸碌碌之徒……酗酒，偷窃，卑鄙的欺骗勾当在商业中已习以为常"，但瑞士人比德国人要好得多，德国人"极端愚蠢"。随后，他乐观地说，好在俄罗斯思想能抵御这一切："我们的人民毕竟是无比地崇高、高尚、诚实、纯朴和能干，他充满着欧洲人所不能理解的一种极为崇高的基督思想……"② 当资本主义文化语境之下的异国民众被置于秉持"基督精神"的俄罗斯人民的对立面，后者中的"杂质"自然而然地被抽离掉，而呈现为一个同质共同体。

1877 年，俄罗斯向土耳其宣战，在战争当中，"敌人"已不仅是资本主义文化共同体，而是实实在在、真刀实枪的对手。对于陀思妥耶夫斯基来说，"狼"是真的来了，他的俄罗斯民族"共同体"已绝对不含丝毫杂质。

陀思妥耶夫斯基这一意识在他对《安娜·卡列尼娜》（《Анна Каренина》）的批判中得以清晰呈现。他指出，《安娜·卡列尼娜》中列文等人对俄土战争的讨论透出了托尔斯泰对俄罗斯民族作为同质共同体的否认：人民根本就不认同或不理解这场"民族运动"，另外，因为战争的残酷性，真正的基督徒更会对其保持审慎的态度，而所谓俄罗斯精神不过是违背民意而被制造出来的一个幻象，"人民"的构成是复杂的，它不可被"简化"、被"代表"。列文说道：

> "人民"这个字眼太不明确了……地方上的文书、教师和千分之一的农民，也许都还知道这是怎么回事。八千万人中其余的，像米哈伊雷奇一样，不但没有表示自己的意志，而且丝毫也不了解什么事情要他们表示意志呢！那么我们有什么权利说这是人民的意志？③

在陀思妥耶夫斯基看来，列文是托尔斯泰的影子——这个"游手好闲"的地主少爷根本不可能真正理解人民。陀思妥耶夫斯基在《作家日记》上发表了《没有受过教育和没有文化的俄罗斯人民深知东方问题最深刻的本质》

---

① ［俄］陀思妥耶夫斯基，《冬天里的夏日印象》，刘孟泽、李晓晨译，上海：上海三联书店，1990，第 13－21 页。

② ［俄］陀思妥耶夫斯基，《书信集》（上），前引书，第 526 页。

③ ［俄］托尔斯泰，《安娜·卡列宁娜》，周扬译，北京：人民文学出版社，1992，第 1082 页。

(《О безошибочном знании необразованным безграмотным русским народом главнейшей сущности Восточного вопроса》)（这个题目已经明显地说明了作者立场），集中对列文（托尔斯泰）的言辞予以反驳。他指出，从 988 年罗斯受洗开始，俄罗斯人民就已经在东正教文化氛围中接受宗教教育，宗教精神深深渗入他们的生活世界。尤其，人们认识到俄罗斯对土耳其的战争是"基督的事业"，他们整体地参与到了这伟大的宗教事业当中，"凡是自己不能够亲自去的，就出钱，但是为志愿人员送行的则是所有的人，则是全体，全俄罗斯"①。

如此，陀思妥耶夫斯基借助战争带来的特殊的国家状态完成了他对俄罗斯共同体的最后论证：信仰东正教的俄罗斯人民浑然一体，像一块毫无缝隙的铁板，他们不仅具有卓越的道德品质，还深知自身的政治使命：与沙皇并肩而立，共同捍卫"基督的事业"。陀思妥耶夫斯基在 1877 年写道："事实上，在我们这个时代，在我们知识界中间，除了不大的一部分持不同意见的人外，谁又能够想象我们的人民具有自觉理解自己政治的、社会的和道德情操使命的能力呢？他们如何能够想象这伙粗鲁愚昧、不久之前还是农奴、而现在还没完没了喝着伏特加烧酒的酒徒们，能够知道并确信他们的使命就是为基督服务，而他们的沙皇的使命则是保护基督教信仰和解放东正教。"②

第三节　激进的好战倾向

如前文所言，莫丘利斯基曾指出陀思妥耶夫斯基具有军国主义倾向——这绝非空穴来风。但是，鉴于"军国主义"这个政治学术语的含混性和"严峻"色彩，笔者将陀思妥耶夫斯基在莫丘利斯基意义上的"军国主义倾向"视为激进的好战倾向。偏好战争，意欲使战争常态化，把增强军事实力作为国家社会生活的首要目标——陀思妥耶夫斯基狂暴的战争意识像一场持久不消的癫痫，时刻为他提供亢奋情绪。1876 年，陀思妥耶夫斯基写道："可是我们所有的全部铁路，我们所有的那些新银行、公司、信贷——我认为，这一切目前只是累赘，在所有的铁路中我只赞成那些有战略意义的。"③ 战略性的铁路和战

① ［俄］陀思妥耶夫斯基，《作家日记》（下），前引书，第 833 - 839 页。
② ［俄］陀思妥耶夫斯基，《作家日记》（下），前引书，第 660 页。
③ ［俄］陀思妥耶夫斯基，《作家日记》（上），前引书，第 412 页。

争武器关联在一起："我倒是非常希望在我国快一点建造一些有政治意义的铁路。(斯摩棱斯克铁路、基辅铁路，而且要造得快点，同时也要快点制造新式武器!)"① 陀思妥耶夫斯基排外的民族主义思想为什么如此强烈地要求战争？

首先，陀思妥耶夫斯基认为秉持东正教美德的俄罗斯民族是一流的民族，而散发着资本主义精神的欧洲民族是二流的民族②。俄罗斯民族肩负着拯救欧洲民族的任务。有学者指出，陀思妥耶夫斯基的民族主义信条以"俄国民族、而不是其他民族的神秘宗教的救世主义为基础"，"俄国好象是个新的以色列，俄国人则是'选民'"。③ 在《群魔》中，陀思妥耶夫斯基借沙托夫之口道出这一思想：

> ……如果一个伟大的民族不相信只有它体现真理（只有它一个民族，其他民族皆排除在外），如果不相信只有它能够以自己的真理拯救大家，起死回生，而且只有它这个民族负有这个使命，那它马上就不再是伟大的民族，立即变成民族志的材料，而不是伟大的民族。一个真正伟大的民族决不甘心在人类中只起次要的作用，甚至不能只起首要作用，而必须是独一无二的首要作用。谁丧失这个信念，谁就不成其为民族。但是真理只有一个，因此各民族当中只有一个民族能够有真正的上帝，尽管其他各民族也有自己特殊的伟大的上帝。唯一的"体现上帝的"民族是俄罗斯民族……④

那么，拯救"二流民族"为什么可以通过战争这种极端残酷的手段？1877年俄土战争的爆发使陀思妥耶夫斯基兴奋不已，他在《作家日记》上连

---

① ［俄］陀思妥耶夫斯基，《书信集》（上），前引书，第558-559页。

② 随着民族主义情绪的逐渐高涨，陀思妥耶夫斯基对犹太人、德国人等族群的敌视也不断加强，几乎到了神经质的地步。1867年8月，陀思妥耶夫斯基夫妇在巴登见到了席勒纪念碑：这是一块未经加工的石头，上面题着"献给不朽的席勒巴登市"。陀思妥耶夫斯卡娅在日记中就这块碑石发了一段感慨——有论者指出，这"无疑是陀思妥耶夫斯基本人的话"：狡猾的德国人为了显示他们对天才的尊重，也为席勒树纪念碑，"为了避免多余的开销，他们决定节俭行事"，他们在花园里发现了这块运不走又煞风景的大石头，于是"不用花一文钱去加工石头，不砍削它一个棱角，他们凿出来几个金色的字母……既美观，又经济，石头还不碍眼"。德国人愚蠢而节俭，那么他们凡事必然愚蠢而节俭，这便是陀思妥耶夫斯基的逻辑。参见：［俄］安娜·陀思妥耶夫斯卡娅，《一八六七年日记》，前引书，第282-283、563页。

③ ［美］亨利·赫坦巴哈等，《俄罗斯帝国主义——从伊凡大帝到革命前》，前引书，第121-123页。

④ ［俄］陀思妥耶夫斯基，《群魔》（上），前引书，第312页。

载多篇文章指出了对外战争的"合法性"：不要谈什么仁爱，也无须担心流血，因为各民族之间长期的和平比战争更能带来残忍，和平滋生粗鲁的利己主义，导致智力的停滞。"在长期的和平中只有各族人民的剥削者和刽子手们才能脑满肠肥。一再说什么，和平产生财富——但是，要知道，发财的只有十分之一的人，而这十分之一的人染上这种财富病，又把这种财富病传染给其余的十分之九的人，尽管这十分之九的人没有财富，传染上的却是堕落和荒淫无耻。"①

可以说，陀思妥耶夫斯基对战争的热切支持虽然从表面上还透出解放敌对国家的"被压迫人民"的意味，但本质上是欲彻底清除资本主义文化。资本主义文化的残忍性和扩张性不啻一场可怕的瘟疫，陀思妥耶夫斯基将欧洲社会视为染病的肌体——"如果这个社会是不健康的和已经受到疾病感染的，那么即使像长久和平这样的好事，除了不会给社会带来益处，还会变成社会的祸害，这一点一般来说甚至也可以应用到整个西欧"②。如此，"生机勃勃的"、尚没有受到疾病感染的、在热爱基督的俄罗斯人民身上体现出的俄罗斯精神就是救治世界的良方。顺着这个逻辑，向土耳其人发动的战争乃是去拯救土耳其人，是俄罗斯人民"用自己的鲜血光荣地为人类效力的意识"使然，它是"为了崇高而宽厚的原则而进行的战争"。③

陀思妥耶夫斯基以"救世主义"为对外战争提供了"合法性"，但对外战争"合法"并不必然带来使战争成为常态的要求。这就引出了陀思妥耶夫斯基"好战倾向"的第二个原因，也即根本原因：陀思妥耶夫斯基试图通过战争来增强俄罗斯人民对"俄罗斯精神"的文化认同。他在谈论俄土战争的文章中强调："这样的战争以自我牺牲的意识使每个心灵坚强起来，而以构成民族的全体成员相互团结一致的意识使全民族的精神巩固起来。"④ 如前文所言，在战争状态下，陀思妥耶夫斯基把俄罗斯民族视为一个有机的、同质的美德共同体。笔者同意托尔斯泰的见解：即使在战争状态下，把"八千万"俄罗斯人民视为一个同质的共同体仍然是一种幻觉。

但是，陀思妥耶夫斯基太需要这个幻觉了，原因在于，"黄金时代"是一个无法实现的政治梦想，任何道德学说、任何社会方案都不会改变这一点。但陀思妥耶夫斯基无法放弃这一"玫瑰色"的梦想，只有通过"俄罗斯是个和

---

① ［俄］陀思妥耶夫斯基，《作家日记》（下），前引书，第705页。
② ［俄］陀思妥耶夫斯基，《作家日记》（下），前引书，第708页。
③ ［俄］陀思妥耶夫斯基，《作家日记》（下），前引书，第707－708页。
④ ［俄］陀思妥耶夫斯基，《作家日记》（下），前引书，第707页。

谐的美德共同体"这一幻觉,他才能对实现"黄金时代"的可能性进行自我确证;他才能缓解当时动荡不安、丝毫谈不上"和谐"的俄罗斯社会带给他的焦虑情绪。

结 语

时至今日，没有人否认陀思妥耶夫斯基的重要性。就整个现代思想史来说，陀思妥耶夫斯基是一个无法绕开的"深渊"。桀骜如尼采者，也坦然说陀思妥耶夫斯基是他唯一能学到点东西的思想家。但这实在是一个让人又爱又恨的思想家。

陀思妥耶夫斯基的思想生发于其宗教问思，正如一些学者所指出的，他的宗教思想不成体系①，其核心乃在于人道主义。人道主义使陀思妥耶夫斯基表现为一个极具"慈悲心"的作家。

哈罗德·布鲁姆（Harold Bloom）曾指出，屠格涅夫是最莎士比亚式的作家，因为他像莎士比亚一样不做出道德判断。具体来说，屠格涅夫极具同情心，他对一切都充满爱和理解，在他的笔下，我们看不到对人物的单一性解释。②笔者认为，从某种程度上说，陀思妥耶夫斯基同样具备莎士比亚气质。巴赫金把陀思妥耶夫斯基的小说称为复调小说，为陀思妥耶夫斯基的同情心和悬置价值判断提供了一个注解。在巴赫金看来，陀思妥耶夫斯基小说的主人公不是作者思想的客体，而是在地位上"似乎与作者平起平坐"，主人公的思想不是作者观念的传声筒，而是保持其价值的自足性。作者并不介入不同主人公之间的思想对话，这种思想对话保持开放性，不会通过一个辩证过程形成统一精神。③巴赫金对陀思妥耶夫斯基小说在形式论上的诊断俨然已经涉及陀思妥

---

① Сальвестрони С. Библейские и святоотеческие источники романов Достоевского, СПб. : Академический проект, 2001, с. 139.

② ［美］哈罗德·布鲁姆，《如何读，为什么读》，黄灿然译，南京：译林出版社，2011，第18-20页。

③ ［俄］巴赫金，《诗学与访谈》，载《巴赫金全集》（第5卷），白春仁、顾亚铃译，石家庄：河北教育出版社，1998，第34页。

耶夫斯基小说的伦理结构。陀思妥耶夫斯基让小说人物发出独立的声音，不对其做价值判断，这与屠格涅夫的做法是一致的。

　　问题在于，我们无法否认陀思妥耶夫斯基思想的强烈倾向性。巴赫金也不得不承认，我们可以把陀思妥耶夫斯基的思想视为梅什金、佐西马、阿辽沙·卡拉马佐夫等思想形象的原型。① 那么，为什么思想立场如此明显的陀思妥耶夫斯基能创造出复调小说？巴赫金的解释是，小说家陀思妥耶夫斯基战胜了政论家陀思妥耶夫斯基。巴赫金这一说法显然不具说服力，其症结在于，"复调"理论昭示出来的伦理结构只是陀思妥耶夫斯基小说表层的伦理结构，这一伦理结构处于人义论的框架之内。而陀思妥耶夫斯基小说的深层结构坐实于神义论。如何理解陀思妥耶夫斯基小说的两层结构？

　　在中世纪，社会处于未分化状态，宗教伦理是调解社会生活的天然权威。中世纪的宗教小说，以《神曲》为例，其物理结构和伦理结构浑然同一，善恶秩序严整而明确。但在陀思妥耶夫斯基所处的现代世界，社会领域的分化和社会关系的结构性变动引发了道德危机：人义论取代了神义论。在此语境下，陀思妥耶夫斯基必须要回答的问题是：人义论之下的道德是否还具有调解社会生活的良好作用。所以，他让善和恶在人义论的层面上展开对话，他不对"恶行"做简单化处理，而是将它还原到行恶之人的生存语境中，他尊重自己的对手，把"他们"全副武装起来。陀思妥耶夫斯基为我们展示了人义论基础上善恶的相对有效性，善的相对有效就是无效。陀思妥耶夫斯基小说中的善恶辩论，有时天平明显地偏向恶的一方——善的理由显得苍白无力，前文中我们探讨过的瓦尔科夫斯基公爵和瓦尼亚的夜谈就是一例。

　　善在人义论层面上的失效迫使陀思妥耶夫斯基回到神义论：如果让善绝对有效，那就必须要让它有一个超越于人世的高端价值源泉。神义论的伦理结构是陀思妥耶夫斯基小说中的深层伦理结构。如前文所分析的，陀思妥耶夫斯基流放后的小说，尤其是长篇小说，"误入歧途"的主人公通常能得到价值指引，这一指引的走向也即是从人义论回到神义论。以《罪与罚》为例，巴赫金所说的"假定性的独白"式的结尾，恰恰是小说的深层伦理结构使然。在人义论的框架内，信仰是个体在私域之内自决的选择问题，所以，人物之间的思想对话不会辩证统一。但在神义论中，信仰是应然的选择，所以深层的思想对话又会辩证统一，形成独白。如鲁迅所言，陀思妥耶夫斯基"把小说中的男男女女，放在万难忍受的境遇里，来试炼它们，不但剥去了表面的洁白，拷

---

　　① ［俄］巴赫金，《巴赫金全集》（第5卷）：诗学与访谈，前引书，第120－121页。

问出藏在底下的罪恶，而且还要拷问出藏在那罪恶之下的真正的洁白来"①。陀思妥耶夫斯基笔下人物表面的"洁白"和藏在"洁白"下的恶都是在人义论的框架内呈现出来的，人义论之下，善无法自我辩护，它甚至会转化为恶——瓦尔科夫斯基自私自利，但按照他的说法，小说中其他人物的"高尚行为"也是出于自私的动机，而且都带来了残酷。而"真正的洁白"是神义论之下人的"神性"，人可以由此履行道德义务而向绝对的善靠拢。可以说，这是陀思妥耶夫斯基更深一层的悲悯：人因为具有"神性"而不是纯粹的动物性存在——这是人的尊严所在。同时，只有将道德回溯到人的"神性"源头上，它才具有普遍的合法性和真正的约束力。

问题在于，陀思妥耶夫斯基正像其笔下的梅什金公爵，无限度的悲悯（怜悯）却导致了"残酷"。为什么？

陀思妥耶夫斯基无法忍受人世间丝毫的不完善状态，建立"黄金时代"是他对人类社会的一个毫不妥协的设想。这源自他的宗教世界观。这里，笔者无意对陀思妥耶夫斯基的宗教观念与正统东正教思想进行比较分析。笔者想指出的是，陀思妥耶夫斯基对耶稣的理解，尤其是他奠基于此的"自我完善论"有两个文化渊源。普列汉诺夫等学者曾指出，从 18 世纪到 19 世纪，在俄罗斯社会，尤其是在共济会等宗教团体中弥散着一股强劲的神秘主义思想。这种神秘主义思想否认社会环境对人的影响，而强调人通过克服自身"恶"的欲念，锤炼精神、达到宗教意义上的个人完满状态。第二个渊源在于德国浪漫主义对19 世纪俄罗斯文化的影响。按照伯林的说法，德国浪漫派秉持一种独特的"生命观"：人有两种生活——肉体生活和精神生活。第一种生活由自然科学所发现的物质规律所支配，隶属于必然王国；第二种生活只服从于人自身中生发出来的目标范畴。精神生活中的意志自由不服从于自然律——人可以自由地创造他渴望的东西，不受外在世界的干扰。

伯林、弗兰克等学者都曾提及 19 世纪俄罗斯思想界深受德国思想影响这一点。而陀思妥耶夫斯基本人也曾谈到德国精神与俄罗斯文化的亲缘性，席勒的名字频繁地出现在他的小说中，这显然不是偶然。目前，颇多学者已探讨过陀思妥耶夫斯基思想与德国浪漫派精神的同源性，比如，研究过陀思妥耶夫斯基与费希特思想的亲缘关系的叶夫拉姆皮耶夫指出，从生命观念上来说，陀思

---

① 鲁迅，《鲁迅全集》（第 6 卷），北京：人民文学出版社，2005，第 425 页。

妥耶夫斯基是典型的浪漫主义者，他一生都是如此。[①]

　　归根到底，陀思妥耶夫斯基对现代社会持"审美批判"的立场。现代社会的一个重要特点就是社会领域和价值领域的分化，但用哈贝马斯的话说，对于分化的诸领域，我们可以按照它们各自的逻辑来处理和阐明真理问题、正义问题以及趣味问题。陀思妥耶夫斯基欲求人的绝对完善状态以及人与人"兄弟般互爱"的道德立场，使他站在道德制高点上对现代社会展开总体化批判——不仅无视文化现代性的合理内涵，更把社会各领域混为一谈。这也是陀思妥耶夫斯基政治思想的症结所在。

　　一个伟大的作家却有着如此危险的政治思想，这不能不令人感到遗憾。面对陀思妥耶夫斯基，深入反思其政治观念，批判此种观念的诸多表现形态，并无损于其作家声誉，甚至，这是向作家陀思妥耶夫斯基表达敬意的一种方式。唯有如此，我们才能有效接受其文学遗产。从另一个层面上说，陀思妥耶夫斯基诞辰刚刚过 200 周年，但其政治思想仍以不同的形式出现在现代人所身处的生活世界，有着可见的危险后果，基于此，警惕和反思就显得更加必要了。

---

① Евлампиев И. И. Философия человека в творчестве Ф. Достоевского（от ранних произведений к «Братьям Карамазовым»），СПб.，Издательство Русской христианской гуманитарной академии，2012，с. 8.

参考文献

一、中文文献

安德森，2003. 想象的共同体：民族主义的起源与散布［M］. 吴叡人，译. 上海：上海人民出版社.

巴赫金，1998. 巴赫金全集（第5卷）：诗学与访谈［M］. 白春仁，顾亚铃，译. 石家庄：河北教育出版社.

白晓红，2006. 俄国斯拉夫主义［M］. 北京：商务印书馆.

柏拉图，1986. 理想国［M］. 郭斌和，张竹明，译. 北京：商务印书馆.

鲍曼，2003. 共同体［M］. 欧阳景根，译. 南京：江苏人民出版社.

贝尔，1992. 资本主义文化矛盾［M］. 赵一凡，蒲隆，任晓晋，译. 北京：生活・读书・新知三联书店.

别尔嘉耶夫，2008. 陀思妥耶夫斯基的世界观［M］. 耿海英，译. 桂林：广西师范大学出版社.

别雷，1997. 彼得堡［M］. 勒戈，杨光，译. 北京：作家出版社.

别林斯基，1999. 别林斯基文学论文选［M］. 满涛，辛未艾，译. 上海：上海译文出版社.

波诺马廖娃，2011. 陀思妥耶夫斯基：我探索人生奥秘［M］. 张变革，征钧，冯华英，译. 北京：商务印书馆.

波普尔，1999. 开放社会及其敌人［M］. 郑一明，等译. 北京：中国社会科学出版社.

波斯纳，2002. 法律与文学［M］. 李国庆，译. 北京：中国政法大学出版社.

伯尔曼，1991. 法律与宗教［M］. 梁治平，译. 北京：生活・读书・新知三联书店.

伯林，2003. 俄国思想家［M］. 彭淮栋，译. 南京：译林出版社.

伯曼，2003. 一切坚固的东西都烟消云散了［M］. 徐大建，张辑，译. 北京：商务印书馆.

布尔加科夫，2005. 东正教——教会学说概要［M］. 徐凤林，译. 北京：商务印书馆.

布鲁姆，2011. 如何读，为什么读［M］. 黄灿然，译. 南京：译林出版社.

茨普金，2012. 巴登夏日［M］. 万丽娜，译. 海口：南海出版公司.

德拉诺瓦，2005. 民族与民族主义［M］. 郑文彬，等译. 北京：生活·读书·新知三联书店.

菲利，2004. 犯罪社会学［M］. 郭建安，译. 北京：中国人民公安大学出版社.

弗兰克，1999. 俄国知识人与精神偶像［M］. 徐凤林，译. 上海：学林出版社.

傅立叶，1982. 傅立叶选集（第1卷）［M］. 赵俊欣，吴模信，徐知勉，等译. 北京：商务印书馆.

格里戈连科，1989. 残酷的天才［M］. 翁文达，译. 上海：上海译文出版社.

格林菲尔德，2010. 民族主义：走向现代的五条道路［M］. 王春华，等译. 上海：上海三联书店.

格罗斯曼，1987. 陀思妥耶夫斯基传［M］. 王健夫，译. 北京：外国文学出版社.

哈贝马斯，1999. 公共领域的结构转型［M］. 曹卫东，王晓珏，刘北城，等译. 上海：学林出版社.

哈耶克，等，2003. 知识分子为什么反对市场［M］. 秋风，译. 长春：吉林人民出版社.

海塞，等，1999. 陀思妥耶夫斯基的上帝［M］. 斯人，等译. 北京：社会科学文献出版社.

黑格尔，1979. 法哲学原理［M］. 范扬，张企泰，译. 北京：商务印书馆.

霍鲁日，2012. 东正教苦修传统中人的形象［J］. 张百春，译. 俄罗斯文艺（1）.

加缪，2011. 西西弗神话［M］. 杜小真，译. 北京：人民文学出版社.

蒋路，2003. 俄国文史采微［M］. 北京：东方出版社.

蒋荣昌，2004. 消费社会的文学文本：广义大众传媒时代的文学文本形态［M］. 成都：四川大学出版社.

康德，2009. 实践理性批判［M］. 邓晓芒，译. 北京：人民出版社.

劳特，1997．陀思妥耶夫斯基哲学：系统论述［M］．沈真，等译．北京：东方出版社．

勒南，1999．耶稣的一生［M］．梁工，译．北京：商务印书馆．

雷切尔斯，2008．道德的理由［M］．杨宗元，译．北京：中国人民大学出版社．

利罕，2009．文学中的城市：知识与文化的历史［M］．吴子枫，译．上海：上海人民出版社．

梁赞诺夫斯基，斯坦伯格，2007．俄罗斯史［M］．杨烨，卿文辉，译．上海：上海人民出版社．

列维纳斯，2006．从存在到存在者［M］．吴蕙仪，译．南京：江苏教育出版社．

刘小枫，2007．拯救与逍遥［M］．上海：华东师范大学出版社．

刘亚丁，2008．文化试错的民族寓言：《罪与罚》的一种解读［J］．外国文学研究（5）．

龙勃罗梭，2000．犯罪人论［M］．黄风，译．北京：中国法制出版社．

卢卡契，1981．卢卡契文学论文集（二）［M］．外国文学研究资料丛刊编辑委员会，编．北京：中国社会科学出版社．

卢曼，2009．宗教教义与社会演化［M］．刘锋，李秋零，译．北京：中国人民大学出版社．

罗蒂，2005．偶然、反讽与团结［M］．徐文瑞，译．北京：商务印书馆．

罗赞诺夫，2002．陀思妥耶夫斯基的"大法官"［M］．张百春，译．北京：华夏出版社．

罗扎诺夫，2013．陀思妥耶夫斯基启示录——罗扎诺夫文选［M］．田全金，译．上海：华东师范大学出版社．

米勒，波格丹诺，1992．布莱克维尔政治学百科全书［M］．邓正来，等编译．北京：中国政法大学出版社．

莫斯，2008．俄国史（1855～1966）［M］．张冰，译．海口：海南出版社．

尼采，2000．曙光［M］．田立年，译．桂林：漓江出版社．

倪梁康，等，2005．中国现象学与哲学评论（第7辑）［C］．上海：上海译文出版社．

努斯鲍姆，2010．诗性正义：文学想象与公共生活［M］．丁晓东，译．北京：北京大学出版社．

帕佩尔诺，2003．陀思妥耶夫斯基论作为文化机制的俄国自杀问题［M］．杜文鹃，等译．长春：吉林人民出版社．

普列汉诺夫，1996．俄国社会思想史（第 1 卷）［M］．孙静工，译．北京：
商务印书馆．

齐泽娜，科什曼，舒利金，1999．俄罗斯文化史［M］．刘文飞，苏玲，译．
上海：上海译文出版社．

桑巴特，2005．奢侈与资本主义［M］．王燕平，侯小河，译．上海：上海人
民出版社．

舍勒，1997．资本主义的未来［M］．罗悌伦，等译．上海：上海三联书店．

舍勒，1999．舍勒选集［M］．刘小枫，选编．上海：上海三联书店．

斯坦纳，2011．托尔斯泰或陀思妥耶夫斯基［M］．严忠志，译．杭州：浙江
大学出版社．

斯特龙伯格，2004．西方现代思想史［M］．刘北成，赵国新，译．北京：中
央编译出版社．

索洛维约夫，等，2009．精神领袖——俄罗斯思想家论陀思妥耶夫斯基［M］．
徐振亚，娄自良，等译．上海：上海译文出版社．

特纳，2007．公民身份与社会理论［M］．郭忠华，蒋红军，译．长春：吉林
出版集团有限责任公司．

滕尼斯，1999．共同体与社会——纯粹社会学的基本概念［M］．林荣远，译．
北京：商务印书馆．

托尔斯泰，1992．安娜·卡列宁娜［M］．周扬，译．北京：人民文学出版社．

陀思妥耶夫斯基，1950．女房东［M］．叔夜，译．上海：文光书店．

陀思妥耶夫斯基，1979．罪与罚［M］．岳麟，译．上海：上海译文出版社．

陀思妥耶夫斯基，1982．中短篇小说选［M］．文颖，曹中德，等译．北京：
人民文学出版社．

陀思妥耶夫斯基，1984．被侮辱与损害的［M］．李霁野，译．上海：译文出
版社．

陀思妥耶夫斯基，1985．少年［M］．岳麟，译．上海：译文出版社．

陀思妥耶夫斯基，1990．冬天里的夏日印象［M］．刘孟泽，李晓晨，译．上
海：上海三联书店．

陀思妥耶夫斯基，1998．陀思妥耶夫斯基作品集 赌徒［M］．满涛，等译．上
海：上海译文出版社．

陀思妥耶夫斯基，2000．白痴［M］．臧仲伦，译．南京：译林出版社．

陀思妥耶夫斯基，2004a．卡拉马佐夫兄弟［M］．荣如德，译．上海：译文出

版社.

陀思妥耶夫斯基, 2004b. 双重人格；地下室手记 [M]. 臧仲伦, 译. 南京：译林出版社.

陀思妥耶夫斯基, 2010a. 群魔 [M]. 冯昭玙, 译. 石家庄：河北教育出版社.

陀思妥耶夫斯基, 2010b. 书信集 [M]. 郑文樾, 朱逸森, 译. 石家庄：河北教育出版社.

陀思妥耶夫斯基, 2010c. 陀思妥耶夫斯基全集（第 1 卷）：长篇、中短篇小说 [M]. 磊然, 郭家申, 译. 石家庄：河北教育出版社.

陀思妥耶夫斯基, 2010d. 文论 [M]. 白春仁, 译. 石家庄：河北教育出版社.

陀思妥耶夫斯基, 2010e. 作家日记 [M]. 张羽, 张友福, 译. 石家庄：河北教育出版社.

陀思妥耶夫斯卡娅, 1992. 永生永世的爱 [M]. 樊锦鑫, 译. 桂林：漓江出版社.

陀思妥耶夫斯卡娅, 2013. 一八六七年日记 [M]. 谷兴亚, 译. 桂林：广西师范大学出版社.

汪民安, 陈永国, 马海良, 2008. 城市文化读本 [M]. 北京：北京大学出版社.

韦伯, 1987. 新教伦理和资本主义精神 [M]. 于晓, 陈维纲, 等译. 北京：生活·读书·新知三联书店.

沃格林, 2007. 没有约束的现代性 [M]. 张新樟, 刘景联, 译. 上海：华东师范大学出版社.

西美尔, 2002. 社会是如何可能的 [M]. 林荣远, 编译. 桂林：广西师范大学出版社.

希克, 1988. 宗教哲学 [M]. 何光沪, 译. 北京：生活·读书·新知三联书店.

谢列兹涅夫, 1992. 陀思妥耶夫斯基传 [M]. 徐昌翰, 译. 哈尔滨：黑龙江人民出版社.

休谟, 1996. 人性论 [M]. 关文运, 译. 北京：商务印书馆.

詹姆逊, 1999. 政治无意识：作为社会象征行为的叙事 [M]. 王逢振, 陈永国, 译. 北京：中国社会科学出版社.

二、俄文文献

Албберт Ковач, 2008. Поэтика Достоевского［М］. Пер. Елены Логиновской, М.：Водолей Publishers.

Белинский В. Г., 1956. Полн. собр. Соч.：［В 13т.］. Т. 7.［М］. М.：Академия наук СССР.

Белкин А. А., 1956. Ф. М. Достоевский в русской критике［М］. М.：Государственное издательство художественной литературы. Белов С. В., 2002. Петербург Достоевского［М］. СПб.：Алетейя.

Белов С., 2011. Ф. М. Достоевский и евреи［J］. Дети ра, 4.

Борис Тихомиров., 2005. «ЛАЗАРЬ! ГРЯДИ ВОН» Роман Ф. М. Достоевского «Преступление и наказание» в современном прочтении: Книга-комментарии［М］. СПб.：Негосударственное учреждение культуры «СЕРЕБРЯНЫЙ ВЕК».

Ветловская В. Е., 1977. Поэтика романа «Братья Карамазовы»［М］. М.：Наука.

Волгин И., 2000. Пропавший заговор. Достоевский и политический процесс. 1849 г.［М］. М.：Либерея.

Гачева А. Г., 2008. Ф. М. Достоевский и Н. Ф. Федоров: Встречи в русской культуре［М］. М.：ИМЛИ РАН.

Голосовкер Я. Э., 1963. Достоевский и Кант［М］. М.：Академия наук СССР.

Григоренко В. В., 1956. Ф. М. Достоевский в воспоминаниях современников. М.：Художественная литература.

Гроссман Л., 1999. Исповедь одного еврея［М］. М.：Издательство «Деконт +», Издательский дом «Подкова».

Гуидо Карпи., 2012. Достоевский-экономист очерки по социологии литературы［М］. М.：Фаланстер.

Гульга А. В., 2003. Русская идея и ее творцы［М］. М.：Эксмо.

Диво Барсотти., 1999. Достоевский: Христос—страсть жизни［М］. Пер. Леонида Харитонова, М.：Паолине.

Достоевский Ф. М. Полн. собр. Соч.：［В 30т.］［М］. Л., Издательство «Наука», 1972 - 1990.

Достоевский Ф. М., Миллера О. Ф., Страхова Н. Н.,［и др.］, 1883.

Биография, письма и заметки из записной книжки Ф. М. Достоевского [C]. СПб.: Типография А. С. Суворина.

Евлампиев И. И., 2012. Философия человека в творчестве Ф. Достоевского (от ранних произведений к «Братьям Карамазовым») [M]. СПб.: Русская христианская гуманитарная академия.

Ефремов В. С., 2008. Самоубийство в художественном мире Достоевского [M]. СПб.: Диалект.

Ефремов. В. С., 2006. Достоевский: психиатрия и литература [M]. СПб.: Диалект.

Кантор В. К., 2010. «Судить Божью тварь». Пророческий пафос Достоевского: Очерки [M]. М.: РОССПЭН.

Касаткина Т. А., 2007a. Достоевский и XX век. Под редакцией Т. А. Касаткиной, В 2-х томах, Т. 2. [C]. М.: ИМЛИ РАН.

Касаткина Т. А., 2007b. Роман Ф. М. Достоевского «Братья Карамазовы»: соврем. Состояние изученя [C]. М.: Наука.

Каценельсон Л., Гинцбург Г., 1991. Еврейская энциклопедия [M]. СПб.: Типография Акционерного Общества Брокгауз-Ефрон.

Кашина Н. В., 1989. Эстеика Ф. М. Достоевского [M]. М.: Высшая Школа.

Кирпотин В. Я., 1976. Достоевский и Белинский [M]. М.: Художественная литература.

Ковач А., 2008. Поэтика Достоевского [M]. Пер. Е. Логиновской, М.: Водолей Publishers.

Кэнноскэ Накамура., 1997. Чувство жизни и смерти у Достоевского [M]. СПб.: Дмитрий Буланин.

Лосский Н., 1953. Достоевский и его христианское миропонимание [M]. Иью-Иорк: Издательство имени Чехова.

Лотман Л. М., 1974. Реализм русской литературы 60-х годов XIX века [M]. М.: Наука.

Мелетинский Е. М., 2001. Заметки о творчестве Достоевского [M]. М.: Российский государственный гуманитарный университет.

Мочульский К., 1995. Гоголь. Соловьев. Дотоевский [M]. М.: Республика.

Мочульский К. , 1980. Достоевский. Жизнь и творчество [M]. Париж: YMCA-Press.

Набоков В. В. , 2001. Лекции по русской литературе [M]. Пер. А. Курта, М. : Независимая газета.

Панченко А. А. , 2010. К исследованию «еврейской темы» в истории русской словесности: сюжет о ритуальном убийстве [J]. НЛО, 104.

Роберт Л. Бэлнеп, 1997. Структура «Братьев Карамазовых» [M]. Пер. В. С. Баевского, СПб. : Академический проект.

Сальвестрони С. , 2001. Библейские и святоотеческие источники романов Достоевского [M]. СПб. : Академический проект.

Сараскина Л. И. , 2010. Испытание будущим. Ф. М. Достоевский как участник современной культуры [M]. М. : Прогресс-Традиция. Селезнев Ю. , 1981. Достоевский [M]. М. : Молодая гвардия.

Соловьев Е. , 1992. Федор Михайлович Достоевский. Его жизнь и литературная деятельность: биографический очерк [M]. Казань: Молодые силы.

Тарасов Б. Н. , 2012. «Тайна человека» иег тайна истории. Непрочитанный Чаадаев. Неопознанный Тютчев. Неуслышанный Достоевский [M]. СПб. : Алетейя.

Тихомиров Б. Н. , 2005. «Лазарь! Гряди вон». Роман Ф. М. Достоевского «Преступление и наказание» в современном прочтении: Книга-комментарий [M]. СПб. : Серебряный век.

Фридлендер Г. М. , 1997. Достоевский: материалы и исследования. [В 30т.] [C]. СПб. : Наука.

Чиков Н. М. , 1967. О стиле Достоевского [M]. М. : Наука.

Эриксон Ян. , 2010. «Кто-то посетил мою душу ⋯»: духовный путь Достоевского [M]. Пер. Л. П. Олдыревой-Густафссон, Екатеринбург: Урал. ун-та.

Юрий Карякин, 2009. Достоевский и Апокалипсис [M]. М. : Фолио.

三、英文文献

BAL R, 2009. Raskolnikov's desire for confession and punishment [J]. Journal of faculty of arts and social sciences of International University of Sarajevo, 2 (1).

BEEBE MAURICE, 1955. The three motives of Raskolnikov: a reinterpretation of *Crime and Punishment* [J]. College English, 17 (3).

BURNHAM W, 2002. The legal context and contributions of Dostoevsky's "Crime and Punishment" [J]. Michigan Law Review, 100 (6).

CHERKASOVA E, 2009. Dostoevsky and Kant dialogues on ethics [M]. Amsterdam and New York: Rodopi.

IVANITS L, 2008. Dostoevsky and the russian people [M]. Cambridge: Cambridge University Press.

LEATHERBARROW W J, 2004. The Cambridge companion to Dostoevskii [C]. Cambridge: Cambridge University Press.

MATUAL D, 1976. Fate in crime and punishment [J]. The International Fiction Review, 3 (2).

PATTISON G, THOMPSON D O, 2001. Dostoevsky and the Christian tradition [C]. Cambridge: Cambridge University Press.

RUTTENBURG N, 2008. Dostoevsky's democracy [M]. Princeton and Oxford: Princeton University Press.